主体的に学ぶ教育心理学

外山 美樹　長峯 聖人　海沼 亮　編著

大学教育出版

はじめに

　この本は，文部科学省が2017年に公開した教職課程コアカリキュラムの内容に対応した教育心理学のスタンダードなテキストになります。教職（主に小中学校と高等学校の教師）を目指す人や，保育士など教職に準じた職業を目指す人を対象にしています。

　「教職課程コアカリキュラム」（文科省，2017）では，「幼児，児童及び生徒の心身の発達及び学習の過程」として，以下の2つを設定しています。
1. 幼児，児童及び生徒の心身の発達の過程
2. 幼児，児童及び生徒の学習の過程

　下記に，文部科学省が表明している一般目標と到達目標を示しておきます。

【幼児，児童及び生徒の発達の過程】
一般目標：
　幼児，児童及び生徒の心身の発達の過程及び特徴を理解する。
到達目標：
1) 幼児，児童及び生徒の心身の発達に対する外的及び内的要因の相互作用，発達に関する代表的理論を踏まえ，発達の概念及び教育における発達理解の意義を理解している。
2) 乳幼児期から青年期の各時期における運動発達・言語発達・認知発達・社会性の発達について，その具体的な内容を理解している。

【幼児，児童及び生徒の学習の過程】
一般目標：
　幼児，児童及び生徒の学習に関する基礎的知識を身に着け，発達を踏まえた学習を支える指導について基礎的な考え方を理解する。
到達目標：
1) 様々な学習の形態や概念及びその過程を説明する代表的理論の基礎を理解している。
2) 主体的学習を支える動機づけ・集団づくり・学習評価の在り方について，発達の特徴と関連付けて理解している。
3) 幼児，児童及び生徒の心身の発達を踏まえ，主体的な学習活動を支える指導の基礎となる考え方を理解している。

　本書は，こうした教職課程コアカリキュラムで提案されている到達目標が達成できるよう，幼児，児童及び生徒の心身の発達を踏まえたうえで，子どもたちの学習を支える基礎的な考え方について解説していきます。

　さて，2017年（高等学校は2018年）に改訂された学習指導要領では，学びの内容だけでなく，どのように学ぶかについても光が当てられています。教育現場では，「主体的・対話的で深い学び」としてアクティブ・ラーニング（学習者が問題解決やディスカッション，グループワークなどを通じて能動的に学びを深める教育方法）と協働学習（複数の学習者が小グループで協力しながら共

通の目標に向けて学ぶ学習方法)が注目されていますが，本書におきましても，学習者が主体的に学べるように，いろいろな工夫をこらしました。具体的には，対話的に深く学んでいける手助けとしまして，グループディスカッション，ディベート，ワークができるようなテーマを設定しております(【ディスカッションしてみよう】)。是非，ご活用ください。また，教員採用試験対策としまして，試験に出題されやすい問題，語句を【重要語句】や【ポイント】としてまとめるとともに，章末に【演習問題】を設けました。

さらに，今日の教育現場では，個別化された学び，テクノロジーを活用した学習環境の設計，特別支援教育やインクルーシブ教育の実践など，教師は単なる知識の伝達者にとどまらず，学習を促進し，サポートする存在へと変貌しています。この変化に対応するためには，教育者が教育心理学の最新の知見を身につけることが重要になってきます。本書では，古典的でスタンダードな内容だけでなく，現代の教育の現場で役立つ最新の教育心理学の研究成果を盛り込むことで，学習と指導に新たなアプローチをもたらすことを目指しています。

読者がこの本を通して，最新の教育心理学の理解を深め，自身の教育活動に新しい視点と手法を取り入れるきっかけとなることを願っております。教職に関わるであろう方々の主体的な学びに本書が少しでも貢献できれば，編集者，執筆者一同まことに嬉しく思います。

末筆になりますが，佐藤宏計氏には，企画の段階から編集，出版に至るまで，多大なお力添えときめ細かくかつ温かなサポートをいただきました。心より感謝申し上げます。

2024年11月

編者を代表して　外山　美樹

主体的に学ぶ教育心理学

目　次

はじめに　　外山美樹 ………………………………………………………………… i

第1章　教育心理学とは　　外山美樹 ………………………………………… 1
1. 現代の教育心理学　1
(1) 教育心理学とはどのような学問か　1
(2) 教育のあり方の変化　1
(3) 新学習指導要領　2
2. 教育心理学の歴史　4
(1) 初期の哲学的基盤（古代〜19世紀）　4
(2) 教育心理学の誕生と発展（19世紀後半〜20世紀）　5
(3) 行動主義とその後の認知心理学の台頭（20世紀）　5
(4) 現代の教育心理学　6
3. 教育心理学の研究法　6
(1) 教育心理学の研究法の分類　6
4. 教育心理学の領域　12

第2章　発　達　　外山美樹 ………………………………………………… 19
1. 発達とは　19
(1) 発達の定義　19
(2) 発達曲線　19
(3) 発達段階　20
2. 発達の基本的諸相
　　―受精から死に至るまで各発達段階の特徴―　21
(1) 胎生期（胎児期）　21
(2) 乳児期　21
(3) 幼児期　24
(4) 児童期　26
(5) 青年期　27

(6) 成人期　30

　　(7) 中年期　30

　　(8) 老年期(高齢期)　31

　3. 発達理論　32

　　(1) フロイトの心理・性的発達理論　32

　　(2) ピアジェの認知発達理論　33

　　(3) エリクソンのライフサイクル論　34

　　(4) ハヴィガーストの発達段階　35

第3章　学　習　　湯　立　　　　　　　　　　　　　　　40

　1. 学習とは　40

　2. 学習の諸理論　40

　　(1) 学習への行動主義的アプローチ　40

　　(2) 学習への認知主義的アプローチ　46

　　(3) 学習への社会文化的アプローチ　49

　3. 教育における学習理論の応用と発展　50

　　(1) オペラント条件づけ原理の応用　50

　　(2) 発見学習　52

　　(3) 有意味受容学習　53

　　(4) 協同学習　54

　　(5) アクティブ・ラーニング　56

第4章　記　憶　　長峯聖人　　　　　　　　　　　　　　61

　1. 記憶の特徴　61

　　(1) 教育心理学における記憶　61

　　(2) 記憶の古典的研究　61

　　(3) 記憶のプロセス　63

　　(4) 記憶の分類　64

2. 長期記憶　65

　（1）エピソード記憶　65

　（2）意味記憶　66

　（3）手続き記憶　69

　（4）忘却　69

3. 短期記憶　71

　（1）短期記憶　71

　（2）作動記憶（ワーキングメモリ）　72

4. 記憶と自己　74

　（1）自伝的記憶　74

　（2）ポジティブな自己像の源泉としての記憶　76

5. 日常における記憶　77

　（1）記憶の変容　77

　（2）展望記憶　78

第5章　知　能　湯　立 ……………………………………………………… 82

1. 知能とは　82

2. 知能の構造　82

3. 知能検査　87

4. 知能に対する再考—さまざまな知能—　91

5. 知能と遺伝　94

第6章　動機づけ　浅山　慧 ……………………………………………………… 98

1. 動機づけとは　98

　（1）行動の生起・持続を説明する一般的な言葉
　　　—やる気・意欲—　98

　（2）行動の生起・持続を説明する心理学的構成概念
　　　—動機づけ—　98

（3）特性レベル・領域レベル・状態レベルの動機づけ　99
2. 動機づけの種類
　　——内発的動機づけ，自律的動機づけ——　100
　　（1）内発的動機づけと外発的動機づけ　100
　　（2）外的報酬と内発的動機づけの関係　101
　　（3）外的報酬は「よくない」のか　102
　　（4）自律性の観点から動機づけをより細かくとらえる　103
　　（5）学習者の自律性を高めるようなかかわり　106
3. 目標や課題の達成に向けた動機づけ　107
　　（1）達成に対する期待と価値から達成動機づけをとらえる　107
　　（2）期待をより精緻化してとらえる　108
　　（3）目標の達成やその過程で取り組む課題に対して感じる価値の種類　109
　　（4）目標の設定と動機づけとの関連　110
4. 結果に対する解釈が動機づけに及ぼす影響　112
　　（1）成功や失敗の原因に対する判断が達成動機づけに及ぼす影響　112
　　（2）「自分が何をしても無駄だ」という感覚（学習性無力感）と原因帰属　113

第7章　パーソナリティ　　市川玲子 …………………… 119

1. パーソナリティのとらえ方　119
　　（1）パーソナリティとは　119
　　（2）パーソナリティの類型論　119
　　（3）パーソナリティの特性論　122
　　（4）類型論と特性論のつながりと違い　126
2. パーソナリティ検査　126
　　（1）投影法　127
　　（2）質問紙法　128
　　（3）作業検査法　129
　　（4）テストバッテリー　130

3. パーソナリティの形成と変容　130
    (1) 気質からパーソナリティへ　130
    (2) 遺伝と環境　131
    (3) パーソナリティの変容　132
4. 教育現場におけるパーソナリティの視点の必要性　133
    (1) 教授方法とパーソナリティの組み合わせによる学習効果の違い　134
    (2) 子どもの学校生活とパーソナリティの関連　134
5. パーソナリティがあらわすもの　135
    (1) 人間―状況論争から相互作用論の確立まで　135
    (2) パーソナリティの正常と異常　136
    (3) パーソナリティの適応的側面と不適応的側面　137

第8章　学級集団　海沼　亮 ……………………………………… 143

1. 学級集団とは　143
    (1) 学級集団の特徴　143
    (2) 学級の定義　144
    (3) 学級の役割　144
    (4) 学級集団の発達　145
    (5) 学級制度の転換期　146
2. 学級における教師と子どもの関係　146
    (1) 教師の勢力資源　146
    (2) 教師のリーダーシップ　147
    (3) 教師の指導行動　148
    (4) 教師の認知的バイアス　149
3. 学級における子ども同士の関係　150
    (1) 学級の友人関係・仲間関係　150
    (2) 友人関係・仲間関係の発達　150
    (3) 友人関係・仲間関係と学校生活　151

(4) 学級集団におけるいじめ問題　152
4. 学級集団内の人間関係のとらえ方　154
　　(1) ソシオメトリックテスト　154
　　(2) ゲスフーテスト　155
　　(3) ソシオメトリックテスト，ゲスフーテストの留意点　155
　　(4) 楽しい学校生活を送るためのアンケート
　　　　(Q-U：QUESTIONNAIRE-UTILITES)　155
5. 学級風土　157
　　(1) 学級風土とは　157
　　(2) 学級風土質問紙(Classroom Climate Inventory；CCI)　158
　　(3) 学級の目標構造　160
　　(4) 学級の社会的目標構造　160

第9章　教育評価　　三和秀平　……………………………… 166

1. 教育評価とは　166
　　(1) 教育評価の目的　166
　　(2) 教育評価の変遷　167
2. 評価の種類　167
　　(1) 相対評価　168
　　(2) 絶対評価　168
　　(3) 相対評価と目標に準拠した評価の特徴　169
3. いつ，誰が評価するか　171
　　(1) 診断的評価，形成的評価，総括的評価　171
　　(2) 他者評価・自己評価・相互評価　172
4. 真正の評価　173
　　(1) パフォーマンス評価　174
　　(2) ポートフォリオ評価法　175
　　(3) 逆向き設計論　176

5. 新しい時代に求められるコンピテンシーの評価　178
    (1) 21世紀型コンピテンシー　178
6. 妥当性と信頼性　178
    (1) 妥当性　179
    (2) 信頼性　180
    (3) 統合的な妥当性概念となる構成概念妥当性　180
7. 数量化された得点の解釈　181
    (1) 平均値と標準偏差　181
    (2) 偏差値　182

第10章　発達障害と特別支援　　有冨公教 ……………………………… 186

1. 発達障害への理解　186
    (1) 脳機能の発達の偏り　186
    (2) 特性の濃淡と重複　186
    (3) 二次障害の発生　187
2. 発達障害の種類と診断　188
    (1) 知的発達症（知的能力障害）　188
    (2) コミュニケーション症　189
    (3) 自閉スペクトラム症　189
    (4) 注意欠如多動症　190
    (5) 限局性学習症　191
    (6) 運動症　191
3. 発達障害の心理アセスメント　192
    (1) 発達検査　192
    (2) 知能検査　193
    (3) 発達障害の特性や症状等診断に関する検査　194
4. 発達障害に対する支援　194
    (1) 推奨される支援方法　194

（2）　環境調整　　195

　　（3）　発達障害の支援施設　　196

　　（4）　発達障害の支援制度　　197

5. 特別支援教育　　198

　　（1）　特別支援教育とは　　198

　　（2）　特別支援教育の体制　　201

　　（3）　インクルーシブ教育　　202

第11章　学習支援の理論と実践　　児玉裕巳 …………………… 208

1. 就学前の支援（乳幼児）　　208

　　（1）　乳幼児の発達（学習）支援の特徴　　208

　　（2）　乳幼児の発達（学習）支援の方法　　212

2. 就学後の支援（小学生から高校生までの時期）　　216

　　（1）　小学生から高校生に対する学習支援の特徴　　216

　　（2）　小学生から高校生に対する学習支援の方法　　221

3. 生徒指導提要と学習支援　　222

　　（1）　生徒指導提要の理念　　223

　　（2）　提要の理念をふまえた学習支援　　224

第1章 教育心理学とは

① 現代の教育心理学

(1) 教育心理学とはどのような学問か

　教育心理学は、学習のプロセスを科学的に理解し、その成果をもとに教育の質を高めることを目指す学問分野である。そのため、教育心理学では、学習者がどのように知識やスキルを習得するか、また教育環境がそのプロセスにどのような影響を与えるかなどを理解しようとする。具体的には、学習のプロセスに影響を与える要因と考えられる動機づけ、記憶、発達、知能、パーソナリティ、環境要因（友人関係や教師、学級集団）などを研究する。また、そこで得られた知見に基づいて、効果的な指導方法やカリキュラム、教育評価の開発を目指す。

　近年では、学習者の多様なニーズに応えるため、個別化された学びの重要性が高まっている。これは、学習者一人ひとりの能力や興味に応じたカスタマイズされた学習体験を提供するもので、人工知能（AI）やデータ分析を活用した**アダプティブ・ラーニング**がその一例である。また、多様なバックグラウンドや学習スタイルをもつ子どもに焦点を当て、インクルーシブ教育や特別支援教育の推進も進められている。このように教育心理学の知見は、学習者の能力を最大限に引き出し、すべての学習者に平等な学習機会を提供するための不可欠な基盤となっている。

(2) 教育のあり方の変化

　グローバル化、情報化、ICT（情報通信技術）やAIなどの技術革新に伴い、変化の激しい予測困難な時代が到来した。こうした時代の幕開けとともに、教育のあり方や学びの方法も大きく変化している。複雑な社会に対応するために、子どもたちには、自ら課題をみつけ、自ら学び、自ら考え、自ら判断して行動し、よりよい社会や人生を切り拓いていく力が求められている。また、学校教育においては、学びと実践の問い直しが求められている。近年では、従来の知識伝達型の教育

発展（アダプティブ・ラーニング）：学習者一人ひとりに最適化された学習内容を提供することで、より効率的・効果的な学びを実現する学習方法のこと。学習の進捗や解答の正誤情報などをビッグデータ化し、AIなどにより傾向を分析したうえで、個人ごとに最適な学習内容を提供する仕組みを用いた学びを指す。

から，スキルや思考力の育成に重きを置く教育へと移行する動きが進んでいる。

教育のあり方が大きく変化したことに伴い，学習指導要領が約10年ぶりに改訂された。小学校中学年から「外国語教育」を導入し，小学校における「プログラミング教育」を必修化するなど社会の変化を見据えた新たな学びへと進化している。以下，2017年に改訂された学習指導要領について，詳しくみていく。

(3) 新学習指導要領

グローバル化や情報化などによる社会の変化に対応するために，2017年（高等学校は2018年）に改訂された学習指導要領では，「何を知っているか」ではなく「何ができるか」，そして，「何を学ぶか」だけでなく「どのように学ぶか」を重視した教育の充実を図っている。そこでは，育成すべき資質・能力として，「知識・技能」，「思考力・判断力・表現力等」そして「学びに向かう力，人間性等」の3つの柱が掲げられた（図1-1）。「知識・技能」は，個別の事実的な知識のみでなく，習得した個別の知識を既存の知識と関連づけて深く理解し，社会の中で生きて働く知識となるものを含む。そして，その「知識・技能」をどう使うかという，未知の状況にも対応できる「思考力・判断力・表現力等」，学んだことを社会や人生に活かそうとする「学びに向かう力，人間性等」を含めた「資質・能力」の3つの柱を，一体的に育成する。学校教育では，これら3つの柱からなる「資質・能力」を総合的にバランスよく育んでいくことを目指している。

各学校においては，新学習指導要領の内容を受け止めつつ，子どもたちの姿や地域の実状等を踏まえて，各学校が設定する学校教育目標

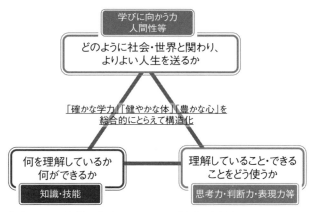

図1-1　育成すべき資質・能力の三つの柱（文部科学省のホームページより：https://www.mext.go.jp/content/1421692_7.pdf）

を実現するために，新学習指導要領等に基づいた教育課程を編成し，それを実施・評価し改善していくという「カリキュラム・マネジメント」の確立が求められている。

図1-1に示した資質・能力を育むために，新しい学習指導要領では，下記の点が特徴となっている。

① 21世紀型スキルの重視——「何ができるようになるか」——

OECD（経済協力開発機構）やユネスコなどの国際機関が提唱する「21世紀型スキル」や「キー・コンピテンシー」は，グローバル社会やデジタル化が進む現代において，「個人が社会で効果的に機能し，持続的な成長を達成するために必要な能力」と定義されている。これらは知識のみならず，思考力や協働力，デジタルリテラシーといった多面的な能力を含むため，次世代教育の指針とされており，世界各国の教育政策の基盤となっている。

日本では平成元年改訂の学習指導要領から，「新しい学習観」や「生きる力」が導入されていたが，学習内容を学ぶことを通じて「何ができるようになるか」，「どのように学ぶか」を涵養する教育にまでは至っていなかった。そこで，新学習指導要領では，教育課程全体で資質・能力をいかに育んでいくのかといった観点から，教科等を相互に関連づけ横断的な視点をもつことで，全体としてバランスのとれた教育課程を編成していくことを目指している。その中で，知識だけでなく，批判的思考力，問題解決能力，創造性，コミュニケーション能力，協働力，そしてデジタルリテラシーといった多面的なスキルを育成する。このような，複雑で予測不可能な21世紀を生きる人材に必要な知識やスキル，態度を含めた包括的な能力の集合は「21世紀型コンピテンシー」ともよばれている（第9章参照）。21世紀型スキルないしは21世紀型コンピテンシーは，21世紀を生き抜く力として，これからの学校教育で育成すべき資質・能力となっている。

② アクティブ・ラーニングと協働学習——「どのように学ぶか」——

「どのように学ぶか」については，「主体的・対話的で深い学び」としてアクティブ・ラーニング（詳細については第3章を参照）や協働学習が注目されている。アクティブ・ラーニングは，学習者が問題解決やディスカッション，グループワークなどを通じて能動的（アクティブ）に学びを深める教育方法である。アクティブ・ラーニングは，従来の知識の暗記や受動的な講義形式の学習と異なり，学習者が学習に能動的に関わるため，学びへの意欲が向上し，理解が深まるとされている。

同じく，**協働学習**（コラボラティブ・ラーニング）も近年の教育現場で重視されている学習方法である。協働学習は，複数の学習者が小グループで協力しながら共通の目標に向けて学ぶ学習方法である。この方法では，単なる知識の習得を超えて，グループでの課題解決を通じて他者と協力しながら問題を解決する能力や，異なる視点を理解する

発展（カリキュラム・マネジメント）：「教育の目的や目標の実現に必要な教育の内容等を教科等横断的な視点で組み立てること」，「教育課程の実施状況を評価してその改善を図ること」，「教育課程の実施に必要な人的又は物的な体制を確保するとともにその改善を図ること」の3つの側面がある。

発展（コンピテンシー）：特定の状況の中で（技能や態度を含む）心理・社会的な資源を引き出し，動員してより複雑な需要に応じる能力のこと。社会の変動に伴い，これまでのリテラシー（読み，書き，計算の能力）の概念から，知識だけでなく，スキル，さらに態度を含む人間の全体的な能力をとらえるコンピテンシーの概念へと移行していった。

発展（キー・コンピテンシー）：OECDの12の加盟国のレポートを学際的に検討し，鍵になるコンピテンシーを抽出した。その結果，「相互作用的に道具を用いる力」，「異質な集団で交流する力」，「自律的に活動する力」の3つのカテゴリーに分類し，それぞれ3つずつの計9つのキー・コンピテンシーを

提唱した。また、キー・コンピテンシーの中核となるものとして「思慮深さ」を位置づけた。

力、リーダーシップ、創造性といった「21世紀型スキル」を育むことができ、現代の教育において非常に重要な学習方法とされている。

③ ICT教育とデジタルリテラシーの普及

テクノロジーの進展により、ICTを活用した教育が急速に普及している。特に、2020年の新型コロナウィルスのパンデミックによってオンライン授業やリモート学習の需要が高まり、教育現場ではインターネットやデジタルツールを活用した学びが一般的になった。それに伴い、デジタルリテラシーの育成も教育の重要な要素となり、情報収集、データ分析、オンラインでのコミュニケーション能力など、デジタル社会で必要なスキルが教育カリキュラムに組み込まれつつある。小学校では「プログラミング教育」が必修化された。そこでは、コンピュータに意図した処理を行わせるための論理的な思考力「プログラミング的思考」などを育む。また、中学校においてプログラミングに関する内容を充実させるとともに、高等学校では必修科目「情報Ⅰ」を新設し、すべての生徒がプログラミングのほか、ネットワークやデータベースの基礎などについて学習する。

発展(プログラミング的思考)：自分が意図する一連の活動を実現するために、どのような動きの組合せが必要であり、一つ一つの動きに対応した記号を、どのように組み合わせたらいいのか、記号の組合せをどのように改善していけば、より意図した活動に近づくのか、といったことを論理的に考えていく力のこと。

② 教育心理学の歴史

教育心理学の歴史は、19世紀から20世紀にかけて、心理学や教育学の発展とともに進化してきた。この分野は、初期の哲学的な議論や心理学の基礎的研究から始まり、教育における学習や指導のメカニズムを解明するための科学的なアプローチをとるようになった。

(1) 初期の哲学的基盤（古代～19世紀）

教育心理学の基盤となる思想は、古代ギリシャの哲学者プラトンやアリストテレスまで遡ることができる。プラトンとアリストテレスの教育思想は、知識の伝達を超えて、学習者の成長や発達、人格形成に重きを置くものであった。こうした考えは、現代の教育心理学における発達段階に応じた学び、経験と知識の統合、人格教育といった概念に多大な影響を及ぼし、教育の基本的な価値観や理論に深く根づいている。

17世紀に入って、ロックは、「タブラ・ラサ」(オランダ語で「白紙」という意味)」という考え方を提唱し、子どもは生まれつき、知識をもたずまっさらな状態で生まれ、経験によってさまざまな知識を獲得していくと主張した。彼の経験主義的な視点は、教育における環境の重要性を強調し、後の教育心理学に大きな影響を与えた。

人物紹介(ジョン・ロック(John Locke, 1632-1704))は、イギリスの哲学者であり、人間の発達に関する理論で教育心理学に多大な影響を与えた。ロックは「経験主義」の立場をとり、人間の知識や人格が経験や環境から形成されると主張した。

18世紀にはルソーが自然主義教育論を提唱し，子どもは自然な発達過程をもち，それに応じた教育が必要だと主張した。この考え方は消極教育とよばれたが，ルソーの思想は子ども中心の教育の考え方に影響を与え，後の教育心理学にも大きな影響を与えた。

(2) 教育心理学の誕生と発展（19世紀後半〜20世紀）

心理学は，哲学に源流があり，かつての心理学は哲学の一分野としてとらえられていた。その後の心理学の進展は，ドイツのヴント（Wundt, W.）が1879年にライプツィヒ大学に世界初の大規模な心理学実験室を創設したことにある。これをきっかけに，心理学は科学的な独立した学問として，研究されるようになった。ヴントは，人間の意識や認知過程を科学的に研究する基盤を築き，教育の理論にも影響を与えた。

20世紀に入ると，ソーンダイク（Thorndike, E.）が実験心理学の手法を教育に応用し，教育心理学の確立に貢献した（第3章を参照）。特に，動物を対象に行った試行錯誤学習で得られた知見は，人間の学習理論の基礎となった。また，ソーンダイクは教育測定の分野でも功績を残し，標準化されたテストの開発に貢献した（第9章を参照）。

20世紀には，教育心理学はより体系的な学問分野として確立され，多くの研究者が教育における学習理論や発達理論に取り組んだ。その中でピアジェ（Piaget, J.）は，認知発達理論を提唱し，子どもの知的発達が段階的に進むことを示した（第2章を参照）。また，ヴィゴツキー（Vygotsky, L.）は，社会文化的発達理論を展開し，子どもが他者との相互作用を通じて学習することを重視した（第3章を参照）

(3) 行動主義とその後の認知心理学の台頭（20世紀）

20世紀前半には，ワトソン（Watson, J. B.）やスキナー（Skinner, B. F.）に代表される行動主義が，教育心理学に大きな影響を与えた。行動主義は，観察可能な行動に焦点を当て，学習は外的な刺激と反応の関係で説明できると主張している。スキナーのオペラント条件づけ理論では，報酬や罰によって行動を強化するメカニズムを示し（第3章を参照），教育現場において，学習者の行動を適切に管理するための行動修正プログラムとして活用された。

1950年代から1970年代にかけて，行動主義に代わって認知心理学が主流となり，教育心理学にも大きな影響を与えた。認知心理学は，学習者の内的な認知プロセス（思考，記憶，問題解決など）を重視し，こ

人物紹介（ジャン＝ジャック・ルソー（Jean-Jacques Rousseau, 1712-1778））は，ジュネーヴ共和国に生まれ，主にフランスで活躍した哲学者，政治哲学者，作曲家。教育の分野では，著作『エミール』を通して，子どもの人格や自由を尊重する立場にたち，子どもの心身の発達に応じた教育を行うべきであると主張した。ルソーの思想はのちに，カントの教育論に多大な影響を及ぼした。

豆知識：第3章で詳しく紹介するが，ワトソンとスキナーは，極端な「環境主義」の立場をとる。スキナーは，「人間や動物の行動は，環境の整え方しだいでどのようにもなる」と言及し，ワトソンは「自分に12人の健康な子どもとそれを育てる環境を与えてくれれば，その子の祖先の能力や嗜好，職業に関係なく，望み通りの職業の人間に育ててみせよう」と述べている。

れが学習にどう影響を与えるかを研究することによって，情報が記憶にどのように保存され，引き出されるかを解明し（第4章を参照），教育方法の改善に貢献した。また，バンデューラ（Bandura, A.）の社会的学習理論は，観察学習やモデリング（他者の行動を観察して学ぶ）が学習に重要な役割を果たすことを示した（第3章を参照）。

(4) 現代の教育心理学

現代の教育心理学は，学習理論の多様化や，テクノロジーを活用した学習環境の設計，特別支援教育やインクルーシブ教育の実践など，多岐にわたる分野で発展している。特に，ICTやAIを活用した学習支援システム，オンライン教育の台頭などが新たな研究課題となっている。

また，OECDの提唱する「21世紀型スキル」と「キー・コンピテンシー」を実現するためには，教育心理学の分野においても学びの方法や評価の仕組みを見直し，学習者の認知的・社会的スキルの向上を総合的に支援することが必要である。さらに，発達障害や学習に困難を抱える子どもへの支援，**非認知能力**（Columnを参照）の重要性が認識され，教育現場での実践的な取り組みが進んでいる。

今後，教育心理学は，テクノロジーの活用や個別化された支援，協働学習の促進など，学習者が主体的に学び，社会での実践的なスキルを培えるような教育を支える重要な役割を果たすと考えられる。教育心理学は，現代の教育ニーズに応じて，学習者一人ひとりに合わせた教育支援を提供するための理論と実践を提供し続けている。

③ 教育心理学の研究法

(1) 教育心理学の研究法の分類

教育心理学の研究法には，表1-1で示したように，観察法，実験法，調査法（質問紙法），面接法，事例研究法，検査法などさまざまなものがある。いずれの研究法にも長所と短所があり，研究を行う際には，それぞれの研究法の特徴と限界を認識し，目的に合わせて用いることが必要である。また，このうちのどれか1つだけを習熟していればよいというものではない。例えば，実験法において，観察法や調査法を併用することがあったり，調査法を作成する前の段階で，観察法が用いられることがあったりする。

表1-1　教育心理学の研究法の分類

観察法	自然な状況や実験的状況のもとで，人（や動物）の行動や言語などを観察・記録・分析する。
実験法	厳密に人為的に統制された条件下で，行動の因果関係を実証する。原因となる要因を変化させていき，どのような結果が生じるのかを調べる。
調査法（質問紙法）	あらかじめ作成した質問（アンケート）用紙を使って，多くの人の意見や考え方を収集・分析する。
面接法	面接者と被面接者が直接対面し，言語的・非言語的コミュニケーションにおいて表現された内容を，記述・分析する。
事例研究法	特定の個人や集団，あるいは特定の教育的な現象について詳細に調査する。
検査法	学習者の能力や知識，性格などを測定するために標準化されたテストや心理検査を実施する。学力テスト，IQテスト，性格検査などが含まれる。

　ここでは，教育心理学の主たる研究法である観察法，実験法，調査法（質問紙法），面接法，そして事例研究法について説明する（検査法については，第5章および第9章で取りあげる）。

① 観察法

　教育現場で最も重要な研究技法は，**観察法**であるといってもよい。観察法は，人間や動物の行動を自然な状況や実験的な状況のもとで，観察，記録，分析し，行動の質的・量的特徴や行動の法則性を解明する方法である。教育心理学では，観察法を用いて教室内での子どもの行動や教師と子どもの相互作用，学習活動への関与などを把握する。

　観察法は実験法に比べ，対象者への拘束や制約が少なく，日常生活上の自然な行動を対象にできる。また，調査法や面接法と異なり，行動そのものを対象とするため，言語的理解力や言語的表出力の十分でない乳幼児や障害児，さらに動物も対象にできるといった長所が挙げられる。学習者の行動や反応だけでなく，環境要因や相互作用も含めた総合的なデータ収集ができるのも観察法の長所である。一方，観察法は，実験法や調査法などに比べ，観察の視点やその解釈が主観的になりやすいといった問題がある。客観的で信頼のおける観察を行うには，さまざまな配慮や訓練が必要になる。さらに，倫理的な配慮には十分に気を付ける必要がある。観察法は自然な行動を直接扱うので，容易に行うと，対象者の肖像権やプライバシーを侵したりすることに

なる。対象者の了解をどうとるのかといった問題があることやビデオや記録用紙の保管には十分気を配らなくてはいけないことはいうまでもない。加えて、観察法で得られるデータは特定の状況や環境に依存するため、他の状況にも当てはまるかどうかが明確でない場合がある。

また、他の研究法とは異なり、自然の行動を対象とすることから、観察対象となる行動が生起するのを待たねばならないという難点が伴うため、観察すべき現象の生起が際立つような工夫が要求される場合もある。こうした、ある特定の行動が生起しやすい状況を実験者があらかじめ設定して観察する方法を**実験的観察法**とよぶ。他方、状況に対して何ら操作を加えず、自然に生起する行動をありのままに把握しようとする方法は**非参加観察法**とよばれる。例えば、教室の後ろから授業の様子を見守り、子どもの反応や参加状況を記録するというものである。その他にも、観察者自身が現象に入り込んで観察する**参加観察法**がある。これは、観察対象に対して観察者がその存在を示しながら観察を行う方法で、たとえば、グループワークに教師が加わり、子どもと対話しながら観察するというものである。観察者は観察対象に対して教育的な介入を行ったり、行動に対する指示を行ったりすることができるとともに、観察者がグループや活動に参加することで、学習者の感情や行動の背景を理解しやすくなるという利点がある。

② 実験法

実験法とは、自然界で生起する行動の因果関係に着目し、厳密に人為的に統制された条件下で、その因果関係を実証しようとする方法のことである。原因となる要因（**独立変数**という）を意図的に変化させていき、どのような結果（**従属変数**という）が生じるのかを調べていく方法である。具体的には、独立変数の操作を受ける実験群と、操作を受けない統制群を設定し、2つの群の従属変数を比較することにより、独立変数の効果について検討する。

実験法では、たとえば、「子どもにポジティブなフィードバックを与えることによって、その子どもの学業成績が向上する」といった仮説を立てる。仮説は、操作する変数（独立変数）がどのように結果（従属変数）に影響するかを想定したもので、ここでは、ポジティブなフィードバックが独立変数、子どもの学業成績が従属変数となる。この仮説を検証するために、クラスの子どもたちを2つの群に分け、1つの群（実験群）の子どもたちには、毎回、テストを返却するときに、その頑張りを教師が褒めるという操作を行う。もう1つの群（統制群）の子どもにはそのような操作を行わない（あるいは、ただ単に「テストの点数は〇点でした」とだけ告げる）。このような処遇をたとえば1週間行った後で、2つの群のテストの成績を比較し、統制群の子どもたちよりも実験群の子どもたちの成績のほうが（統計的に有意に）高ければ、仮説は支持されたといえる。

> **重要語句（独立変数と従属変数）**：独立変数とは独立に変化しうる変数のことで、従属変数とは独立変数の変化に応じて変わる変数のことである。

実験法において，とりわけ重要なのは，操作する独立変数以外で従属変数に影響を与える要因（**剰余変数**という）をいかに統制するかということである。これに失敗すると，因果関係が不明瞭になってしまったり，結果に無関係な要因の影響が出てしまったりする。先の例でいうならば，子どもの性別（男女の違い）が学業成績に影響するかもしれない。そのため，実験群と統制群の男女の比率を同じにする必要がある。また，実験群と統制群において，実験処遇がなされる前の状態（たとえば，能力や家庭環境など）の等質性の保証も必要になってくる。

　教育心理学の研究法のなかでも実験法は，心理的要因とそれが影響を与える人間の行動との因果関係を最も厳密に描き出すことのできる手法といえる。一方で，実験法は自然現象では生起しにくい状況を人為的に作り出すため，日常的な状況下での自然な人間の行動をとらえる観察法とは異なり，**生態学的妥当性**が低くなるという問題がある。教育心理学では，このような妥当性（第9章を参照）の面にも注意をして研究を進めることが重要である。また，教育の場で意図的に差をつけて教育を行う場合，統制群の学習機会が不公平になることがあるため，倫理的な配慮が必要である。先の例でいうならば，実験群の子どもたちに，テストを返却するときに，教師がポジティブなフィードバックを行うという処遇を1週間行う際に，統制群においては，その1週間はこうした操作を行わないことになる。そのため，学業成績が向上しうるという機会が統制群には与えられないことになる。そこで，例えば次の1週間で，テストを返却するときに統制群の子どもたちに教師がポジティブなフィードバックを行うことで，参加者のすべてにある操作（ここでは，教師によるポジティブなフィードバック）を受ける機会を用意するといった配慮が考えられる。

② 調査法（質問紙法）

　調査法は広義には，面接や観察などを含めていう場合もあるが，教育心理学の調査法というときには，質問紙を用いた調査（俗にいうアンケート）法である**質問紙法**を意味する。これは，複数の質問項目が印刷された質問紙に，調査対象者が自ら答えることで，学習者の態度や動機づけ，学習スタイル，パーソナリティ，人間関係などの実態をとらえる方法である。

　質問紙法は，大人数に対して同時に短時間で実施できる，採点が客観的で容易であるといった長所があるため，教育心理学の分野で広く使用されている。一方，調査対象者の防衛が働きやすく，質問内容に対して望ましい答えを書くなど，意図的に嘘の答えを書くことができるといった限界や，文章理解力が低い年少者には実施することが難しいといった限界がある。

　質問紙法は，以下のプロセスに従って実施される。

・調査目的と項目の設定

重要語句（生態学的妥当性）：限定された条件下での実験で得られた知見が，日常的な状況においても一般化できるかどうかを意味する。もし一般化ができないとしたら（これを，生態学的妥当性が低いという），実験法によって得られた知見を教育現場に適用することはできなくなる。

発展（参加者への配慮）：統制群に割り当てられた参加者に対して，操作（ここでは，教師によるポジティブなフィードバック）を受けるのを待つというデザインで行われ，これを待機コントロールあるいは遅延コントロールとよぶ。

豆知識：最近は，調査票をウェブ上に構築して実施するウェブ調査が主流となっている。

調査目的に応じて，調査対象者に問いたい項目を明確にする。例えば，学習動機づけや学級集団内の人間関係を測定したい場合，それらに関連する質問を作成する。

・質問項目の作成

明確で簡潔な質問を作成する。質問項目の表現は，簡潔で，直観的に理解できるものにする。否定表現や誘導質問はできるだけ避けるのが望ましい。また，回答は可能な限り，あらかじめ用意したものから選ばせる制限回答式にして（これを定量的調査という），調査対象者の心理的負担を軽減する。一方で，開かれた質問（自由記述式）で構成し，調査対象者が自由に意見や感想を書き込む形式もある（これを定性的調査という）。この形式は，個別の経験や感情，動機を深く理解することに適している。

・データの収集

調査対象者に質問紙を配布し，回答を収集する。データ収集方法には，紙媒体の配布，ウェブ調査の利用などがある。

ポイント：ウェブ調査は，効率的でコストパフォーマンスが高く，短期間で多くのデータを収集できる便利な調査手法である。しかし，インターネット環境に依存するため回答者の層が偏る可能性があることや，回答の信頼性が低くなることもある。ウェブ調査を実施する際には，こうしたデメリットを理解し，データの質を向上させるための配慮を講じることが重要である。

・データの分析

回収された回答をもとに，統計的な分析や内容の分析を行う。定量的データであれば平均や標準偏差，相関関係を測定し，定性的データであれば内容分析によって傾向を把握する。

④ 面接法

面接法とは，一定の場所において，面接者と被面接者が直接対面し，言語的・非言語的コミュニケーションを用いて，意見や感情を伝達したり，問題の解決等の目的を達したりするための方法である。教育心理学における面接は，**調査的面接**と**臨床的面接**に大別することができる。調査的面接は，ある目的・仮説に基づいた科学的・実証的なデータを収集するために，ある一定の人数の被面接者を対象に行われる。多面的で深い洞察が得られ，対象者の個別の体験に寄り添えるという利点がある一方，面接者の経験・技術・態度や面接状況等の変数の統制が難しいという点を考慮する必要がある。また，面接には時間がかかり，データの分析も複雑である。

臨床的面接では，被面接者は何らかの問題や悩みを解決することに動機づけられたクライエントであり，面接者はカウンセラーや治療者ということになる。臨床的面接は，診断面接（受理面接ともいう）と治療面接に分けられる。診断面接では，その後の治療面接に役立つ生育歴や家族歴，問題となる事柄，状態像など，さまざまな情報を得ることが目的となる。こうした診断面接に基づいて今後の見立て・アセスメントが行われ，その後に問題の解決を目指す治療面接が継続的に展開される。

面接法は，あらかじめ用意した質問に従って，質問の順番や内容を統一して進める面接である**構造化面接**，事前に決めた質問項目を基本

としながらも，対象者の回答に応じて質問を追加・変更する柔軟な方法である**半構造化面接**，質問項目や順番を特に決めず，自然な対話の流れに沿って進める方法である**非構造化面接**の3つのタイプに分けられる。構造化面接は，多くのデータを分析する際に適し，半構造化面接は，構造化面接に比べて，被面接者の自由な意見や深い洞察を引き出しやすく，非構造化面接は被面接者の自由な意見を引き出し，より個別の経験や考えを深く理解するのに適しているなど，それぞれの面接に特徴があるので，面接の目的に応じてどの方法を用いるのかを決める必要がある。なお，いずれの面接においても，面接者と被面接者の信頼関係（ラポールという）が重要になってくる。

豆知識：ラポールは，「橋を架ける」という意味のフランス語が語源で，お互いの心に橋が架かっているように信頼し合っている状態を表す。

⑤ 事例研究法

事例研究法とは，1つの事例（「ケース」ということも多い）あるいは少数の事例について，調査，テスト，実験，面接，観察などを通じて，対象の個性的，全体的理解を追求する研究法のことである。「ケース・スタディ」ということもある。多数の事例から統計的に分析して論じる方法と対比される。

事例研究法は，何をめざすのかによって，いくつかのタイプに分かれる。教育心理学の事例研究法のタイプとしてよく用いられるのは，少数の事例の綿密な分析から，普遍的に当てはまる法則性や傾向性を探索しようとする仮説発想的なもので，例えば，乳幼児を対象にした言語発達過程に関する縦断的研究がこれにあたる。

また，対象事例の個別性・特殊性に焦点を当て，その問題の解決に資する分析を行うタイプの教育臨床的な事例研究法もある。例えば，反社会的な問題行動を繰り返す子どもを対象に，子どもの成育歴，家庭環境，学校の人間関係・学習・生活状況などを綿密に調査し，なぜこの子どもが反社会的な問題行動をくりかえすのかその原因を検討する。その際，観察，面接，心理検査などを行い，できるだけ多面的，包括的なアセスメントをする。そしてそれらの結果に基づいて，何らかの対応法を考え，それを実践し，問題が解決するまでの経過をみるという方法である。

事例研究法は，対象やその生活を不自然に解体せず，丸ごと全体的状況や歴史（時系列）の中でとらえられ，個人の複雑な行動間の連関構造を明らかにすることができる。一般的な実験や質問紙調査では得られない豊かなデータを収集できるため，教育現場での学習者の行動や学習プロセス，教育効果の実態解明に役立つといえる。また，観察や面接などの多様なデータ収集を通じて，学習者の行動や認知，環境などがどのように相互作用しているかを包括的に把握できる。一方，1つあるいは少数の事例を対象とするため，結果を他の事例や集団にそのまま適用することが難しい。また，研究者の主観や解釈が入りやすく，結果の客観性が損なわれる可能性があるため，第三者の協力を取

り入れるなどの客観性を高める工夫が必要となる。さらに，時間と労力がかかるという限界がある。

④ 教育心理学の領域

　ここで改めて教育心理学を定義しておく。教育心理学は，「教育活動に関する心理学的な法則や事実を研究し，教育活動をより効果的に行うための新たな知見や技術を提供する心理学の一分野」である。また，この定義に2度も言及される「教育活動」とは，
　① 特定の対象（学校教育では，児童生徒）に対して，
　② 何らかの働きかけ（学校教育では，学習指導と生徒指導）を行い，
　③ 対象がよい方向に変化する（学校教育では指導効果がみられる）
　　過程，
であると考えられている。①は「教育を受ける人，すなわち子どもの特性に関する内容」であり，本書では第2章の「発達」，第7章の「パーソナリティ」で児童生徒の心身の発達や他者とは異なる個人を特徴づける独自性であるパーソナリティについて取りあげる。

　②は，「学習指導」と「生徒指導」に関する内容である。効果的な学習指導を行うためには，学習や記憶の過程，理論や学習者の個人差（知能や動機づけなど）について学んでいく必要がある。本書では，第3章で「学習」，第4章で「記憶」，第5章で「知能」，そして第6章で「動機づけ」を取りあげる。

　また，生徒指導を行うためには，子どもの発達段階に応じた心身の変化や心の問題についての知識，その理解の方法としての診断・調査方法，学習支援のための理論と実践を学び，個人あるいは集団を対象とした生徒指導の専門的なスキルを養うことが求められる。本書では，第8章で「学級集団」，第10章で「発達障害と特別支援」，そして，第11章で「学習支援の理論と実践」について説明する。

　③は，「教育評価に関する内容」である。児童生徒に対して学習指導や生徒指導を行った結果，指導効果がみられたのかどうかは，教育（学習）効果を科学的，客観的に測定し，それを教育（学習）目標に照らして解釈する必要がある。第9章では，こうした「教育評価」について取りあげることにする。

　このように，教育心理学では，教育評価，学習指導，学級経営に関する内容（学級集団），学習支援の理論と実践，児童生徒の発達や個人差，発達障害と特別支援などが主な研究領域となる。

　各研究領域を下記にまとめておく。
- 発達：人間は生まれてから死に至るまでさまざまな発達的変化を遂げる。そうした人間の一生にわたる心理的な発達や変化を

研究する分野が，教育心理学における「発達」である。具体的には，主に，乳児期から老年期(高齢期)までの各発達段階における認知，社会性，情緒，行動，パーソナリティなどの特徴やその発達を研究し，学習者の年齢や発達段階に応じた適切な教育方法を探求する。本テキストでは主に，身体的発達，認知的発達，社会的・情緒的発達について取りあげる。

- 学習：学習者がどのようにして知識やスキルを習得するのか，その過程やメカニズムを理解し，最適な教育方法を探る学問が，教育心理学における学習の研究分野である。学習は教育心理学の中核的な位置を占めており，教育現場での実践に大きな影響を与えている。具体的には，学習がどのように起こるのか，その際にどのような心理的要因が関与するのかを探求し，学習理論の発展や応用に貢献している。本テキストでは，学習への行動主義的アプローチ，認知主義的アプローチ，社会文化的アプローチ，および実際の教育場面における学習理論の応用の形態について取りあげる。

- 記憶：教育心理学における記憶の研究は，学習者がどのようにして情報を保持し後で再び利用できるようにするか，ひいては知識として定着するのか，その学習プロセスを理解し改善するために重要なテーマである。記憶は学習の基礎であり，学習の効果を左右する中心的な要素である。教育心理学の中での記憶研究の位置づけは，学習プロセスの解明と教育実践への応用に貢献する分野として大きな役割を果たしている。本テキストでは，記憶のプロセス，記憶のシステムとしての長期記憶および短期記憶，記憶と自己の関連や日常における記憶の役割について取りあげる。

- 知能：教育心理学における知能の研究は，個々の子どもの知的能力や特性の違いを理解するための基盤を提供する。具体的には，学習者がもつ認知能力や潜在的な能力を理解し，それに基づいて教育方法や支援を最適化することを目指す。知能の研究は，学習能力や学習成果に直接関わるため，教育現場での指導方法や評価手法に大きな影響を与える。本テキストでは，知能の主要な理論や測定，個人差，近年における知能の新しいとらえ方や教育場面での役割について取りあげる。

- 動機づけ：教育心理学における動機づけの研究は，学習者が学習に対してどのように意欲を持ち，それを維持し，学習成果に導くかを理解し，支援することを目的とした重要な研究分野である。動機づけは，学習成果や学習プロセスに大きく影響を与える要因であり，学習者の興味や意欲を引き出すための方略を研究することは，効果的な教育を実現するために不可欠であ

る。本テキストでは，動機づけの過程，内発的動機づけと外発的動機づけ，達成動機づけ，結果の帰属と動機づけの関連について取りあげる。

- パーソナリティ：教育心理学におけるパーソナリティの研究は，学習者のパーソナリティが学習や教育にどのような影響を与えるかを理解し，それに基づいて適切な教育方法を選定したり，支援を行ったりすることを目的とした研究分野である。パーソナリティは，子どもの学習行動や動機づけだけでなく，学校生活や心理的成長にも大きく影響する。よって，教育現場での指導や支援において重要な要因として扱われる。パーソナリティ研究に基づいて，学習者個々のニーズに応じた教育方法を提供することで，より質の高い教育が可能となり，学習成果の向上や子どもの心理的成長に寄与する。本テキストでは，パーソナリティに関する代表的な理論，パーソナリティ検査，パーソナリティの形成や変容，教育現場での活用方法について紹介する。
- 学級集団：教育心理学における学級集団の研究は，学級内の集団ダイナミクスや子ども同士の相互作用が学習や社会的発達にどのように影響を与えるかを理解し，より良い教育環境を構築することを目的としている。学級集団は教育現場における基本的な単位の1つであり，学級集団の構造や教師との関係，子ども同士の関係が学習成果や心理的成長に大きな影響を与える。本テキストでは，学級集団の特徴や役割，発達，教師と子どもの関係，子ども同士の関係(友人関係・仲間関係)，学級集団全体の人間関係の様相を把握するための方法，学級集団の雰囲気に関連する内容を取りあげる。
- 教育評価：教育心理学における教育評価は，学習者の学習成果や教育の効果を適切に測定し，教育の質を向上させるための重要な研究分野である。教育評価は，学習者の能力や理解度を客観的に把握し，指導内容や方法の改善，学習支援の最適化に役立つ。また，評価を通じて学習者にフィードバックを提供することで，学習の動機づけや成績の向上を促進する。主要なトピックには，評価の種類，真正の評価，信頼性と妥当性などがある。
- 発達障害と特別支援：教育心理学における発達障害と特別支援の研究は，発達障害を持つ学習者が適切な教育を受けられるようにするための理解と支援を目的とした重要な研究分野である。発達障害を持つ学習者の学習ニーズや特性を明らかにし，それに基づいて効果的な支援方法や教育環境の改善を目指している。教育現場における個別化された指導や支援の提供，学習

者の社会的・感情的な発達を促進するためのプログラムがこの分野の中心的なテーマである。研究テーマは多岐にわたるが，本テキストでは，発達障害の種類と診断，心理アセスメントならびにその支援，学校における特別支援教育について取りあげる。
- **学習支援の理論と実践**：教育心理学における学習支援の理論と実践の研究は，学習者が効果的に学習できるように支援するための理論や方法を探求し，それを教育現場に応用することを目的としている。この研究分野は，学習者が持つ個々のニーズや特性を理解し，それに応じた指導法や学習環境を提供するための実践的なアプローチを提供する。特に，学習理論に基づいた支援方法や，学習困難を持つ生徒のための特別な支援などが研究の中心となる。本テキストでは，学習支援を就学前と就学後に分けて説明したうえで，実際に学習支援を行う際の注意点と依拠すべき重要ないくつかのモデルについて取りあげる。

Column 非認知能力とは

　「非認知能力」とは，「非・認知能力」のことであり，この用語が示している通り，認知能力（すなわち，知能や学力）ではないもの全般のことを指す。今や，「非認知能力」という用語は，広く普及しているが，その火付け役となったのは，ノーベル経済学賞を受賞した米国のヘックマン(Heckman, J.)である。ヘックマンは米国の公教育について，子どもたちを到達度テストの点数で評価し，学力優位の教育に偏っている現状を批判した。そして，子どもの人生の成功には，到達度テストに代表される認知能力だけでなく，意欲や長期計画を実行する能力，人と上手に付き合う能力である「社会情動的スキル」といった，いわば「非認知スキル」とも呼ぶべきスキルが重要で，それらを伸ばす教育を目指すべきであると主張した。このように，もともとヘックマンは，「非認知スキル」という用語を用いているが，日本では「非認知能力」という用語が用いられることが多い。

　先に説明した通り，非認知能力というのは，知能や学力などの認知能力ではないものであるが，以下の3つの条件を満たしているものと考えられている。

> 1) 個人のウェルビーイング等において「よい結果」につながる心理特性であること
> 2) 測定可能な心理特性であること
> 3) 教育や訓練によって伸ばすことができる心理特性であること

　では，具体的に，非認知能力には，どのような心理特性があるのだろうか。ヘックマンは，意欲，長期計画を実行する能力，他人との協働に必要な社会情動的スキルを非認知能力として挙げている。また，2021年に公刊された小塩(編)の『非認知能力』という書籍では，非認知能力として，誠実性，グリット，自己制御・自己コントロール，好奇心，批判的思考，楽観性，時間的展望，情動知能，感情調整，共感性，自尊感情，セルフ・コンパッション，マインドフルネス，レジリエンス，エゴ・レジリエンスの15の心理特性が取りあげられている。

　非認知能力は認知能力と同様に成功を収めるうえで重要であるが，非認知能力は特に，社会的成果の向上に関わっていることが示されている。認知能力と非認知能力は相互に作用しあって，子どもがプラスの成果を達成する力をもたらすものと考えられる。

演習問題

A群の問いに対する回答を，B群から1つ選びなさい。

[A群]
1. 1879年，ドイツのライプツィヒ大学に世界初の心理学実験室を開設し，独立した実証科学として心理学を創始したのは（ ① ）である。
2. 動物を対象にした実験で試行錯誤学習を提唱し，教育心理学の基礎を築いた人物は（ ② ）である。
3. 学習者が問題解決やディスカッション，グループワークなどを通じて能動的に学びを深める教育方法を（ ③ ）という。
4. 実験法の主な目的は（ ④ ）ことである。
5. 質問紙法を使用する際の留意点として（ ⑤ ）ことが挙げられる。
6. 教育心理学における「事例研究法（ケース・スタディ）」の主な目的は（ ⑥ ）ことである。
7. 独立変数の変化に応じて変わる変数のことを（ ⑦ ）という。
8. 限定された条件下での実験で得られた知見が，日常的な状況においても一般化できるかどうかを意味することを（ ⑧ ）という。
9. 事前に決めた質問項目を基本としながらも，対象者の回答に応じて質問を追加・変更する柔軟な面接を（ ⑨ ）という。
10. 話し手と聴き手の間に築かれる信頼関係や親密な関係を（ ⑩ ）という。

[B群]
集団全体の特徴を調べる，特定の事例について詳細に記録する，複数の結果を統合して新しい理論を導く，ラポール，クライエント，因果関係を明らかにする，アクティブ・ラーニング，e-learning，データ収集に時間がかかる，回答の正直さや信頼性が保証されない，観察者の影響が大きくなる，剰余変数，従属変数，生態学的妥当性，併存的妥当性，非構造化面接，半構造化面接，フレキシブル面接，ヴント，ワトソン，ソーンダイク，ルソー

【ディスカッションをしてみよう】
1. 21世紀スキルや21世紀コンピテンスにみなさんたちだったら何をあげるのかについて話し合ってみましょう。
2. 教育心理学における「実験法」の特徴を説明し，この方法が教育現場でどのように活用されるかについて話し合ってみましょう。
3. 社会の変化に伴い，今後，教育心理学にはどのような研究が求められているのか話し合ってみましょう。

【演習問題の答え】
①ヴント　②ソーンダイク　③アクティブ・ラーニング　④因果関係を明らかにする　⑤回答の正直さや信頼性が保証されない　⑥特定の事例について詳細に記録する　⑦従属変数　⑧生態学的妥当性　⑨半構造化面接　⑩ラポール

【引用文献】
小塩真司(編)2021 『非認知能力－概念・測定と教育の可能性』 北大路書房

第2章 発達

1 発達とは

(1) 発達の定義

　人は，受精から死に至るまで，常に変化し続けている。生涯にわたって生じる身体的，認知的，社会的・情緒的な変化の過程を**発達**とよぶ。発達は，幼少期だけでなく，成人期や老年期（高齢期）に至るまで継続的に起こり，また，年齢を重ねることによる変化だけでなく，遺伝的要因と環境的要因の両方によって形作られる（遺伝と環境の相互作用については，第7章を参照）。

　発達は，大別すれば量的変化と質的変化に分かれる（図2-1）。

```
発　達 ─┬─ 量的変化
        │    ex.) 年齢とともに身長や体重,語彙数が増える
        │
        └─ 質的変化
             ex.) はいはいしかできなかった赤ちゃんが,ひとり歩きするようになる,物事を直観的にしか考えることができなかった子どもが,論理的に考えられるようになる
```

図2-1　発達の側面

(2) 発達曲線

　量的な変化による発達は，「発達曲線」という形であらわすことができる。

　図2-2に示したスキャモン（Scammon, R.）の発達曲線は，身体の組織や器官の20歳時の重量を100としたときの，各年齢での割合を示している。スキャモンは，人間の発達が一様に進むわけではなく，組織ごとに異なる発達の速

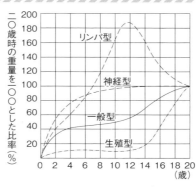

図2-2　スキャモンによる身体の組織・器官の発達の型（Harris et al.(1930)を参考に作成）

重要語句（発達曲線）：身体の組織や器官，心理的機能に関するデータを数量的に処理し，それを年齢との関係で図示すると，いろいろな形態（型）の曲線が得られる。これを「発達曲線」という。

表2-1 スキャモンの発達曲線の内容

型	身体の組織・器官	発達の特徴
一般型	骨格・筋肉・内臓諸器官（呼吸器など）・血液量などの全体的な身体組織	乳幼児期に急激に発達し，児童期には比較的，緩慢な発達を示す。また，青年期に急激に発達し，その後は緩やかに発達していく。2度の加速的発達を伴うことが特徴。
神経型	頭部・脳・脊髄・末梢神経などの神経組織	乳幼児期に急激な発達を示す。4歳で成人レベルの80％に達し，6〜8歳でほぼ完成する。
リンパ型	扁桃腺・リンパ腺・アデノイドなどの分泌組織	乳幼児期に急速に発達し，10〜12歳で成人の約2倍くらいまで発達した後，速やかに低下し18歳頃までに成人のレベルに落ち着く。
生殖型	睾丸・卵巣・子宮・前立腺などのすべての生殖器官	児童期の終わり頃までは緩慢に発達するが，青年期に急速に発達し，18歳頃に成人のレベルに達する。

度やタイミングをもつことを発見し，身体の組織・器官の発達を4つの型に分類し，その特徴を述べている（表2-1）。

(3) 発達段階

発達は，一定の型に基づいて起こる連続的な変化であるが，その過程は一様ではなく，いくつかのまとまり（発達段階）として捉えることができる。発達段階には，以下に示す4つの特徴がある。

- ・各段階は，他の段階と質的に区別できる。
- ・各段階は，不可逆的である。
- ・段階区別の時期は，個人差が大きい。
- ・2つの段階の間には長い移行期があり，その移行期前後には，双方の特徴を示す。

発達段階に関する理論にはいくつかある（第3節参照）が，一般には，総合的な観点に基づいて，人間の発達を，胎生期（胎児期），乳児期，幼児期，児童期，青年期，成人期，中年期，老年期（高齢期）の8つの段階に区別することが多い。

重要語句（発達段階）：発達段階とは，ある視点に基づいて，顕著な特徴を手がかりに，発達の過程をいくつかの段階に分けてとらえたものをいう。

発達の基本的諸相
—受精から死に至るまでの各発達段階の特徴—

ここでは，一般的な発達段階の各段階の特徴について，胎生期（胎児期）から老年期（高齢期）までみていく。

(1) 胎生期（胎児期）

人の発達は，受精から始まる。精子と卵子が結合して1つの受精卵となり，赤ちゃんが誕生するまでの約40週間にわたる発達過程を胎生期（胎児期）とよぶ。この時期は，身体的および神経的な基盤が形成される重要な時期であり，出生後の発達に大きな影響を与える。

例えば，アルコール，タバコ，薬物などの有害物質は，胎児の発達に悪影響を与える可能性がある。アルコールは胎児性アルコール症候群（FAS）を引き起こし，認知障害や行動上の問題をもたらす可能性がある。また，母親の喫煙は低出生体重や早産，乳幼児突然死症候群（SIDS）のリスクを高めることが知られている。

さらに，胎生期（胎児期）から出生後早期の低栄養環境が，青年期以降における生活習慣病のリスク要因であることがわかっている。例えば，肥満やメタボリックシンドロームなどは，遺伝と環境の相互作用によって発症すると考えられているが，この時期の栄養状態は，これらの疾患に関係する遺伝子群の発現制御に影響を与えると考えられている（エピジェネティックス）。

(2) 乳児期

生後約1年半を乳児期という。乳児期は，身体的，認知的，社会的・情緒的な発達が急速に進む時期である。

① 身体的発達

出生時の体重は平均で約3キロ程度であるが，生後1年で約3倍に増加し，身長も生後1年で約1.5倍になる。

乳児期は身体的な発達が非常に急速に進む時期である。特に骨格，筋肉，脳の発達が重要な役割を果たし，基本的な運動能力が急速に向上する。誕生後の子どもは，原則的に，同じ一連の運動を同じ順序に従って獲得していく（これを，**発達の順序性**という）。例えば，ひとりで歩けるようになるまでには，首が安定し，座ることが可能になり，はうことができるようになる・・・といった一連の順序を経ることになる（図2-3）。また，身体発達には2つの方向性がある（これを，**運動**

重要語句（エピジェネティックス）：DNAの配列変化によらない遺伝子発現を制御・伝達するシステムおよびその学術分野のことをいう。

重要語句（新生児期）：乳児期の中でも，生まれてから1ヶ月間は，「新生児期」という。

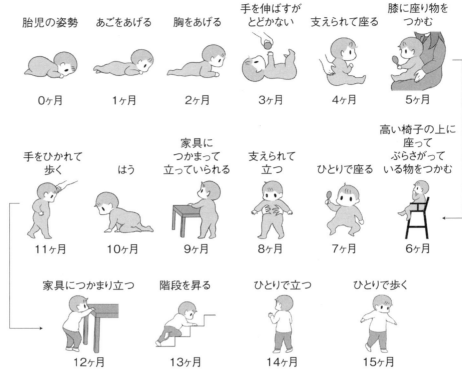

図2-3 乳児の運動の発達（Shirley（1933）を参考に作成）
注）現在はもっと早い時期にひとり歩きが完成している。

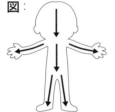

図2-4 運動発達の方向性（高野・林（1975）を参考に作成）

重要語句（対象の永続性）：例えば，子どもの目の前で，好きなおもちゃにハンカチを被せると，生後8ヶ月の乳児は，それがあたかも以前から存在しなかったように振る舞う（つまり，対象の永続性の概念が未発達である）が，生後10ヶ月頃になると，隠されたおもちゃを探そうとする。

発達の方向性という）。1つは頭部から脚部への方向性，もう1つは中心から周辺への方向性である（図2-4）。前者は，身体発達が頭部から脚部に向かって，後者は体幹から末梢部に向かって進行することを意味する。身体発達を含む発達には個人差があり，発達がゆっくりの人もいれば，早い人もいる（これを，発達の個人差という）。

② 認知的発達

乳児期の認知発達は，ピアジェ（Piaget, J.）の認知発達理論（第3節参照）の「感覚運動段階」にあたる。乳児は，最初は反射的な動作（吸う，つかむなど）に頼っているが，次第にそれを発展させ，周囲の世界に能動的に働きかけるようになる。例えば，物を振ったり，落としたりして，それに対する反応を観察するなどの行動がみられるようになる。このように，感覚と運動を通じて世界を理解し，次第に**対象の永続性**や因果関係の理解が発達していく。

自己認識は乳児期後半に発達し始める。これを示す1つの例が，鏡を使った「ルージュ課題」とよばれるものである（図2-5）。この課題では，乳児の鼻の頭にこっそり赤い口紅をつけてから鏡を見せ，それに気づくかどうかを確認する。子どもが鏡の像ではなく，自分の鼻の頭を触ることができれば，鏡像は自分自身であることを認識していると

判断する。生後18ヶ月頃になると、ほとんどの乳児が自分の顔に触れるようになり、これは自己認識が芽生え始めたことを意味する。

図2-5 ルージュ課題

③ 社会的・情緒的発達

人間の新生児は、生物学者ポルトマン（Portmann, A.）が「生理的早産」と言い表したように、他の高等な哺乳動物とちがい、誕生後ひとりでは生命を維持できない。母親ないしそれに代わる養育者の保護が不可欠である。親や養育者との間に形成される**愛着（アタッチメント）**は、乳児期の社会的・情緒的発達に大きな影響を与え、将来の人間関係や情緒的安定性にも関連する。乳児は、大人から温かな愛情と安心感を得るなかで、養育者を安全基地として、自分を取り巻く環境に積極的に働きかけることができるようになっていく。発達初期の養育者との間の関係によって、「自分は他者から信頼される存在である」と同時に「他者は信頼できる存在である」といった自己および他者そしてその両者の関係に対する信頼に基づいた表象は**内的ワーキングモデル**とよばれ、その後の人間関係に大きな影響を及ぼしていくことになる。

新生児は誕生の直後から、泣くといった感情を表出することによって、まわりとコミュニケーションをとる。やがて1年もたつと、いろ

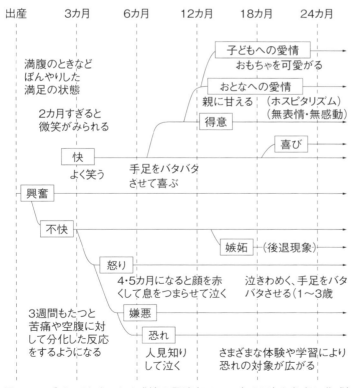

図2-6 ブリッジズによる感情の発達（Bridges（1932）を参考に作成）

発展：鏡に映った像を自己像だと認識することを「鏡像認知」という。霊長類やヒトの幼児を対象に研究が始まり、現在はさまざまな種を対象にした研究がされている。

重要語句（生理的早産）：人間の赤ちゃんは自分で立って歩いたりことばを話したりするようになるまで約1年かかる。ポルトマンは、他の高等な哺乳類動物との違いから、人間は本来必要な妊娠期間を約1年間短縮して生まれてくるのだと考え、それを「生理的早産」と呼んだ。

重要語句「愛着（アタッチメント）」：愛着（アタッチメント）ということばを心理学の学術用語として初めて用いたボウルビィ（Bowlby, J.）は、愛着を「生存や安寧を確保するために、乳幼児が養育者に庇護を求めること」ととらえた。現在では、特定人物に対する親密な情緒的な絆のことを「愛着（アタッチメント）」という。

重要語句（内的ワーキングモデル）：発達初期の、養育者との関係の中で形成される認知的枠組みのことをいう。内的作業モデルともいう。

いろな感情が芽生え，それに基づいて行動できるようになっていく。ブリッジズ(Bridges, K.M.B.)の理論では，感情は図2-6のように発達すると考えられている。誕生直後の未分化な興奮状態から，数週間たつと，空腹や苦痛などの不快な感情，さらに満足げな快の感情が生じ，やがて他のさまざまな感情が現れる。

(3) 幼児期

言語と歩行能力がほぼ獲得される1歳半から6歳くらいまでの時期を幼児期という。

① 身体的発達

幼児期には身体の発達が比較的ゆっくりと進むが，運動機能や身体の協調性が急速に発達する。歩いたり走ったりする運動能力が向上し，手先の器用さも増してくる。

② 認知的発達

幼児期の認知発達は，ピアジェの認知発達理論(第3節参照)の「前操作段階」に対応する。この段階では，子どもは抽象的な思考はまだ十分に発達していない。また，数量や重さ，体積は，見た目の変化にかかわらず一定であるという概念(保存概念)が獲得されていない。例えば，図2-7のように，白と黒のおはじきに1対1対応があることを確認した後に，幼児が見ている目の前で黒のおはじきの間隔をあけて並べて示すと，もう同じ数であることを理解できなくなってしまう。このように，この時期の子どもの思考は，直観的であるという特徴がある。

「白と黒は，どちらが多い？」　　　　　「今度は，白と黒は，どちらが多い？」
幼児「同じ」　　　　　　　　　　　　　　幼児「黒のほうが多い」

図2-7　数の保存概念が獲得されていない例

幼児期の思考は，自己中心性に特徴づけられ，他者の視点を理解することが難しい。例えば，他者の視点から物事を考えることができず，自分が見ているものが相手にも同じように見えていると考える傾向がある。ピアジェは，幼児の自己中心性を示すために，三つ山課題を用いて実験を行った。子どもは，図2-8で示されるような，3つの異なる高さの山を並べた模型のABCDの各地点に実際に連れて行かれ，その地点から山がどのように見えるのかを確認させられる。例えば，最初に，A地点に子どもを立たせ，どのように見えるか選ばせた後，C地点からどのように見えるかを選ばせると，当然，立つ位置が違えば，同じ対象を見ていても見え方は異なるため，異なる回答が選

発展：ブリッジズの研究は古いものであり，乳児の顔の表情についての研究が進むにつれて，かなり早い時期に，「興味」，「喜び」，「嫌悪」，「苦痛」やその他の基本的な感情が認められることがわかった。1歳代に入ると，自己への意識が飛躍的に増大し，それに伴って「照れ」や「嫉妬」，「共感」の感情が現れる。2歳代に入って社会的な基準や規則を獲得しはじめると，それにあわせて「恥」や「誇り」，「罪悪感」などの感情を経験するようになり，3歳までの間にほぼ感情は出そろうと考えられている。

重要語句(保存概念)：物の数や量，重さ，体積は，その見かけが変わったとしても同じままであるという理解のことをいう。

重要語句(自己中心性)：言語や思考が十分に社会化されておらず，自分以外の視点にたって，物事をとらえることができない幼児の心性のことをいう。

択される。しかし，再びAの地点に子どもを立たせ，Cの地点からはどのように見えるのかをいくつかの図の中から選ばせると，いま，自分が見えているAの地点から見える図形を選択する。このように，この時期の子どもは，自分の視点からしか，物を見たり，考えたりすることができない自己中心性を示している。

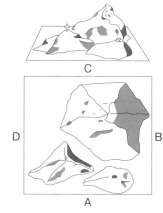

図2-8　三つ山課題

また，アニミズム（無生物に生命や意識があると考えること）や実念論（心の中のイメージが現実だと思い込むこと），人工論（すべてのものは人間が作ったと考えること）もみられることがある。例えば，机にぶつかって「ごめんね」と机をなでたり（アニミズム），サンタクロースやお化けがいると信じたり（実念論），雨は空の神様がバケツの水をひっくり返したことによるものと考えたり（人工論）する。

③　社会的・情緒的発達

幼児期の子どもは，自分自身の存在や特性に対する意識が強まる。幼児期には自我が発達し，自己主張をしたり，何でも「イヤ！」，「自分でやりたい！」とゆずらず，ときには親の言うことに反抗したりする第一反抗期と呼ばれる時期を迎える。**第一反抗期**は，子どもの心理的成長や自我の発達を示す重要なプロセスの一環であり，将来の自立に向けた準備段階といえる。

幼児期においては，仲間との関係が広がっていく一方で，仲間とのいざこざや葛藤もしばしば起こるようになる。しかし，仲間同士のいざこざは，子どもの発達に悪い影響を与えるというより，子どもの社会性を促進する重要な機会であると考えられている。子どもは仲間とともに過ごす中で，自分の欲求通りにはことが進まないといった葛藤や，遊びの中で生じる物の取り合いや意見のぶつかりあいなどの対立を経験する。そうした中で，自分の意思を通せる状況と通せない状況を区別し，効果的な自己主張のやり方を学んだり，自分の意思を通すばかりでなく，相手の気持ちに気づき，自己の欲求を抑制したりする方法を身につけたりしていく。

状況に応じて，自己の感情や行動を制御する機能は，**自己制御機能**といわれる。自己制御機能には，「いやなことや他と違う意見をはっきり言える」，「やりたい遊びに他の子どもを誘って遊べる」といった**自己主張**の側面と，「友達のもっている物や他の子どもが遊んでいるおもちゃがほしくても，順番を待てる」，「嫌なことがあっても感情を爆発させないで我慢できる」といった**自己抑制**の側面がある。図2-9に

発展：さまざまな研究から，日本人が自己主張を控える傾向があることが示されている。その背景には，文化的要因や自己認識の特性が関与していることが考えられている。

発展：向社会的行動とは，他者に利益や幸福をもたらすような自発的な行動のことをいう。他者を助けるだけでなく，共感や協力，思いやりなど，社会全体において人間関係を円滑にする行動全般を含む。

示されているように，自己主張は，3歳から4歳後半にかけて急激に高まり，その後はあまり変化しない。一方で，自己抑制は，3歳から小学校入学までなだらかに上昇し，男児よりも女児の方が一貫して高い傾向にある。このように，2つの側面は異なる発達の様相を示すが，いずれの側面においても幼児期が自己制御機能の発達にとって重要な時期であることが示されており，実際の向社会的行動と関連することが実証されている。

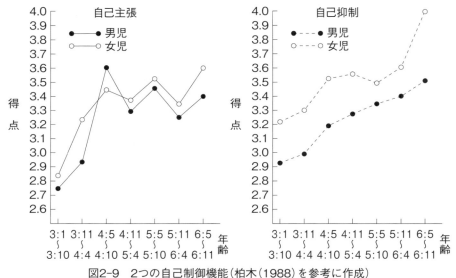

図2-9　2つの自己制御機能（柏木（1988）を参考に作成）

(4) 児童期

児童期は，小学校の6年間，つまり6歳から12歳までの期間を指す。学校教育が始まり，友人との関係が深まり，自己概念が形成される時期であり，子どもの成長において重要な影響を与えるさまざまな要素が交錯する。

① 身体的発達

児童期には，身体的な発達が続くが，乳児期や幼児期と比べると発達の速度は緩やかになる（図2-2の「一般型」を参照）。身長や体重が徐々に増加し，運動能力が向上する一方，筋肉や骨格の発達が進むことで，より高度な運動技能を習得する時期でもある。

② 認知的発達

児童期の認知発達は，ピアジェの認知発達理論（第3節参照）では「具体的操作段階」に相当し，具体的な物体や経験に基づいて思考を行うことができるようになる。例えば，簡単な計算ができるようになったり，保存概念を獲得し，図2-7の課題において，見かけの形が変わっ

ても，数は同じであることを理解できるようになったりすることで見かけに惑わされず論理的に思考することができるようになる。ただし，このような論理的思考は，実際に見たり動かしたりできる事物について考えるときに限られる。因果関係や分類，系列化といった概念を理解する能力も向上する。また，自分の視点とは異なる視点から物事を考えることができる脱中心化が進む。例えば，図2-8の三つ山課題において，A地点の子どもが自分とは反対側のCの地点からの見え方も理解できるようになる。さらに，この時期の子どもは，自己の思考プロセスを理解し，調整するメタ認知能力が発達する。これにより，自分の学習方法を見直したり，問題解決の戦略を考えたりする能力が向上する。

③ 社会的・情緒的発達

この時期は親子関係中心から仲間関係中心の生活へと移行し始める時期である。小学校高学年になると，**ギャング・グループ**と呼ばれる，同性，同年齢のメンバーによる緊密な仲間関係を形成するようになる（第8章を参照）。遊びの場面でも，友人との間で秘密を共有し，仲間との約束を絶対のものと考えて，強いわれわれ意識をもつようになる。子どもは他者との関わりを通じて，社会的なルールを学び，**ソーシャルスキル**を身に着けていく。この過程で，道徳的判断力が育まれ，他者との関係における責任感や公平性を理解するようになる。

ピアジェは，子どもの道徳性の発達を3段階に分け，「自己中心性」段階から「他律的道徳」段階へ，そして「他律的道徳」段階から「自律的道徳」段階へと発達すると考えた。5, 6歳頃までの子どもは，自己中心性に特徴づけられ，自己と他者の区別がつかない。そのため，まわりにあるすべてのものを自分のものだと考えるなど，規則についてほとんど理解してない。5, 6歳頃になると，規則は，例えば両親のような重要な他者によって決められていると思い，規則を絶対的に服従しないといけないものと考えている。また，「盗み食いをしようとしてお皿を1枚割ってしまった子ども」よりも「病気の母親のお手伝いをしようとして誤ってお皿を5枚割ってしまった子ども」のほうが悪いと考えるなど，道徳的判断は，意図ではなく行為の結果によって行われる。10歳以上になると，適正な手続きとまわりの合意があれば，規則の変更を認めるようになるなど，より柔軟な考え方ができるようになる。また，行為の背景にある意図を基準に，道徳的判断ができるようになる。

(5) 青年期

青年期は，12歳頃から20代前半までの時期を指す。青年期は，児童

重要語句（脱中心化）：自己中心的な思考から脱する過程を「脱中心化」という。

発展：メタ認知とは，自分自身の思考や学習過程を意識し，コントロールする能力のことである。これは，思考，記憶，学習といった認知活動そのものを対象とする高次の認知機能である。メタ認知能力の高い人は，問題解決や学習においてより効果的な方法を使い，学習結果が向上することが示されている。

発展：ソーシャルスキル（「社会的スキル」ともいう）とは，社会生活の中で他者と良好な関係を築いたり，対人関係を円滑に進めたりするために必要な人間関係における知識や技術のことである。これには，他者の感情を理解する能力，効果的なコミュニケーション能力，問題解決能力，共感などが含まれる。ソーシャルスキル・トレーニングについては第10章を参照のこと。

重要語句（道徳性と道徳的判断）：一般社会において期待されている規

期と成人期の間に位置する時期で，子どもから大人に成長していくための移行期である。青年期は「疾風怒濤の時代である」といわれているように，身体的，心理的な側面において，急激な変化にさらされる非常に不安的な時期である。青年期はアイデンティティの確立，自立，社会的関係の発展など，多くの重要な課題に取り組む時期である。

① 身体的発達

青年期の最も顕著な特徴は，思春期における身体的変化である。性ホルモンの影響で急激な成長がみられるといった**第二次性徴**が出現する。この身体的変化により，青年は自分の身体に対する意識が強まり，他者との違いや自己概念に影響を与える。

最近の子どもの身体的発達はめざましいが，子どもたちの身体的・心理的な発達が時代とともに加速されている現象を**発達加速現象**という。発達加速現象には2つの側面があり，過去の世代に比べて年々身長や体重が増加して体格がよくなることを**成長加速現象**，過去の世代に比べて，現代の子どもたちのほうが性的成熟の始まる時期が早まることを**発達勾配現象**という。現代の子どもたちは，初潮や精通といった思春期の象徴的なイベントをより早い年齢で迎えている。20世紀初頭には平均して13歳から15歳であった初潮が，現在では11歳から12歳程度に早まっている。

このように，青年期は身体的には大人であるのに，心理的，社会的にはまだ大人として扱われないなど，さまざまな側面がアンバランスになりやすい時期でもある。レヴィン(Lewin, K.)は，こうした青年のことを「周辺人」とよんでいる。心理的な側面の変化としては，この時期は，受験，進学，就職など重大な選択を迫られることが多いことが挙げられる。

② 認知的発達

青年期の認知発達は，ピアジェの認知発達理論(第3節参照)では「形式的操作段階」に相当する。この段階では，具体的な現実世界にあることだけでなく，抽象的な次元や言葉での論理的思考が可能になり，「もし〜なら〜となるはず」という可能性の世界について，**仮説演繹的思考**ができる。また，実行する前に考えるなど，事実とは異なる可能性について考えることができるようになる。複数の可能性を列挙し，その可能性を順序立てて検討するといった秩序立った思考や推理もできるようになる。

批判的思考や自己反省の能力が向上することで，青年は親や社会の価値観を疑い，自分自身の価値観を形成しようとする。この過程で，既存の権威や規範に対して反抗的になることがあり，親や教師との対立が生じることもある(**第二反抗期**という)。これは，子どもの自我が成長し，自主性や自立性が増大しているために，大人の権威にただ従うのではなく，自身でさまざまなことを決定したいという意志の表れ

範や価値基準が個人の内部で内面化されている状態を「道徳性」といい，道徳性のうち「何がよい行いで，何が悪い行いか」を判断する認知能力を「道徳的判断」という。

豆知識：青年期が，中・高・大学という区分に沿って，前期・中期・後期と分けられることもある中で，いわゆる青年期の入り口としての青年前期を「思春期」と捉えることもある。思春期の具体的な時期については明確ではない(時代によっても異なる)が，平均的な日本の女子では，10〜12歳頃，男子では12〜14歳頃と考えられている。

重要語句(第二次性徴)：性成熟の兆候のことであり，具体的には，体毛，陰毛の発生，生殖器の増大や，男児における声変わりや精通，女児における初潮などを指す。

重要語句(周辺人)：子ども社会から追い出され，大人社会にも入れない，青年のどっちつかずの不安定さを表す用語である。

であり，子どもにとって，第二反抗期の経験は意義あるものだと考えられている。

③ アイデンティティの確立

さらに，青年期は，「自分とは何か」，「自分は何のために生きているのか」ということに悩む時期でもある。自分を見つめ，迷い悩んだ結果，自分なりの答えをもつという**アイデンティティ（自我同一性）**の確立は，青年期における重要な**発達課題**とされている。マーシャ（Marcia, J.）は，アイデンティティの状態を，危機（職業，宗教，人間関係などにおいて，自分がどのような役割を担うか，どのような価値観をもつかなどについて検討すること）を経験しているかどうか，人生の重要な領域である「職業」と「イデオロギー（政治・宗教）」に積極的に関与しているかどうか（コミットメントしているかどうか）という観点から，表2-2に示すアイデンティティ・ステイタスについて4つの類型を提唱している。エリクソン（Erikson, E.）が青年期を「アイデンティティ 対 アイデンティティ拡散」の時期と位置づけているように（第3節参照），この時期に，青年は自分が何者であるか，将来どのような存在になりたいかを模索し，自分の価値観や目標を定めることが課題となる。アイデンティティが確立されることで，自分自身の一貫性や方向性を持つことができるようになる。

重要語句（発達課題）：健全で幸福な発達をとげるために各発達段階で達成しておかなければならない課題のことをいう。

表2-2　アイデンティティ・ステイタス

ステイタス	危機の経験の有無	積極的関与	概略
アイデンティティ達成	すでに経験した	している	これまでの自分のあり方について確信がなくなり，いくつかの可能性について本気で考えた末，自分自身の解決に達して，それに基づいて行動している
モラトリアム	現在，経験している	しようとしている	いくつかの選択肢について迷っているところで，その不確かさを克服しようと一生懸命努力している。人生に関するいくつもの可能性を前にして，アイデンティティの決定を延期しているのであり，その決定のために努力している。
早期完了	経験していない	している	周り（親や年長者など）の価値観を，吟味することなく無批判的に自分のものとして受け入れており，自分の目標と周りの目標の間に不協和がない。一見アイデンティティ達成のように見えるが，自分の価値観をゆさぶられるような状況では，いたずらに防衛的になったり混乱したりする。
アイデンティティ拡散（混乱）	経験した／経験していない	していない	自分の人生について責任をもった主体的な選択ができず途方にくれている状態であり，自己嫌悪感と無気力によって特徴づけられる。

(6) 成人期

成人期は，一般的に20代前半から始まり，中年期に至るまでの時期を指す。

① 身体的発達

成人期の身体的な発達は，青年期の急激な発達と比べると安定している。しかし，30代後半からは身体の老化が始まり，徐々に筋肉量の減少や代謝の低下がみられるようになる。心血管疾患や糖尿病などの生活習慣病のリスクが増加するため，健康管理や生活習慣が重要になってくる。

② 発達課題

成人期には職業生活をスタートさせ，多くの人は結婚して子どもを育てる。親から自立して新しい家庭を築くことで，今度は自分自身が親として子どもの発達を援助することになる。エリクソンの発達段階理論（第3節参照）によれば，成人期の重要な課題は「親密性 対 孤立」である。成人は，親密なパートナーシップや友情を築くことが重要であり，これが成功すれば，深い愛情や相互の信頼を伴う関係が形成される。一方で，これがうまくいかない場合，孤立感や疎外感を抱くことがある。

重要語句（親密性，孤立）：ここでの親密性とは，他者と深い情緒的な結びつきを築く能力のことで，孤立とは，親密な関係を築けないことで生じる疎外感のことである。

(7) 中年期

中年期は，概ね40歳から60歳頃までを指し，人生の半ばに位置する時期である。

① 身体的発達と認知的発達

中年期には，身体的な衰えが徐々に顕著になり，健康や老化に対する関心が高まる。体力や外見の変化が，自己認識や心理的な影響を与える時期である。中年期における認知的発達は，全体として安定しているが，認知能力の一部には変化がみられる。経験に基づく実践的な知識が増し，知恵や判断力が向上する一方で，記憶力や処理速度は徐々に低下する傾向にある。

② 発達課題と危機

エリクソンの発達段階理論（第3節参照）では，この時期の課題は「世代性 対 停滞」として定義され，次世代や社会に対する貢献が重要なテーマとなる。世代性（生成性，生成継承性とよばれることもある）とは，今までの発達を通じて獲得してきた経験を後続する社会や世代に何らかの形で貢献をすることを指す。仕事やボランティア，子育て，教育を通じて，次の世代に知識や価値を伝えることができる人

重要語句（停滞）：ここでの停滞とは，次世代への貢献ができず，人生の停滞感や無意味感を感じる状態のことである。

は，人生に意義を感じやすくなる一方で，この世代性を発揮できないと感じると，停滞感や虚無感が生じることがある。

また，中年期には，「中年期の危機（ミッドライフ・クライシス）」と呼ばれる心理的な変化や葛藤を経験することがある。これは，人が人生の中間地点に達した際に，これまでの人生に対する不満や後悔，老化への不安，将来への不確実性などに直面する心理的な現象である。つまり，中年期は，自己概念やアイデンティティの揺らぎと関連しており，人生の再評価とともに新しい方向性を模索する時期でもある。

(8) 老年期（高齢期）

人生の最終段階として位置づけられる老年期（高齢期）は，一般に60歳以降の時期を指す。

① 老年期（高齢期）の特徴

生涯発達心理学を提唱したバルテス（Baltes，P. B.）は，成長と老化を表裏一体の現象であると述べている。成長とは生物学的形態上の新たな獲得のことをいい，獲得があればそこには必ず喪失が生じ，これを老化だととらえている。このような獲得と喪失が同時に出現する現象は出生時から始まっているが，獲得に比べて喪失の相対的な比率がきわめて高くなる老年期（高齢期）は，それが著しい老化現象として認識される。老年期（高齢期）には，心身の健康の喪失，定年退職による社会的役割の喪失，配偶者や友人の死別による人間関係の喪失など，さまざまな喪失を体験する。老年期（高齢期）はこの「喪失」が1つの特徴となる。

しかし，この時期を特徴づけるものは，喪失や下降的変化によるものだけではない。例えば，近年の知能や知恵，パーソナリティの発達を検討した研究によると，老年期（高齢期）において下降的変化が見られないだけでなく，上昇的変化さえみられることが示されている。老年期（高齢期）は，**結晶性知能**（第5章を参照）を基礎として複雑な人生上の問題を解決するための知恵に磨きをかけ，人間として円熟している人も多い。児童期や青年期とは違い，豊かな人生経験があるからこそ培われるこの時期特有の能力が，知恵なのである。

② 老年期（高齢期）の発達課題

老年期（高齢期）の発達課題は，「統合性 対 絶望」である。若い頃と比べると，相対的に生きた時間が長く，残された時間が短くなってくる老年期になると，自分の人生を振り返り，自分は価値のある存在であったのか，人生に後悔はないのか，ということを考えるようになる。その際に，これまでの人生を否定的にとらえたとしても，人生をやり直すには残された人生はあまりにも少ない，という絶望感に襲わ

発展：生涯発達心理学は，人生の全期間にわたって人間の発達を研究する心理学である。伝統的な発達心理学が主に乳幼児期や青年期の発達に焦点を当てていたのに対して，生涯発達心理学では成人期や老年期の変化も重要な研究対象とされる。このように，生涯発達心理学では，人間の発達が特定の発達段階に限定されず，一生を通じて継続するプロセスであることを重視する。

発展：配偶者や友人との死別，子世代との別居により独居となり孤独を感じる高齢者が増加している。こうしたなかで，ソーシャルサポートを提供することやソーシャルコンボイモデルに沿った支援（コンボイとは護衛艦を意味し，地域社会の一人ひとりが高齢者の護衛艦となって支援する）も必要不可欠である。

発展：環境の変化や加齢による身体的な変化により，これまでと異なる選択（個人にマッチした選択）をすることでよりよく生活することを目指すことが，補償を伴う選択的最適化となる。例えば，身体的負荷の大きな運動習慣から，現在の体力にマッチした運動習慣にシフトすることで，活き活きと楽しく運動を続けることができるようにすることである。

人物紹介（ジークムント・フロイト (Sigmund Freud, 1856-1939)）は，精神科医・心理学者であり，精神分析学の創始者である。彼は無意識の働きが人間の行動や心理に与える影響に注目し，特に幼少期の経験が人格形成に大きな影響を与えると考えた。フロイトの理論は，現代心理学に多大な影響を与えた。

れる。これがエリクソンのいう高齢期の危機である（表2-5参照）。しかし，たとえこの絶望感に直面したとしても，これまでの人生で辛かったことや悲しかったことも含め，自分の人生を受け入れ，そして誰もが避けることのできない死を受け入れていくという統合性が，老年期の発達課題である。エリクソンは，危機（絶望感）を克服して統合性を達成した者には，「英知」という徳が現れると考えている。

また，ハヴィガースト（Havighurst, R. J.）は，さまざまな喪失（社会・経済的な地位の喪失，職業生活における人間関係の喪失，心身の健康の喪失など）に対処し適応することが，老年期の主な発達課題としている（表2-6参照）。生活環境や家族・友人関係などの変化に伴い社会的離脱状態に陥ることを防ぐため，生涯教育の機会を提供することや，活動を持続するための**補償を伴う選択的最適化**も必要である。

③ 発達理論

第2節では，総合的な観点に基づく発達段階について取りあげ，各段階の発達の特徴についてみてきた。そうした背景には，さまざまな心理学者が独自の理論的観点に基づいて，発達理論を提唱していることが挙げられる。ここでは，その中でもよく知られている**フロイト**（Freud, S.），**ピアジェ**，**エリクソン**，**ハヴィガースト**の発達理論，発達段階説について取りあげる。

(1) フロイトの心理・性的発達理論

フロイトの心理・性的発達理論は，人間の発達をリビドー（ラテン語で，性欲・性的エネルギーを意味する）がどのように変化していくかという観点から説明している。フロイトは，この発達過程を5つの段階に分け，各段階でリビドーが特定の身体部位に集中すると説明した（表2-3）。また，各段階には解決すべき心理的課題が存在し，これをうまく乗り越えることで健全な人格が形成されるが，失敗するとリビドーがその発達段階に停滞し，その後のパーソナリティ傾向に影響を与える**固着**が生じると考えた。

表2-3　フロイトの心理・性的発達理論

段階	年齢	リビドーのエネルギー，発達課題，固着の影響
口唇期	0〜1歳	授乳や指しゃぶりなど，口唇部を使った活動を通じて快楽を得る。 発達課題：安心感を得て，基本的信頼感を築くこと。 固着の影響：成人期において口を使った行動（喫煙，過食，指しゃぶりなど）に依存する傾向。信頼関係の問題や他者からの依存の欲求が強くなる。
肛門期	1〜3歳	肛門が快楽の主要な源となる。 発達課題：トイレトレーニングを通して，排泄行動をコントロールすること。 固着の影響：「頑固さ」や「ケチ」といった性格傾向が表れる。過度に甘やかされた場合は，「だらしなさ」や「無秩序」な性格として表れることもある。
男根期	3〜6歳	性器が快楽の主要な源となる。 発達課題：エディプス・コンプレックスが中心的な課題である。 固着の影響：性的アイデンティティの混乱や異性との関係に困難を感じることがある。ナルシシズムや権威に対する挑戦心が強くなることもある。
潜伏期	6歳〜思春期	性的エネルギーが潜伏し，リビドーの活動が一時的に沈静化する。 発達課題：学校生活や友人関係を通して，ソーシャルスキルを習得すること。 固着の影響：影響は少ないが，ソーシャルスキルの欠如や内向的な性格によって，後の人間関係で問題が生じる可能性がある。
性器期	思春期以降	再び性器が快楽の中心となる。 発達課題：異性愛的な関係や成熟した性的関係を築くこと。 固着の影響：性的関係や親密な人間関係に問題が生じる可能性がある。性的抑圧や過度の関心，あるいは対人関係での不安定さが見られることがある。

(2) ピアジェの認知発達理論

　ピアジェは，知的能力の発達は，子どもが周囲の環境に自ら働きかけることを通して，能動的に知を構成していく過程であるととらえた。子どもは外界とのやりとりから規則性を発見し，シェマ（スキーマともいう）と呼ばれる認知構造を作り出す。シェマは，外界をどうとらえるか，経験的事実をどう解釈し推論したらよいかを示す認知の枠組みであり，発達とともにより高次なものへと作り変えられていく。その過程は，外界の性質を，自身のシェマに取り入れる同化と，外界の性質に合わせて，自身のシェマを変化させる調節という2つの作用によって形成されていく。

　ピアジェは，シェマの形成過程に注目し，子どもの認知機能の発達を4つの段階に区別している。認知機能の発達の段階は，ことばを表象（外界の物や出来事を頭の中でイメージとして思い浮かべたり，シンボルとして扱ったりすること）として使えるかどうかによって，「表象的な思考をもっているか（表象的思考段階）」と「もっていないか（感覚運動段階）」という2つの段階に分かれる。さらに，「表象的思考段階」は，自己の視点を離れて表象を操作できるかどうかによって，「前

重要語句（エディプス・コンプレックス）：フロイトが提唱した用語で，子どもが異性への親に性的感情を抱き，同性の親に嫉妬する無意識的葛藤のことをいう。男根期に生じ始める。

人物紹介（ジャン・ピアジェ（Jean Piaget, 1896-1980））は，発達心理学の分野で革新的な研究を行ったことで著名な心理学者である。彼は，「子どもは『小さな大人』ではない」と考え，独自の思考プロセスを持つ存在であると主張した。特に，ピアジェが提唱した認

表2-4 ピアジェの認知発達段階

段階	年齢	特徴
感覚運動段階	0歳～2歳頃	・感覚と運動の協応(たとえば,目で見て,物を触る)によって,外界に適応する。 ・外界を確認するかのように,同じ行動を繰り返す循環反応が見られる。 ・対象の永続性を獲得する。
前操作段階	2歳頃～6,7歳頃	・言葉を使ってイメージやシンボルを表現することができる。 ・主観と客観の未分化,自己の視点と他者の視点の区別ができない(自己中心性)。 ・保存の概念が獲得されていない。
具体的操作段階	7,8歳頃～12歳頃	・具体的な対象については,論理的に考えられるようになる。 ・自己中心性から抜け出し,脱中心化が見られる。 ・保存の概念を獲得し,見かけに惑わされず論理的に思考することが可能になる。
形式的操作段階	12歳頃～	・ほぼ,大人と同じ思考形態で,物事を考えられるようになる。 ・抽象的な次元や言葉での論理的思考が可能になる。 ・「もし～なら～となるはず」といった仮説演繹的思考が可能になる。

知発達理論は,現代の心理学研究や教育における重要な基盤となっている。

操作(自己中心的)段階」と「操作的段階」に分かれる。また,操作的段階を「具体的操作段階」と「形式的操作段階」に分けた,全部で4つの段階に分けて考えることが多い。表2-4に4つの段階の特徴についてまとめている。

(3) エリクソンのライフサイクル論

人物紹介(エリク・エリクソン(Erik Erikson, 1902-1994))は,発達心理学者であり,ライフサイクル論を提唱したことで知られている。彼は,フロイトの影響を受けながらも,人間の発達を生涯にわたるプロセスとしてとらえ,特に社会的な環境や人間関係の役割を強調した。

エリクソンのライフサイクル論は,表2-5のように,8つの発達段階を仮定し,各段階特有の発達課題を設定している。そして,その課題をどのように解決するかがその後の人格形成や精神的健康に大きな影響を与えるとした。エリクソンによる発達課題とは,「危機(発達課題)」の左側の内容を獲得し,右側の内容を克服することである。例えば,乳児期の発達課題は,基本的信頼を獲得し,不信を克服することになる。各段階で課題を健全に克服すれば,次の段階に向けての準備が整うが,課題を克服できない場合,次の段階の発達に支障をきたすことがあると考える。

エリクソンの理論は,特にフロイトの精神分析学を基盤にしながら,青年期以降の発達にも焦点を当てた点で,発達心理学の発展に大きく貢献した。

表2-5 エリクソンの発達段階

発達段階	危機(発達課題)	活力(徳)	内容
乳児期	基本的信頼 VS 不信	希望	・一貫性,連続性,類同性の経験が信頼に導く ・不適切,非一貫性または否定的な養育が不信を招く
幼児前期	自律性 VS 恥・疑惑	意志	・自分のペース・やり方で技能を試す機会が自律性に導く ・過保護または援助の欠如が自己や環境の統制能力に疑問を抱かせる
幼児後期 (遊戯期)	自発性 VS 罪悪感	決意	・活動の自由と疑問に答える親の忍耐が自発性に導く ・活動の抑制と疑問を無意味と扱うことが罪悪感を招く
学齢期 (思春期)	勤勉性 VS 劣等感	有能感	・ことを成すことが許され,達成を褒めることが勤勉性に導く ・活動の制限と行いの批判が劣等感を招く
青年期	アイデンティティ VS アイデンティティ拡散	忠誠	・状況や人物が異なる際の人格の連続性と類同性の再認識がアイデンティティに導く ・安定性(特に性役割や職業選択)を確立できないことが役割の拡散を招く
成人期前期	親密性 VS 孤立	愛	・他者との同一性の融合が親密性に導く ・他者との競争的,闘争的な関係が孤立を招く
成人期 (中年期)	世代性 VS 停滞	世話	・次世代の基礎を固め導くことが世代性を生み出す ・自己への優先的な関心が停滞を招く
高齢期	統合性 VS 絶望	英知	・人生の受容が統合感に導く ・逃した機会を取り戻すには遅すぎるという感情が絶望を招く

(4) ハヴィガーストの発達段階

ハヴィガーストは,人間の発達を6つの段階(乳幼児期,児童期,青年期,成人前期,中年期,老年期)に分け,各段階で達成すべき特定の課題があると提唱した(表2-6)。この発達課題は,成功すれば次の段階へのスムーズな移行が可能であり,失敗するとその後の発達に問題が生じるとされている。

人物紹介(ロバート・J・ハヴィガースト(Robert James Havighurst, 1900-1991))は,発達心理学の分野で著名なアメリカの教育学者であり,彼の最もよく知られている理論の1つは「発達課題」である。

表2-6　ハヴィガーストの発達段階理論

段　階	年　齢	発達課題	
乳幼児期	0～6歳	・歩行や話すことを学ぶ ・固形食をとることを学ぶ ・排泄をコントロールすることを学ぶ(排泄習慣の自立)	など
児童期	6～12歳	・日常の遊び(ボール遊びなど)に必要な身体的技能を学ぶ ・同年齢の遊び仲間とうまくつきあっていくことを学ぶ ・良心・道徳性・価値観を発達させる	など
青年期	12～18歳	・同年齢の同性・異性との洗練された新しい関係を構築する ・男性または女性としての社会的役割を獲得する ・両親や他の大人からの情緒的独立を達成する	など
成人前期	18～30歳	・配偶者を選び,一緒に生活していくことを学ぶ ・子どもを育て,家族を形成する ・市民としての責任を負う	など
中年期	30～60歳	・自分の子どもが成人として幸せに生きていくことを助ける ・大人としての市民的・社会的責任を達成する ・中年期の生理的変化に適応して,それを受け入れる	など
老年期	60歳以降	・体力や健康の衰えに適応する ・配偶者の死に適応する ・社会的役割を柔軟に受け入れて,それに適応する	など

ポイント：フロイトとピアジェの発達段階の名称は特殊なので,一般的な発達段階との対応に注意が必要である。

ポイント：ピアジェの認知発達理論(表2-4)は,教員採用試験や公認心理師国家試験の出題頻度が高い内容なので,4つの発達段階の特徴を押さえるとともに,それに関連した重要用語を理解しておこう。

Column　ストレンジ・シチュエーション法による分類の文化差

　エインズワース(Ainsworth, M.)は，ストレンジ・シチュエーション法(SSP)という愛着の個人差を測定する方法を考案した。この方法は，「子どもが新奇な部屋に母親といる場面」，「母親が立ち去り知らない女性といる場面」，「ひとりぼっちの場面」などを通じて，母親との分離と再会を2回ずつ経験するように，それぞれ3分間の8場面のエピソードから成り立っている。新奇場面に乳児を置いて適度な不安を高め，愛着行動が喚起されやすい状況を実験的に作り出し，その際の乳児の行動を，とくに母親との分離場面と再会場面に注目して評価する。ストレンジ・シチュエーション法によって分類される子どもの愛着のタイプを表2-7に示した。

表2-7　ストレンジ・シチュエーション法による愛着の分類

タイプ	ストレンジ・シチュエーション法での様子		母親の特徴
	母親との分離場面	母親との再会場面	
Aタイプ（回避型）	ぐずりや泣きといった悲しみや混乱を示さない。	歓迎行動を示さず，むしろ母親を無視したり，避けようとしたりさえする。母親との関わりに関係なく探索行動を行うが，Bタイプに比べると探索行動は抑制されている。	子どもに対して拒絶的であったり，支配的であったりすることが多い。
Bタイプ（安定型）	悲しみを示す（強く泣くなどの苦痛を表出する）。	歓迎行動を示し身体接触を強く求めるが，しばらくすると安心することができ，探索行動を再開する。	子どもの様子に敏感で，接触頻度の高い養育を行っていることが多い。
Cタイプ（アンビバレント型）	極度に不安がり激しく泣く。	身体接触を強く求めるが，なかなか機嫌が直らなかったり，母親を叩くなどの怒りの感情を示したり，母親を拒否したりする行動が多く見られる。	子どもの働きかけに無関心・無反応だったり，母親の都合や気分で反応したりするなど，一貫性を欠く養育を行っていることが多い。
Dタイプ（無秩序型）	3つのタイプ（Aタイプ，Bタイプ，Cタイプ）のいずれにも分類することができず，養育者に対しておびえ，「凍結」と呼ばれる立ちすくんだり動作が停滞したりする行動を示し，顔をそむけた状態で母親に接近するといった不可解な態度をとる。		虐待や養育者との死別といった心的外傷体験を持つ場合がある。

　ストレンジ・シチュエーション法は，もともとアメリカで開発されたため，欧米文化に基づいた親子関係や乳幼児の反応が前提となっている。しかし，他国，特に日本のような異なる文化圏では，SSPによって得られる結果に違いがみられることが示されている。どの文化圏でも安定型がもっとも多い（たいていは60%以上）ことは共通している一方で，不安定型（回避型，アンビバレント型，無秩序型）については，欧米では回避型が多いのに対して，日本ではアンビバレント型が多いという報告がある（梅村，2022）。この文化差において，日本の乳児は，普段の生活においてSSP場面で起こる「知らない人といる場面」が欧米の乳児と比べて少ないため，必然的に高いストレスを伴うことが多いアンビバレント型が多くなり，ストレスをそれほど表さない回避型が少なくなると考えられている。

演習問題

A群の問いに対する回答を，B群から1つ選びなさい。

[A群]
1. 自分の生き方についての答えを見いだすために，いろいろなことに関心を持ち，積極的に関与しようと試みるが，それがあいまいで焦点が定まらず悩んでいる状態を（ ① ）という。
2. ピアジェは，子どもの認知機能の発達に基づいて，感覚運動段階，前操作段階，具体的操作段階，（ ② ）の4つの段階に区別している。
3. 特定人物に対する親密な情緒的な絆のことを（ ③ ）という。
4. 第一反抗期は，（ ④ ）の特徴である。
5. 児童期にみられる連帯感の強い同性の遊び仲間集団を（ ⑤ ）という。
6. 対象（モノ）が隠れたりして視界から消えても，存在し続けていると理解・認識することを（ ⑥ ）という。
7. 次世代の価値を生み出す行為に積極的にかかわって行くことを（ ⑦ ）という。
8. ハヴィガーストによると，青年期の発達課題は（ ⑧ ）である。
9. ライフサイクルという観点から個人の一生を乳児期から老年期まで8つの段階に分類し，各段階に固有の課題を想定して，その課題を漸次解決していくことによって健全なパーソナリティが形成されると考えた人物は（ ⑨ ）である。
10. 子どもが異性への親に性的感情を抱き，同性の親に嫉妬する無意識的葛藤のことを（ ⑩ ）という。

[B群]
幼児期，児童期，青年期，アイデンティティの拡散，モラトリアム，対象の永続性，エピジェネティックス，エディプス・コンプレックス，リビドー，形式的操作段階，発達段階，エリクソン，ハヴィガースト，ピアジェ，両親や他の大人からの情緒的独立を達成する，市民としての責任を負う，良心・道徳性・価値観を発達させる，世代性（生成継承性），中年期の危機，ギャング・グループ，ピア・グループ，愛着，自己中心性

【ディスカッションをしてみよう】
1. ある視点（例えば，親子関係，友人関係，ことば，遊び）を1つ取りあげて，どのような発達段階が考えられるのかについて話し合ってみましょう。
2. 児童期の発達段階の特徴を踏まえて，児童の学習を支援する際には，どのような注意や工夫が必要なのかについて話し合ってみましょう。
3. アイデンティティを獲得するために，大学時代をどのように過ごすとよいのかについて意見を出し合ってみましょう。

【演習問題の答え】
①モラトリアム　②形式的操作段階　③愛着　④幼児期　⑤ギャング・グループ　⑥対象の永続性　⑦世代性（生成継承性）　⑧両親や他の大人からの情緒的独立を達成する　⑨エリクソン　⑩エディプス・コンプレックス

【引用文献】

Bridges, K. M. B.（1932）. Emotional development in early infancy. *Child Development, 3*, 324-341.
Harris, J. A., Jackson, C. M., Paterson, D. G., & Scammon, R. E.（1930）. *The measurement of man*. University of Minnesota Press.
柏木 恵子（1988）. 幼児期における「自己」の発達－行動の自己制御機能を中心に－　東京大学出版会
Shirley, M. M.（1933）. *The first two years: A study of twenty-five babies*. Westport: Greenwood Press.
高野 清純・林 邦雄（1975）. 図説児童心理学事典　学苑社
梅村 比丘（2022）. 日本におけるストレンジ・シチュエーション法の妥当性の検証と日本版の作成　科学研究費助成事業　研究成果報告書

第3章 学習

1 学習とは

心理学で扱う**学習**は，学校での勉強よりもはるかに広い概念である。学習の定義とその仕組みの解釈は，研究の立場によって異なるが，学習に関する理論と研究には大きく3つのアプローチがある（表3-1）。次の節から，各アプローチにおける代表的な学習理論とその応用および発展について紹介していく。

表3-1　学習の理論と研究における3つのアプローチ

アプローチ	学習の定義	学習の仕組み	学習者観
行動主義的アプローチ	経験によって生じる比較的永続的な行動の変容	外部からの刺激(S: stimulus)と人や動物の反応(R: response)の間に連合(S-R連合)が形成され，学習が成立する。	受動的
認知主義的アプローチ	新たな認識や知識の獲得	学習者は外部から得た情報を処理・統合し，認知構造を変容させる（知識を蓄積・再編成・活用する）中で，学習が進む。	主体的
社会文化的アプローチ	他者との関わりの中での社会的習慣・態度・技術・知識の習得	—	主体的

2 学習の諸理論

(1) 学習への行動主義的アプローチ

行動主義的アプローチにおける学習の研究は，1890年代のソーンダイクによる「試行錯誤学習」の研究にさかのぼる。同じ時期には，パブロフが精神的反射（後に「古典的条件づけ」とよばれる現象）を発見している。ソーンダイクとパブロフの研究は，後に**行動主義心理学**に大きな影響を与えた。以下の項で，これらの内容を詳細に述べる。

行動主義心理学では，外部からの刺激と反応の連合が学習の本質的な過程であると考えられている。基本的な学習の形態として，「古典

人物紹介（ソーンダイク）：エドワード・L・ソーンダイク(Edward L. Thorndike, 1874-1949)は，アメリカの心理学者で，今日の教育心理学の礎を築いた人物。実験による学習の研究に加え，教育測定の分野でも重要な貢献をしており，「教育測定運動の父」ともよばれている。

的条件づけ」と「オペラント条件づけ」の2つがある。

① 試行錯誤学習

ソーンダイクは，動物を対象とした実験を通じて学習の法則を探求した。その中で最も有名な実験が，猫を用いた**問題箱**の実験である。問題箱（図3-1）には紐があり，その紐を引くと扉が開き，箱の外に脱出できる仕組みになっている。実験では，空腹の猫を問題箱に入れ，箱の外に餌を置く。猫は最初，さまざまな行動を示して箱から脱出しようとする。たまたま紐を引いて脱出できると餌を得られるが，これを繰り返すと次第に脱出にかかる時間が短くなっていく。ソーンダイクは，この猫の問題箱の実験結果から，**効果の法則**を提起した。ソーンダイクによる学習研究は，後のオペラント条件づけ研究の先駆けとなった。

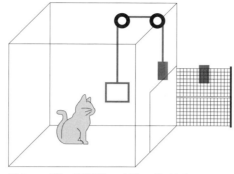

図3-1　猫の問題箱の実験の簡略図
（Thorndike(1911)を参考に作成）

② **古典的条件づけ**

ロシアの生理学者パブロフは，消化器系の研究を進める中で，神経系に生得的に備わった反射（例えば，梅干しを口に含めば唾液が分泌される）とは異なる，経験によって獲得される精神的反射（例えば，梅干しの写真を見ると唾液が分泌される）を発見した。この現象は，後に**古典的条件づけ**として知られるようになった。

パブロフの実験では，犬にメトロノームの音を聞かせながら餌を与える手続きを繰り返した。その結果，餌を与えなくてもメトロノームの音を鳴らすだけで，犬が唾液を分泌するようになった（図3-2）。

餌を与えると唾液が分泌されるという生理現象は，生まれつき備わっている反射であり，餌は「**無条件刺激**」，唾液の分泌は「**無条件反応**」とよばれる。メトロノームの音はもともと唾液の分泌を引き起こさない中性的な刺激であるが，メトロノームの音と一緒に餌が繰り返し提示（対提示）されると，餌が提示されない場合でもメトロノームの音を聞いただけで唾液が分泌されるようになる。このとき，メトロノームの音は「**条件刺激**」，メトロノームによる唾液の分泌は「**条件反応**」とよばれる。一般的に，「条件刺激」のほんの少し後に「無条件刺激」を提示すると，同時に提示したり逆の順番で提示したりする場合よりも，条件づけが成立しやすくなる。この対提示する手続きは「**強化**」ともよばれる。

古典的条件づけが成立した後，条件刺激だけを繰り返し提示し，無

人物紹介（パブロフ）：イワン・P・パブロフ（Ivan P. Pavlov, 1849-1936）は，ロシアの生理学者で，初期には消化腺の研究を行い，1904年にノーベル生理学・医学賞を受賞した。彼の古典的条件づけに関する研究が行動主義心理学の成立に影響を与えた。

重要語句（行動主義心理学）：ワトソン（John B. Watson）により1910年代に提唱された心理学のアプローチであり，内的な精神状態や意識ではなく，観察可能な行動のみが心理学の研究対象であると主張している。

重要語句（効果の法則）：特定の状況でなされた諸反応のうち，満足を得る状況をもたらす行動は生起しやすくなる一方で，不快な状況をもたらすような行動は生起しにくくなるという法則のこと。

重要語句（古典的条件づけ）：特定の反応を引き起こす刺激と，その反応を引き起こさない中性刺激を繰り返し一緒に提示することで，中性刺激だけでもその特定の刺激に対する反応と同様の反応を引き起こすという学習の形態のこと。

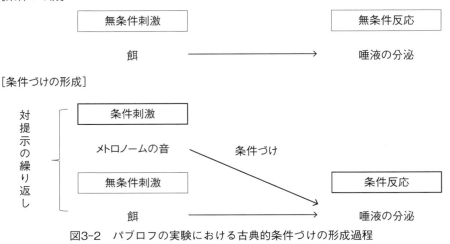

図3-2　パブロフの実験における古典的条件づけの形成過程

重要語句（自発的回復）：消去が行われた後，しばらく時間が経ってから条件刺激が再提示された際に，条件反応が再び現れる現象のこと。

条件刺激を随伴させないと，条件刺激に対する条件反応の生起が減少していく。この手続きと現象は，**実験的消去**とよばれる。ただし，一度消去された条件反応でも，**自発的回復**とよばれる現象がみられる（図3-3）。このことから条件反応の消去は，単なる学習の取り消しではなく，消去手続きを繰り返すことで条件刺激に対する新たな学習が成立したものと考えられている。

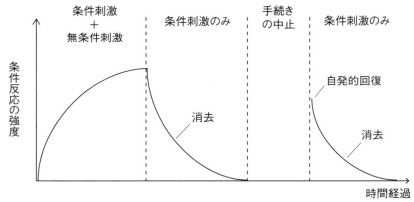

図3-3　古典的条件づけの形成と消去過程（村上（2021）を参考に作成）

人物紹介（ワトソン）：ジョン・B・ワトソン（John B. Watson, 1878-1958）は，アメリカの心理学者で，行動主義心理学の創始者である。彼は，行動形成や発達において遺伝よりも環境の影響が強いという「環境説」を提唱した。また，彼の恐怖条件づけの研究は，行動療法に関する研究の先駆けとなった。

　パブロフの古典的条件づけの研究は動物を対象としていたが，古典的条件づけを人間の行動に初めて応用したのが**ワトソン**である。ワトソンは，人間の複雑な感情や恐怖症などの症状の形成も，条件づけによって説明できると考えた。

　ワトソンらは，生後8ヶ月の男児アルバートを対象として**恐怖条件づけの実験（アルバート坊やの実験）**を行った。アルバートは最初，ラットなどの小動物に対して怖がる様子を見せなかったが，長い鉄棒

をハンマーで叩いて出る大きな音（無条件刺激）には怯えた反応（無条件反応）を示した。この大きな音に対する恐怖反応を観察したことから，ワトソンらはアルバートがラット（条件刺激）に触れると同時に，耳元で鉄棒をハンマーで叩き，大きな音（無条件刺激）を聞かせるという手続きを繰り返した。その結果，アルバートはラットを見るだけで泣き出すような恐怖反応（条件反応）を示すようになった。さらに，アルバートはうさぎや犬などのラットと似た特徴をもつ動物や無生物にも恐怖反応を示すなど，恐怖刺激の般化が確認された。

恐怖条件づけが獲得された後，その際の記憶は恐怖記憶として長期にわたり保持される場合があり，過度な恐怖記憶は**不安障害や心的外傷後ストレス障害**（第4章を参照）などの精神疾患の発症の一因となることがある。これらの精神疾患を治療するために，古典的条件づけの消去の原理を応用した治療法がよく用いられている。代表的なものとして，**曝露法や系統的脱感作法**がある。

曝露法は，不安や恐怖を喚起する条件刺激にクライエントを繰り返しさらすが，不安や恐怖をもたらす無条件刺激を随伴させないことで，恐怖や不安反応の生起を減少させる技法である。系統的脱感作法は，不安や恐怖を喚起する刺激への曝露（エクスポージャー）に加え，**拮抗条件づけ**の原理を導入している。

拮抗条件づけに関連してウォルピ（Wolpe, J.）は，猫を対象とした不安反応の治療研究において，恐怖条件づけによって音に対する不安反応を示すようになった猫の摂食行動が著しく低下することに気づき，摂食と不安は同時に現れない反応であると考えた。そこで，不安や恐怖をもたらす刺激に対して，不安反応と拮抗する反応（摂食）を生じさせることで，不安の消去につながるかを検討した。具体的には，最初に不安の生起程度が低い環境内で猫に餌を呈示し，不安の消去を試みた。消去が成功した後，恐怖条件づけの刺激に徐々に近づけた環境内で餌を呈示した結果，最終的に音に対する不安反応は消失した。一連の実験結果に基づき，ウォルピは不安や恐怖を治療するための系統的脱感作法を提唱した。

系統的脱感作法では，まずクライエントに

不安の強さ	場面（課題）
100	断崖絶壁の展望スポットで風景を見る
90	高層ビルの展望台に出る
80	観覧車に乗る
70	ロープウェイに乗る
60	シースルーエレベーターで8階まで上がる
50	マンションの6階から外を見る
40	ショッピングモールの吹き抜けエリアを4階からのぞく
30	歩道橋の上から下を見る
20	エスカレーターで3階まで上がる
10	2階のバルコニーに出る

図3-4　不安階層表の例

重要語句（般化）：古典的条件づけが成立した後，条件づけされた刺激以外の類似した別の刺激に対しても，同様の反応が生じる現象のこと。

重要語句（拮抗条件づけ）：特定の反応を引き起こす刺激と，その反応とは同時に起こり得ない逆の反応を引き起こす刺激を一緒に提示することで，学習された条件反応の生起率を減少させる手続きのこと。「逆制止」ともよぶ。

重要語句(オペラント条件づけ)：自発的な行動の結果として得られる報酬や罰によって，その行動の頻度が変化するという学習の形態のこと。

人物紹介(スキナー)：バラス・F・スキナー(Burrhus F. Skinner, 1904-1990)は，アメリカの心理学者で，行動分析学の創始者である。徹底的な行動主義の立場で研究を行い，オペラント条件づけの研究で著名である。彼の研究は現在でも幅広く応用されており，20世紀に最も影響力の大きかった心理学者の1人。

豆知識：その後の研究では，古典的条件づけとオペラント条件づけは，必ずしも独立した学習過程を示すわけではなく，ほとんどの学習場面で2つの学習原理が同時に働くとされている。ただし，古典的条件づけによって学習しにくい反応が，オペラント条件づけによって容易に学習される場合や，その逆も指摘されている(小牧, 2012)。

重要語句(三項随伴性)：特定の状況や環境(先行刺激)下で，ある反応(オペラント行動)が特定の結果をもたらすという連鎖関係のこと。

不安や恐怖の対象をリストさせ，不安喚起程度の小さいものから大きいものへと順に並び替え，**不安階層表**(図3-4)を作成する。次に，不安喚起程度の小さいものから順に不安喚起刺激にさらしておく。それと同時に，不安と拮抗するリラックス状態をもたらすリラックス法(呼吸法，自律訓練法，漸進的筋弛緩法など)を実行する。このように，段階的に不安や恐怖を消去していく。

③ オペラント条件づけ

パブロフによる古典的条件づけは，刺激によって引き起こされる行動に関係しており，そのような行動の大部分は生得的で反射的であった。それに対して，スキナーによる**オペラント条件づけ**は，自発的な行動の学習過程を示している。

オペラント条件づけの研究では，「**スキナー箱**」とよばれる実験装置(ネズミ用とハト用がある)が用いられる。ネズミ用のスキナー箱(図3-5)では，箱の壁にシグナルを提示するスピーカーやランプがあり，その下にはレバーが設置されている。レバーの近くには餌を提供する装置もある。スキナーのオペラント条件づけの実験では，シグナルを提示した後，空腹のネズミが偶然レバーを押すと，装置から餌が出てくる仕組みであった。このような状況が何度か起こると，ネズミは頻繁にレバーを押すようになることが観察され，この場合にオペラント条件づけが成立したと考える。オペラント条件づけでは，レバーを押す行動を「**オペラント行動**」，餌が出ることを「**強化子**」とよぶ。

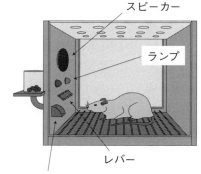

図3-5　スキナー箱の例

オペラント条件づけの基本的な形(図3-6)は，「**三項随伴性**」である。その中で，オペラント行動と結果の随伴性がもっとも重要である。オペラント条件づけでは，餌を得ることや褒められることなど快の結果をもたらす強化子のほか，電気ショックを受けることや叱られることなど不快の結果をもたらす**弱化子**がある。オペラント行動に強化子を随伴させる(例えば，レバーを押すと餌が出る)ことによって，オペラント行動が生じやすくなることを「(正の)**強化**」という。逆に，オペラント行動に弱化子を随伴させる(例えば，レバーを押すと電気ショックを受ける)ことによって，オペラント行動が生じにくくなることを「(正の)**弱化**」という。

また，強化子か弱化子か，呈示か除去かという組み合わせにより，オペラント条件づけは以下の4つに分類される(表3-2)。

成立したオペラント条件づけは，オペラント行動の後に強化子を提

図3-6 オペラント条件づけの基本的な形

表3-2 オペラント条件づけの分類

	強化子	弱化子
呈示	正の強化 （行動の頻度が増加）	正の弱化 （行動の頻度が減少）
除去	負の弱化 （行動の頻度が減少）	負の強化 （行動の頻度が増加）

示しない（レバーを押してもエサが出ない）という手続き（負の弱化）に切り替えることで、増加していたオペラント行動を減少させる（すなわち、消去させる）ことが可能である。消去の初期では、消去バーストを示す可能性があるが、消去手続きを続けるとオペラント行動の生起頻度は低下していく。弱化についても同様に、オペラント行動の後に弱化子を提示しない（例えば、レバーを押しても電気ショックを受けない）という手続き（負の強化）に切り替えることで、減少していたオペラント行動を回復させることが可能である。

オペラント条件づけの原理を人間に応用した最初の報告の1つとして、18歳の最重度発達障害の少年を対象とした研究が挙げられる。少年は仰向けに寝たままで、寝返りも打てず、体も腕も脚もほとんど動かさない状態であった。担当医師たちは、少年が何かを学ぶことは不可能と考えていた。実験では、少年が右腕を動かすたびに、その口に少量の砂糖入りミルクを流し込むようにした。この手続きを繰り返した結果、少年は何度も右腕を動かすようになった。これは、少年が右腕を動かすという新しい行動を学習することができたと解釈できる。

オペラント条件づけはその後、人間の行動を変容させる手段として適用され、心理学や教育学、経済学に多くの影響を与えた。オペラント条件づけの原理を社会的に重要な行動の改善へ応用し、そうした行動の改善に影響を与える要因を研究する方法を「応用行動分析」（第10章を参照）とよぶ。

ポイント：古典的条件づけとオペラント条件づけの違いを理解しよう！

重要語句（消去バースト）：オペラント条件づけで強化されていた行動が消去される過程で、一時的にその行動の頻度が増加するという現象のこと。

発展：現在、応用行動分析は心理、教育、経済、スポーツなど幅広い分野に影響を与えており、特に近年では、自閉スペクトラム障害の子どもへの支援において、応用行動分析学に基づく実践の有効性が示されている（須藤, 2018）。

(2) 学習への認知主義的アプローチ

認知主義的アプローチに属する理論には幅広い内容が含まれるが、本節ではトールマンのサイン・ゲシュタルト説、ケーラーの洞察学習とバンデューラの観察学習について説明する。

① サイン・ゲシュタルト説

トールマンは、学習が外的刺激と反応の連合によって成立するという考え方に疑問を呈し、ネズミの迷路実験を通じて**潜在学習**の存在を主張した。トールマンらの実験では、ネズミが迷路（図3-7左）のスタート地点に置かれ、毎日1試行ずつ2週間にわたり迷路学習の訓練を受けた。その際に、ネズミは3つの群に分けられた。報酬あり訓練群（HR群）では、訓練の初日からゴールに到達するとエサが与えられた。一方、報酬なし訓練群（HNR群）ではゴールにエサは置かれていなかった。そして、3つ目のHNR-R群では、訓練の10日目まではゴールにエサが置かれていなかったが、11日目からエサが与えられた。すべての群において、学習成果の指標として、ゴールに到達するまでに行き詰まった回数（エラー数）が記録された。

実験の結果（図3-7右）、HR群は訓練の進行に伴ってエラー数が著しく減少したが、HNR群はその減少幅が小さかった。これらの結果は、効果の法則を支持するものである。注目すべきはHNR-R群の結果である。訓練の最初はエラー数の減少幅が小さかったものの、報酬を与えた11日目の次の日（12日目）に、エラー数が急激に減少し、HR群を追い越すパフォーマンスを示した。

この実験結果から、トールマンは、遂行に現れてはいないものの、HNR-R群のネズミは無報酬の訓練中に、迷路の行き止まりの位置に関する**認知地図**を形成し、「潜在的に」学習を行っていたと主張した。

人物紹介（トールマン）：エドワード・C・トールマン（Edward C. Tolman, 1886-1959）は、アメリカの心理学者で、目的行動主義の提唱者である。彼の研究は、動物や人間の行動が目標指向的であることを示し、認知地図や潜在学習の概念を導入するなど、認知心理学の誕生へ大きな影響を与えた。

人物紹介（ケーラー）：ヴォルフガング・ケーラー（Wolfgang Köhler, 1887-1967）はドイツの心理学者で、ゲシュタルト心理学の発展に大きく貢献した人物である。彼のチンパンジーを対象にした学習実験は、『類人猿の智慧実験』（1921）として出版された。

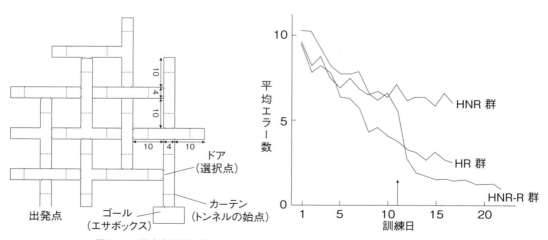

図3-7　潜在学習実験の装置と実験結果（Tolman（1948）を参考に作成）

また，報酬（餌）による強化は学習に不可欠な条件ではなく，潜在的な学習の結果を顕在化させるものであると考えた。トールマンは，意味のある目的とそれに導く手段や刺激（サイン）との関係による認知の変化をサイン・ゲシュタルトと呼んだ。

② 洞察学習

ケーラーはゲシュタルト心理学の立場から，連合主義的な学習理論に対して異を唱えた。彼は，チンパンジーを対象とした実験を通じて洞察の重要性を強調する学習理論を提唱した。ケーラーの観察記録には，以下のような実験状況が記録されている（図3-8）。ズルタンという名のチンパンジーが柵のところに座り，柵の外にある餌を取ろうとしている。ズルタンの手元には短い棒があり，その棒を使って餌を取ろうと努力していたが，届かない。2, 3回周囲を見回した後，ズルタンは突然短い棒を手に持ち，柵の外にある長い棒と向き合っている柵のところに行き，短い棒を使って長い棒を掻き寄せた。そして，餌と向き合っている柵に戻り，長い棒を使って餌を掻き寄せ，餌を取ることに成功した。

ケーラーは，チンパンジーの問題解決行動を，環境を全体的に把握して知覚したことによる見通しに基づいた行動であると考えた。試行錯誤による学習とは異なり，洞察学習では問題解決における認知構造が再構築され，「洞察」が突如として生じることで問題解決につながり，学習が成立すると考えられている。

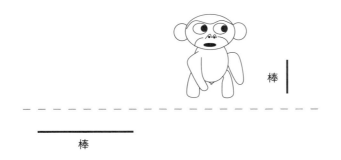

図3-8　ケーラーによるチンパンジーの実験の簡略図

③ 観察学習

伝統的な学習理論では，学習は刺激に対する反応を実行し，その結果を経験することによってのみ生じると考えられているが，バンデューラは直接経験しなくても他者の行動を観察するだけで新しい行動を習得できると考えた。その学習過程は，認知（すなわち心的表象）の形成を介して成り立つとされている。

バンデューラが提唱した学習理論において最も有名な実験が，攻撃性の社会的学習に関する「ボボ人形実験」である。この実験では，3歳

人物紹介（バンデューラ）：アルバート・バンデューラ（Albert Bandura, 1925-2021）は，カナダの心理学者で，社会的学習理論や自己効力感の概念を提唱した。これらの理論は，教育心理学，社会心理学，臨床心理学など複数の心理学分野において重要な基盤となっている。

重要語句（潜在学習）：目に見える行動にすぐに反映されない形で進行する学習のこと。

重要語句（認知地図）：学習の際に，動物や人間が形成する環境の空間的な関係についての認知構造のこと。

重要語句（ゲシュタルト心理学）：20世紀初頭に発展した心理学の主要な学派の1つで，知覚や認知の過程は単なる外的刺激を個々の要素として受け取るのではなく，全体としての構造やパターンでとらえているのだと考える。

豆知識：バンデューラは，学習や行動の形成を認知，環境と行動の相互作用の中でとらえ，認知の中心的な役割を強調し，「社会的学習理論」を「社会的認知理論」に発展させた。この「社会的認知理論」は，現在，自己調整学習(Columnを参照)の研究にも大きな影響を与えている。

から5歳の幼児を3つの群(攻撃行動観察群，非攻撃行動観察群，モデル無し群)に分けた。攻撃行動観察群では同じ部屋にいる大人のモデルが風船のボボ人形に対して暴行や暴言を加えることを観察させた。非攻撃行動観察群では，同じく大人のモデルの行動を観察させたが風船のボボ人形に対する攻撃的な行動はなかった。そして，モデル無し群では同じ部屋に大人のモデルはいなかった。次のテストのセッションでは，ボボ人形のあるおもちゃ部屋において，3つの群における幼児の行動がそれぞれ観察された。実験の結果，他の群と比べ，攻撃行動観察群の幼児は大人のモデルと同様にボボ人形を殴るなどの行動が多く見られた。

一連の「ボボ人形」実験を通じて，バンデューラは観察学習(モデリング)を中心概念とする社会的学習理論を提唱した。観察学習には，「注意過程」，「保持過程」，「運動再生過程」，「動機づけ過程」の4つの下位過程が仮定されている。「注意過程」は，適切なモデルの活動に注意を向け，そこから能動的に情報を抽出する過程である。「保持過程」では，学習者は観察したことをイメージや言語象徴に変換し，記憶表象として保持する。この段階では，モデルの行動がすでに習得できたと考えられている。「運動再生過程」は，記憶表象を実際の行動に変換する過程を指す。この過程においては，さまざまな要因により，モデルと一致した行動を再生できないことがある。そのような場合には，まずモデルの活動に関する正確な記憶表象を形成させ，そのうえで適切なフィードバック(例えば，自分自身の行動をビデオで見せることによる視覚フィードバック)を提供することで，行動を効果的に修正することができる。

モデルの行動を習得し，行動的に再生可能であっても，観察的に習得された行動が実行されない場合がある。最後の「動機づけ過程」は，観察的に習得された行動の遂行を支える過程である。この過程では，強化によって行動の遂行がみられやすくなる。強化には，**外的強化**，**代理強化**，**自己強化**の3種類がある。それぞれの強化について，以下に説明する。

まず，習得された行動の遂行によって，満足感の獲得，周りからの賞賛など何か価値のある結果につながる場合，無報酬や罰を受ける場合よりも行動がみられやすくなる。これを**外的強化**とよぶ。同様に，観察された行動の結果も習得された行動の遂行に影響を与える重要な要因である。例えば，周囲からの賞賛を得たモデルの行動を見ることで，モデルと同様の行動を行う傾向が増加する。逆に，罰を与えられたモデルの行動を見ることで，モデルと同様の行動を行う傾向が低下する。これを**代理強化**とよぶ。さらに，学習者自身による遂行の自己評価に基づいた反応も，行動の実行に影響を与える。例えば，行動が一定の基準に達したときに，自分自身にごほうびを与えることがその

一例である。これを**自己強化**とよぶ。

(3) 学習への社会文化的アプローチ

社会文化的アプローチの学習理論における基本的な考え方は，学習は他者や社会文脈から孤立した個人内の営みではなく，他者との関わりの中で生まれるというものである。このアプローチにおける代表的な理論として，ヴィゴツキーの「発達の最近接領域」，レイヴ（Lave, J.）とウェンガー（Wenger, E.）の「正統的周辺参加」がある。

① 発達の最近接領域

ヴィゴツキーは，個人の思考や意志などの高次精神機能は，他者との協同の過程で発生し，言語などの心理的道具を媒介として個人の精神内機能へ転化していくと考えた。ヴィゴツキーはこの**社会文化的発達理論**を学齢期における教授・学習と認知発達の問題に適用し，**発達の最近接領域**という概念を用いて説明している（認知発達については，第2章を参照）。

ヴィゴツキーは，発達と学習は相互的な関係にあり，子どもの発達の状態には2つの水準があると考えた。1つは子どもが知的活動を自力で行うことができる「現在の発達水準」であり，もう1つは大人の援助やより能力の高い仲間との協働活動によって到達可能な「明日の発達水準」である。その間にある，現在生成しつつある成熟中の過程が「発達の最近接領域」とよばれる。そして，ヴィゴツキーはこの最近接領域を生み出すための，他者との相互交渉を通じた教育や学習の役割を強調した。

② 正統的周辺参加

文化人類学者のレイヴと教育理論家・実践家であるウェンガーによって提唱された**正統的周辺参加**では，学習を状況に埋め込まれた活動とみなし，あらゆる社会的実践に不可欠なものとしてとらえている。つまり，学習は新参者が，実践コミュニティに参加する経験を通じて，コミュニティの十全な参加者（「一人前の職人」）へと変容する過程であると考える。このプロセスには知識や技能の修得が包摂されており，それらは社会的実践を通じて意味のあるものとなる。

正統的周辺参加とは，新参者が実践コミュニティの正式的なメンバーとして，軽微で単純な活動に広く参加するという社会的実践へのかかわり方を指す。このようなかかわり方は，単なる観察や受動的参加ではなく，積極的で主体的な関与の形態である。新参者は正統的周辺参加を通じて実践活動やコミュニティへの理解を深め，徐々に中心的な実践の側面に入り込んでいき，熟練した実践者としてのアイデンティティを形成していく。

人物紹介（ヴィゴツキー）：レフ・S・ヴィゴツキー（Lev S. Vygotsky, 1896-1934）は，ロシアの教育心理学者で，「社会文化的発達理論」を提唱した。彼の理論は発達における歴史的・文化的要因の役割に注目しており，この独特な視点が発達心理学や教育心理学の発展に重要な貢献をした。

3 教育における学習理論の応用と発展

この節では，古典的な学習理論を応用して発展させることで，実際の教育場面で実践されてきた学習・教授の方法について紹介する。

(1) オペラント条件づけ原理の応用

オペラント条件づけの原理を教育に応用する研究は数多く行われ，それらの研究からさまざまな教育方法が開発されている。その中で広く実践されているものとして，**トークンエコノミーシステム**と**プログラム学習**がある。

① トークンエコノミーシステム

トークンエコノミーシステムは心理学者の**エイロン**(Ayllon, T.)と**アズリン**(Azrin, N. H.)によって開発された。初期では精神病院などの施設で用いられた方法であるが，現在では多くの教育現場で利用されている。

「トークン」とは，一般社会におけるお金と類似する機能をもつ代理貨幣のことである。トークンを集めると，本人にとって価値のある強化子(**支持強化子**)と交換することができる。トークンには，シールやクリップのような実物や，スタンプや点数などのシンボルが用いられる。トークンの特徴は定期的に変えることができ，トークンを正確に記録するために，トークンを集めるためのトークン箱や点数カード(図3-9)が用いられる。

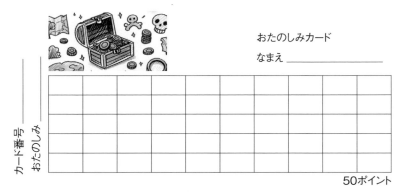

図3-9 トークンエコノミーシステムの点数カード(小学生用)(Alberto & Troutman(1998)佐久間訳(2004)を参考に作成)

教室でトークンエコノミーシステムを開始する場合，開始前に少なくとも次の3点について子どもに伝えると良いとされている。1点目は「～(行動)をすると，～(結果)が得られる／没収される」のような，

なすべき行動の内容と，それによる結果の随伴関係である。2点目は，トークンと支持強化子との交換ルール（交換時期や必要な個数など）である。最初は交換の基準を低く交換の頻度を高く設定し，徐々に基準を高め，交換頻度を減らしていくとより効果的である。3点目は，支持強化子がどのようなものであるかの説明である。支持強化子は，子どもが自ら選べるようにさまざまな（実物でなくてもよい）ものを用意しておくと良い。教室で実施する場合は，支持強化子を教室の目立つところに飾ると効果的である。

② プログラム学習

　プログラム学習は，スキナーがオペラント条件づけの原理を基に考案したもので，系統的に順序づけられた学習内容に対する学習者の反応に適切な強化子を随伴させることによって，一定の目標に向けて個別に学習を進める指導法である。プログラム学習の基本形は，**直線型（スキナー型）プログラム**である（図3-10）。このプログラムは，5つの原理に基づいて作成されている（表3-3）。

図3-10　直線型（スキナー型）プログラムの例

表3-3　プログラム学習における5つの原理

原理	内容
①スモール・ステップ	学習の目標を明確にし，その目標に至るための学習内容を抽出し細かいステップに分け，難易度の低いものから高いものへ順に配列する。
②積極的反応	各ステップは，説明と質問によって構成される。具体的には，穴埋め式や自由記述式の質問に答えさせることで積極的反応を引き出す。
③即時フィードバック	学習者の回答に対して直ちに正／誤のフィードバックを与える。
④自己ペース	個人のペースで学習を進めることができる。
⑤学習者検証	プログラムの妥当性が学習者の回答状況によって検証される。具体的には，各ステップの正答率を調べ，難しすぎるものや簡単すぎるものを抽出し，それを除外あるいは修正する。

佐伯（1972）を参考に作成

　直線型プログラムは，個人のペースで学習を進めることができる点において学習の個別化を意図したものであるが，すべての学習者が同じ内容を学習し，すべてのステップを通過しなければいけない。それに対して枝分かれ型プログラム（図3-11）はより柔軟なものである。このプログラムでは，学習者に多肢選択式の質問を提示することが多

く，学習者の反応に応じて異なる学習のステップを用意する図3-11の例では，ステップ1の回答に応じ，ステップ2またはステップXに進む。また，学習者の反応の正誤に応じて，適切な情報を提供することで正しい反応をうながす（図3-11中のステップM）という特徴がある。

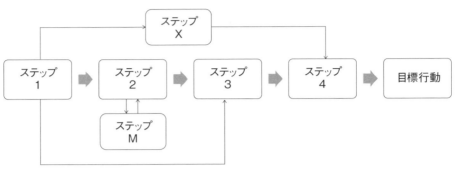

図3-11　枝分かれ型プログラムの例

(2) 発見学習

　オペラント条件づけに基づく学習は外的な報酬に依存しており，受動的な学習者像が前提とされている。ブルーナーはそのような学習者像に基づくプログラム学習や教師主導で教え込むような教授法に対して批判的な態度を示し，学習者が主体的に知識を見いだす手続きを通じて学習内容を習得する**発見学習**を提案した。

　発見学習の基本的な学習過程は，次の通りである（図3-12）。まず，学習課題を把握する段階がある。この段階では，学習者が問題場面に遭遇する。その際，事実を徹底的に調べ，問題解決の手がかりが得られやすいように，収集された情報を整理し組織化させる指導が重要である。次に，仮説を立てる段階がある。この段階では学習者が直感的な思考や拡散的な思考など発見学習を特徴づける思考を働かせるため，発見学習に欠くことのできない重要なものである。またこの段階では，有効な仮説を生み出せるような指導がポイントとなる。そして，仮説を吟味し検証が可能な形に練りあげていく段階に進む。この段階では，仮説を言語化し，具体化させることに対する指導が有効である。仮説の検証の段階では，実験を行って仮説を検証することがもっとも一般的であるが，実験をせずに事実資料と照合する検証方法も採用可能である。最後の発展とまとめの段階では，発見した法則を他の問題場面に適用することによって，検証結果を確認する。この段階では，検証結果の確認とともに，その適用可能な限界を判別することや，次の学習課題を意識させることが指導のポイントとなる。

人物紹介（ブルーナー）：ジェローム・S・ブルーナー（Jerome S. Bruner, 1915-2016）はアメリカの心理学者で，認知心理学および教育心理学の分野において重要な影響を与えた人物である。彼が提唱したニュールック心理学という新しい分野は，認知心理学の先駆けとなった。その後，ブルーナーは教育方法に関する研究を行い，その成果を「教育の過程」（1963）として出版した。

学習課題の把握 → 仮説の仮定 → 仮説の練り上げ → 仮説の検証 → 発展とまとめ

図3-12　発見学習の基本的な学習過程

　ブルーナーは発見学習による効果について，科学的な態度と課題解決に必要な能力を身に着ける機会を提供すること，探究心による内発的な動機づけを得ることができること，探求や発見の仕方を身につけることができること，そして，学んだ知識を長く記憶に保持できることの4つを挙げている。

(3) 有意味受容学習

　オーズベルは，発見学習における学習者はすべて主体的であり，教師主導型の学習における学習者はすべて受動的であるというブルーナーの単純な区分とは異なる見解をもっている。オーズベルは，さまざまなタイプの学習を区別するために，2つの次元があると考えた。1つの次元は，学習者にどのように学習材料を提示するかに関する「**受容学習／発見学習**」の次元である。受容学習では，すべての学習内容が最終的な形で学習者に提示される。一方，発見学習では，すべての学習内容が最終的な形では学習者に提示されず，学習者自身がそれを発見しなければならない。もう1つの次元は，学習者が提示された学習材料をどのように処理するかに関わる「**有意味的学習／機械的学習**」の次元である。有意味的学習では，学習者が与えられた学習材料を既存の知識と関連づけることによって学習材料の意味を理解し，利用可能な知識として獲得していく。一方で，機械的学習では，学習者が提示された学習材料を既存知識と関連づけずにただ覚え込む学習が行われる。オーズベルは，「受容学習／発見学習」の次元と「有意味的学習／機械的学習」の次元は独立的なものであり，それらの組み合わせによって4つの学習のタイプ（表3-4）に分類できるとした。そして，学習者が学習材料を意味づけて理解する（有意味学習を行う）ならば，受容学習においても主体的な学習が起こりうると考えた。

表3-4　オーズベルによる学習の分類

	受容学習	発見学習
有意味学習	有意味受容学習	有意味発見学習
機械学習	機械的受容学習	機械的発見学習

　学習者の有意味的な学習を促すために，オーズベルは**先行オーガナイザー**を提示する指導法を提唱した。先行オーガナイザーは，学習者

人物紹介（オーズベル）：デビッド・オーズベル(David Ausubel, 1918-2008)はアメリカの教育心理学者で，教育心理学や認知科学の分野において大きな影響を与えた人物である。彼の最も重要な貢献は，先行オーガナイザーの開発と研究である。

重要語句（先行オーガナイザー）：学習内容の前に提示されるもので，一般性，包括性，抽象性において学習内容よりも高いレベルにある導入的な材料のこと。

が有している知識と新しい学習材料との橋渡しをする役割を果たしており，その内容は学習内容の性質と学習者の既有知識や特徴に依存する。オーズベルは，以下の2種類のオーガナイザーを区別している（表3-5）。

表3-5　オーズベルによる先行オーガナイザーの区分

タイプ	定義	利用場面	例
概説オーガナイザー	学習者が持っている知識を活用し，新しい学習材料に対して一般的かつ包括的な説明を行うもの	新しい学習材料が学習者にとって全く未知で，学習者の認知構造に新しい学習材料に関連する知識がない場合	英語の読解学習において，事前にストーリーのあらすじを学習者が理解しやすい言葉で説明する
比較オーガナイザー	新しい学習材料と学習者が持っている知識との類似点や相違点を明示する情報	新しい学習材料が学習者にとって全く未知ではないが，学習者が新しい学習材料と既存知識の関連性に気づかない場合	英語の文型学習において，日本語の文型との共通点と相違点を明示する

(4) 協同学習

今日では，学習の文化的性質が注目され，学校教育における協同学習の役割がますます重要視されている。しかし，学習者を小グループで一緒に学ばせることが有効な場合もあれば，ほとんど効果がない場合もある。協同学習の方法は数多く開発されており，ここではその代表例としてバズ学習，ジグソー法，生徒チーム学習を紹介する。

① バズ学習

バズ学習は積極的な参加を促す集団議論の技法として考案されたもので，フィリップス（Phillips, D.）らによって発案された六六法が有名である。六六法では参加者が6名程度の小グループに分かれ，6分間話し合い，各グループの意見を全体で議論する。バズ学習は6名・6分間でなくてもよいが，少人数のグループを形成し，比較的短い制限時間内に話し合うことが特徴である。

教室における人間関係を高めると同時に学力を向上させることを実現させる方法として，心理学者の塩田芳久がバズ法を教育の実践に取り入れ理論化した。塩田によるバズ学習は，次のように進められる。毎日正規の授業が終わった後に，バズ学習の時間を設け，6から8名ずつのグループを作り，その日に学習した内容を復習したり翌日の学習計画・学習方法について話し合ったりする。教師は質問や相談に応じるが，基本的に生徒による自主的な進行を行う。バズ学習は復習の文脈で利用する（復習バズ）の形で最初に考案されているが，その後は教科の学習場面でも広く取り入れられ，実践されている。

② ジグソー法

ジグソー法は，人種統合が実施されたことを背景に，社会心理学者のアロンソン（Aronson, E.）らがアメリカの公立学校で異なる人種の子どもたちが相互協力しながら学ぶことを促進するために考案したものである。ジグソー法の特徴は，個人の責任と協力し合う必要がある状況設定である。

ジグソー学習の基本的な過程（図3-13）は次の通りである。まず学習材料をいくつかの部分に分割し，分割された学習材料の数と同人数で構成された小グループ（ホームグループ）に学習者を分ける。各ホームグループのメンバーには，それぞれ学習材料の一部が割り当てられる（フェーズ1）。同じ学習材料が割り当てられたメンバーが「エキスパートグループ」として集まり，学習材料について学習し議論を行う（フェーズ2）。その後，それぞれのホームグループに戻り，エキスパートグループで学んだことをホームグループメイトに教える（フェーズ3）。このように，チームメンバー全員が「教える側」であり，責任をもって学びその成果を他者と共有する必要がある。一方で，メンバー全員が「教わる側」でもあり，自分が有している情報以外のことを学ぶためには，他のチームメンバーの話を注意深く聞く必要がある。

発展：ジグソー法にはいくつかの修正版が考案されている。それらの主な修正点としては，グループのメンバー全員が学習材料全体を読むことができるようにすること，グループ間の競争を取り入れホームグループ全体の評価を行うこと，グループ活動の前に授業の導入を行ったりグループ活動後に理解度確認テストを実施したりして，学習材料に対する正しい理解を確保することなどが挙げられる。

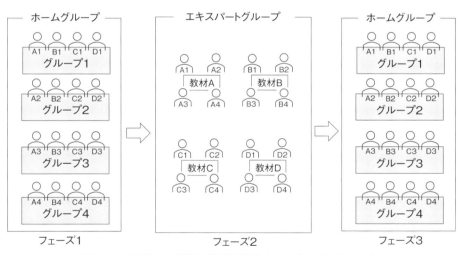

図3-13　ジグソー学習の過程（櫻井（2017）を参考に作成）

③ 生徒チーム学習

生徒チーム学習は，心理学者のスレイヴィン（Slavin, R. E.）が中心となるアメリカのジョンズ・ホプキンス大学の研究グループにより開発された，チーム目標の設定とチームメンバー全員による成功の定義によって特徴づけられる協同学習の方法である。生徒チーム学習には3つの重要な条件がある（表3-6）。

表3-6　生徒チーム学習における3つの条件

概念	内容
①チーム報酬	チームが予め指定された基準を達成していれば，そのチームは証書などの報酬をもらえる
②個人の責任	チームの成功が，すべてのメンバーの個々の学習に依存する
③成功への平等な機会	メンバーそれぞれの貢献が等しく価値のあるものとされる

福嶋(2016)を参考に作成

　生徒チーム学習には，いくつかのタイプがあり，そのうち「生徒チーム－成績班」のタイプと「チームゲームトーナメント」のタイプが幅広い科目と学年に適用できる方法である。「生徒チーム－成績班」では，まず多様性をもつ4人グループを編成し，教師が授業で行った内容をグループ全員が確実に理解できるようメンバー間で助け合う。活動の最後に，すべての学習者が授業内容に関するテストを個別に受けるが，その際にはグループメイトの助けを受けることができない。テストの点数は，各学習者の過去の平均点と比較され，過去の成績と比べてどの程度向上したかに基づきポイントが与えられる。各メンバーのポイントの合計値をチームの最終点とし，最終点が所定の基準を上回るチームは，証書などの報酬が与えられる。「チームゲームトーナメント」では，学習過程とチーム報酬は「生徒チーム－成績班」と同じであるが，最終のテストの代わりにチーム対戦形式のゲームを行う。このゲームでは，それまでの点数が同じレベルのチームから1人ずつ選出し，合計3人で「トーナメント・テーブル」を構成し競争を行う。勝者のチームには点数が加算される。

(5) アクティブ・ラーニング

　これまで，さまざまな学習形態について述べてきたが，近年では学校教育の現場において，教師が一方向的に知識を伝達する形態とは異なる，学習者が自ら主体的に学ぶ学習形態を積極的に採用することが求められている。このような学習者による能動的な学習形態を総称してアクティブ・ラーニングとよぶ。アクティブ・ラーニングには，すでに紹介した発見学習や協同学習が含まれるが，その他にはICT機器を使った実践(例えば，自ら教材を作る)，反転授業(自宅で授業を受け，教室でアウトプットを行う)，学外でのフィールドワークなどがある。その他にも，実践的には多様な形態が試みられている。

　日本では，2012年に中央教育審議会が初めてアクティブ・ラーニングという用語を取りあげ，それ以降，学習者による主体的な学習の重

要性が主張されている。2017年の学習指導要領改定案では「主体的・対話的で深い学び」という用語に代替されたが，本質的な考えは同一である。主体的な学びとは興味関心を持ち自己と関連づけて学ぶこと，対話的な学びとは他の子どもや教師との対話によって学ぶこと，深い学びとは知識を相互に関連づけたり問題解決やアイデアの創成に結びつけて学ぶことを指している。

　アクティブ・ラーニングは学習への有用な効果が一定程度示されているが，教育評価の基準設定（第9章を参照）や方法・教材選択の困難さなど，クリアすべき課題も多い。アクティブ・ラーニングは幅広い学校段階で導入されているが，どのように実践するかは対象となる年代や授業内容によっても大きく異なるため，教育者は公開されている実践例などを参照しながら長期的な視点をもって，よりよい学習形態を模索し続けることが求められている。

Column 自己調整学習とは

自己調整学習とは，社会認知的な視点から，学習者が個人の学習上の目標を追求するために，積極的に思考，行動，感情を生成し，モニターし，適応させる多次元的なプロセスを指す。**自己調整学習理論**は，1990年代からアメリカの教育心理学者**ジマーマン**(Zimmerman, B. J.)や**シャンク**(Schunk, D. H.)らが中心となって提唱した理論である。ジマーマンらによる自己調整学習のモデルはバンデューラの社会的認知理論を基盤としており，自己調整の発達には4つのレベルがあるとされている（表3-7）。

表3-7 自己調整の発達のレベル

レベル	主要な過程
観察	モデルの観察，スキルの認知的表象を形成する
模倣	初歩的な練習，フィードバックや励ましによるスキルの洗練
自己コントロール	自らの力でスキルや方略を利用できるようになり，スキルの内在化が生じる
自己調整状態	個人の状態や文脈に合わせてスキルを柔軟に調整することができる

Bembenutty et al.(2013)を参考に作成

自己調整学習の過程は，「予見」（学習前），「遂行」（学習中），「自己省察」（学習後）の3つのフェーズから構成される循環モデル（図3-14）が想定されており，3つのフェーズを自律的に循環させていることが自己調整学習であると考えられている。

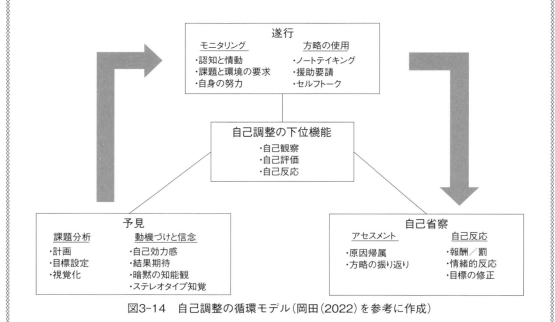

図3-14 自己調整の循環モデル（岡田(2022)を参考に作成）

演習問題

A群の問いに対する回答を，B群から1つ選びなさい。

[A群]
1. パブロフの古典条件づけの実験では，メトロノームを（ ① ），餌を（ ② ）としてとらえている。
2. ワトソンは，（ ③ ）の原理に基づいて，アルバート坊やに対してラットへの恐怖反応を条件づけた。
3. （ ④ ）は，報酬や罰によって自発的行動の頻度を変容させる理論である。
4. 報酬が与えられていない時期に進行した学習が，報酬を受けることで顕在化する学習形態を，（ ⑤ ）とよぶ。
5. （ ⑥ ）では，学習者が環境的要素を統合して問題を解決すると考える。
6. 子どもが他の子どもが褒められるのを見て同じ行動を取るようになることは，（ ⑦ ）が提唱した（ ⑧ ）強化の例である。
7. 子どもが自分だけで解決できる課題の水準と，他者の助けを借りて解決できる課題の水準との間にある領域を，（ ⑨ ）は（ ⑩ ）と呼んでいる。
8. レイヴとウェンガーによって提唱された「正統的周辺参加」では，学習が（ ⑪ ）の不可欠な一部として捉えられている。
9. スキナーのプログラム学習では，学習者の回答に対して直ちに（ ⑫ ）を提供することが重要である。
10. オーズベルは，さまざまな学習のタイプを「受容学習／（ ⑬ ）」と「（ ⑭ ）／機械的学習」の2次元の組み合わせで4つに分類した。
11. 発見学習は，（ ⑮ ）によって提唱された教授・学習法である。

[B群]
ブルーナー，ヴィゴツキー，ケーラー，バンデューラ，古典的条件づけ，オペラント条件づけ，無条件刺激，無条件反応，条件刺激，洞察学習，潜在学習，観察学習，刺激と反応，フィードバック，社会的実践，発達の最近接領域，発見学習，有意味学習，自己，代理

【ディスカッションをしてみよう】
1. さまざまな学習理論が教育にどのように応用できるか，具体例を挙げて話し合ってみましょう。
2. 先行オーガナイザーの効果的な活用方法について，具体的な例を挙げて話し合ってみましょう。
3. 自身の学習経験や観察した事例をもとに，協同学習の利点と課題について話し合ってみましょう。

【演習問題の答え】
①条件刺激　②無条件刺激　③古典的条件づけ　④オペラント条件づけ　⑤潜在学習　⑥洞察学

習　⑦バンデューラ　⑧代理　⑨ヴィゴツキー　⑩発達の最近接領域　⑪社会的実践　⑫フィードバック　⑬発見学習　⑭有意味学習　⑮ブルーナー

【引用文献】

Alberto, P. A., & Troutman, A. C. (1999). *Applied Behavior Analysis for Teachers* (5th ed.). Prentice Hall Press.
　（アルパート, P. A. & トールマン, A. C. 佐久間 徹(訳)(2004). はじめての応用行動分析(日本語版第2版) 二瓶社）

Bembenutty, H., Cleary, T. J., & Kitsantas, A. (Eds.). (2013). *Applications of self-regulated learning across diverse disciplines: A tribute to Barry J. Zimmerman.* IAP Information Age Publishing.
　（ベンベヌティ, H., クリアリィ, T. J., キトサンタス, A. 中谷 素之(監修). 2019自己調整学習の多様な展開　福村出版）

福嶋 祐貴(2016). R. E. スレイヴィンの協同学習論に関する検討－学校改革プログラムSuccess for Allへの発展に焦点を合わせて－　教育方法学研究, *41*, 13-23.

水越 敏行(1977). 発見学習入門　明治図書

村上 達也(2021). 子どもの学習過程を理解する－行動主義的な学習理論－藤原 和政・谷口 弘一(編著)学校現場で役立つ教育心理学－教師をめざす人のために－第9章　北大路書房

小牧 純爾(2012). 学習理論の生成と展開　ナカニシヤ出版

岡田 涼(2022). 日本における自己調整学習とその関連領域における研究の動向と展望―学校教育に関する研究を中心に―　教育心理学年報, *61*, 151-171.

遠座 奈々子・中島 定彦(2018). 不安障害に対するエクスポージャー法と系統的脱感作法－基礎研究と臨床実践の交流再開に向けて－　基礎心理学研究, *36*, 243-252.

佐伯 正一(1972). 講座個別化学習(上巻)個別化学習の理論　明治図書出版株式会社

櫻井 茂男(2017). 改訂版 たのしく学べる最新教育心理学: 教職に関わるすべての人へ　図書文化

塩田 芳久・阿部 隆(1958). バズ学習方式－落伍者をつくらぬ教育－　黎明書房

祐宗 省三・原野 広太郎・柏木 惠子・春木 豊(2019). 社会的学習理論の新展開(新装版)　金子書房

須藤邦彦(2018). わが国の自閉症スペクトラム障害における応用行動分析学をベースにした実践研究の展望－2012年から2017年－　教育心理学年報, *57*, 171-178.

Thorndike, E. L (1911). *Animal intelligence: Experimental studies* (Reprinted edition, 2009). Library of Alexandria.

Tolman, E. C. (1948). Cognitive maps in rats and men. *Psychological Review, 56*, 189-208.

友野 清文(2015). ジグソー法の背景と思想－学校文化の変容のために－学苑 総合教育センター国際学科特集, *895*, 1-14.

第4章 記憶

1 記憶の特徴

(1) 教育心理学における記憶

　教育場面において「記憶する」ということは、授業や教科書の内容を暗記することであると捉えられやすいかもしれない。しかし記憶とは、あらゆる思考の礎であり、学習された経験や知識そのものでもある。近年ではOECDにより21世紀型スキルやキー・コンピテンシーの考え方（第1章を参照）が提唱され、従来の枠組みを超えた形で教育や学習の成果を評価する流れが優勢になっている。それらで仮定されている社会的なスキルや実践的な対応力の基礎的な部分には記憶の要素が不可欠であり、教育という分野において欠くことのできない重要な概念であるといえよう。さらに、記憶はある個人が過去から現在、そして将来を通して一貫して連続した一個の存在であるということも担保しており、人生におけるあらゆる選択や態度形成の根幹を成しているものであるともいえる。

(2) 記憶の古典的研究

　記憶に関する研究の歴史は長く、古くはギリシア哲学まで遡る。一方でそれらは理論的な研究が主であり、実証的な研究の歴史は短い。現代に至る記憶の心理学に関する実証研究の祖となるのは、**エビングハウス**の実験である。彼は自らを実験台とし、記憶した内容がどのように忘却されるかについて検証を行った。
　エビングハウスの実験の内容は以下のとおりである。まず、彼は自ら作成した**無意味綴り**とよばれる意味のない単語のリストを作り、これを完全に記憶した。そして一定時間が経過した後、覚えた単語を再学習するのにどの程度時間がかかるかについて、複数の時点で測定を行った。この際の忘却の程度を図示したのが著名な**忘却曲線**である（図4-1）。エビングハウスの実験と忘却曲線はその後の記憶研究に多大な影響を与えたが、この実験からわかることは大きく3点ある。1つ

豆知識：過去、現在、未来の自分が1つの存在であるという認識のことを自己連続性とよぶ。

人物紹介（エビングハウス）：ヘルマン・エビングハウス（Hermann Ebbinghaus, 1850-1909）はドイツの心理学者で、記憶に関する実験的研究を初めて行った者である。学習曲線への言及や錯視画像（エビングハウス錯視）の発見など、活躍は多岐にわたる。

重要語句（無意味綴り）：意味を持たない語の組み合わせであり、エビングハウスは2つの子音と1つの母音で無意味綴りを構成した。日本語であれば、「らきそ」や「ぬもけ」などが無意味綴りにあたる。

目は，記憶保持率が指数関数的に推移することである。学習した内容は1日のうちに急激に忘却が進み，その後はなだらかな推移となる。これは，定着したはずの記憶内容がどのように失われるかを示した初めての実証的証拠となった。2つ目は反復学習の重要性である。1回目より2回目，2回目より3回目と，再学習を繰り返し行うことによって忘却曲線がなだらかとなっているのがわかる。ここから，記憶の定着における反復学習の重要性がわかる。そして3つ目が，記憶の貯蔵（保持）というプロセスの発見である。エビングハウスは一旦覚えたリストの単語を一切想起できなくなる状況になった後で，新たなリストの学習に関する曲線と以前に覚えたリストの学習に関する曲線をそれぞれ作成し，比較した。その結果，以前に覚えたリストのほうが記憶されやすいことが明らかとなった。このことから，記憶した内容は自身が無自覚な状態であっても保持されるということが示唆された。

　こうしたエビングハウスの実験による知見はその後の記憶研究に大きな影響を与え，最初の著書が刊行された1885年は記憶研究者の中で節目の年であるとされる。その後，記憶研究は**行動主義**の中で学習に関する一連の研究に取り込まれる形で進んでいったが，**認知主義**が台頭するようになった中で再度1つの大きなトピックとして扱われるようになり，現在に至っている。

重要語句（行動主義）：心理学の立場の1つであり，人の心の働きを目に見える客観的な指標（つまり行動）からとらえようとするもの。ワトソンやスキナーが有名。

重要語句（認知主義）：心理学の立場の1つ。認知主義では人間の脳を情報処理システムの一種として捉え，その過程のモデル化を試みた。ナイサーやタルヴィングが有名。

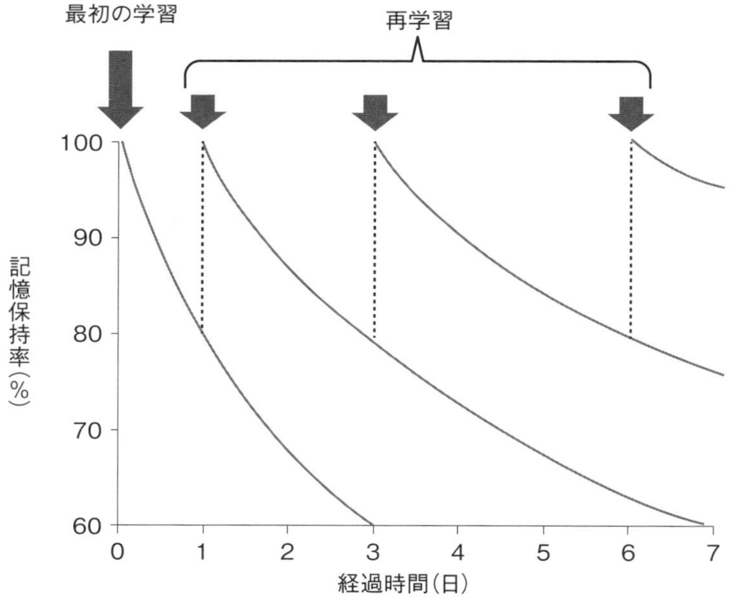

人物紹介（バートレット）：フレデリック・チャールズ・バートレット（Frederic Charles Bartlett, 1886-1969）はイギリスの心理学者で，有意味の材料を用いた記憶研究によりスキーマの概念を提唱した。

図4-1　エビングハウスの忘却曲線の一例

　記憶に関するエビングハウス以外の実験だと，バートレットの実験が有名である。彼はエビングハウスとは異なり，意味のある情報に関する記憶についての実験を行った。バートレットはある物語（例え

ば，北米インディアンの間に伝わる民話)を材料にして参加者に読ませ，一定時間をおいて反復再生をさせたり，複数の参加者同士での系列的再生(例えば，参加者Aが再生した内容を参加者Bが覚えて再生し，また別の参加者がそれを覚える)を行わせたりした。その結果，物語の細かな部分や参加者に馴染みのない部分が省略されたり，別の情報に書き換えられたり，物語に対する参加者の態度が再生の仕方に影響したりすることなどを明らかにした。

これらの結果からバートレットは，記憶がその個人の過去経験や社会的背景に影響されることや，記憶そのものが組織化された全体的なものであることを主張し，**スキーマ**の概念を提唱した(類似概念であるシェマについては，第2章を参照)。

こうした古典的研究は現在でもなお引用され，記憶研究における重要な知見として位置づけられている。エビングハウスやバートレットの研究がおよそ100年近く前であることを考慮すると，その影響力の大きさが伺えるだろう。

(3) 記憶のプロセス

記憶の情報処理モデルによると，記憶には3つのプロセスが存在している。それぞれ，**符号化(記銘)**，**貯蔵(保持)**，**検索(想起)**である。これらは一連の流れとして，記憶という現象を説明する全体的なプロセスを構成すると考えられている(図4-2)。

図4-2　記憶のプロセス

符号化(記銘)　外界からの情報を入力する過程である。一般的な「記憶する」という用語のイメージに近いと思われる。

貯蔵(保持)　符号化(記銘)を行った情報を保持する過程である。無自覚的に行われていることもある。

検索(想起)　貯蔵(保持)されていた情報を必要に応じて取り出す過程である。検索(想起)には大きく**再生**と**再認**がある。再生とは，記銘された項目をそのままアウトプットして再現することである。再認とは，提示された情報についてそれが符号化(記銘)・貯蔵(保持)されていた情報だと認識することである。

重要語句(スキーマ)：複数の知識や情報に全体的なまとまりを与える心的な枠組みのこと。この概念により，記憶を含む人間の情報処理が個別具体的なものではなくまとまりとして行われていることが捉えられるようになった。

重要語句(記憶の情報処理モデル)：認知主義的(認知心理学的)な枠組みである，人間の脳を情報処理モデルとして捉えるという考え方を記憶のプロセスに応用したもの。ここでは，外部からの情報を脳がインプットし，その情報を貯蔵(保持)・検索(想起)したうえで必要に応じてアウトプットする統合的な過程を記憶として捉えている。

豆知識：検索(想起)における第3の過程として再構成がある。再構成とは，複数の記憶の要素を組み合わせて当時の経験を再現することである。例えば過去の体験について視覚や聴覚などの感覚と共に当時の心情などを回顧することで当時と同じ感情体験を味わう，などが該当する。

(4) 記憶の分類

情報処理モデル上では，特に貯蔵(保持)の過程に関して，記憶システムを大きく3つに分けて考える観点が主流である(図4-3)。1つ目が**感覚記憶**であり，感覚器官を通して入力された情報が貯蔵(保持)されるシステムである。感覚記憶では情報が数秒程度しか保持されず，その中で注意が向けられた情報が次の短期記憶に移行する。2つ目が**短期記憶**であり，感覚記憶から移行してきた情報が数十秒ほど貯蔵(保持)される。短期記憶で保持されている間に何らかの高度な情報処理が行われた場合，次の長期記憶へと移行する。なお現在，短期記憶は**作動記憶**(ワーキングメモリ：後述)と同一視されている。最後の3つ目が**長期記憶**であり，日常において情報が貯蔵(保持)されているシステムである。長期記憶は半永久的な貯蔵(保持)が可能であると仮定されており，情報の検索(想起)のほとんどはこの長期記憶から行われる。長期記憶はさらに種類が分かれており，それぞれ，**エピソード記憶**，**意味記憶**，**手続き記憶**である。なお，長期記憶から検索(想起)された情報は再び短期記憶に戻され，即座の利用が可能となる。この3つのシステム間の移行について，感覚記憶から短期記憶への情報移行を**注意過程**，短期記憶から長期記憶への移行に伴う情報の加工や変換を**符号化過程**とよぶ。

豆知識：感覚記憶はどの感覚器官の記憶なのかによって名称が変わり，視覚的な感覚記憶のことをアイコニックメモリ，聴覚的な感覚記憶のことをエコイックメモリとよぶ。一般的に，アイコニックメモリよりエコイックメモリのほうが，貯蔵(保持)時間が長いとされる。

豆知識：エピソード記憶と意味記憶はそれぞれ言語で表出できることから，宣言的記憶とまとめられることもある。その際，手続き記憶は言語での表出が難しいことから非宣言的記憶とよばれる。

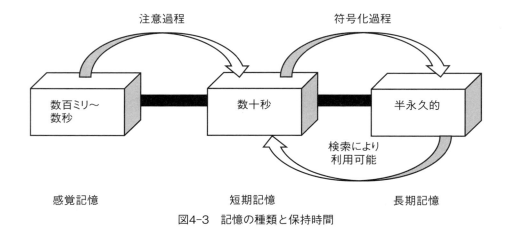

図4-3　記憶の種類と保持時間

② 長期記憶

(1) エピソード記憶

エピソード記憶とは，特定の時間軸上の特定の場所において生じた個人の経験に関する情報を意識的に再現する記憶のことであり，タルヴィングによって提唱された。エピソード記憶は，事象や概念に対する知識としての記憶よりは自分がそのときにその場所で何を経験したかという記憶であり，日常における幅広い記憶が該当する。エピソード記憶は意味記憶や手続き記憶とともに，長期記憶を構成する記憶システムの1つとしても扱われる一方で，意味記憶も含んだ複合的なシステムとして扱われることもある。

エピソード記憶は主として，自己が主体となる記憶がよく扱われる。例えば，「私は昨日，晩御飯にパスタを食べた」という記憶は典型的なエピソード記憶である。一方で，「私は昨日，A君がパスタを食べるのを見ていた」というように記憶の主体となる存在が自己でない場合もある。エピソード記憶のうち，個人のアイデンティティ（第2章を参照）に関わる重要な記憶については特に**自伝的記憶**とよばれ，エピソード記憶とは独立して研究の対象になることもある。また，日々の生活における記憶は**日常記憶**とよばれるが，これらの多くはエピソード記憶の一種として捉えることができる。

エピソード記憶に関しての重要な原理に**符号化特定性原理**がある。符号化特定性原理では，貯蔵（保持）されている内容は符号化（記銘）の操作によって決定されており，この貯蔵（保持）されている内容によって，検索（想起）の手がかりとして何が有効なのかかが異なると想定している。この符号化特定性原理を踏まえた現象として**環境的文脈依存効果**があり，符号化（記銘）された情報の手がかりと検索するときの手がかりが一致するとき，情報が最もよく再現される現象を指す。エピソード記憶はある時間のある状況におけるさまざまな情報を包括しているため，ある情報を検索（想起）しようとするときに，ターゲット以外の情報が手がかりとなってターゲットとなる情報が再現されやすいという特徴をもつ。つまり符号化特定性原理にのっとれば，エピソード記憶を対象として研究を行う際には，符号化（記銘）と検索（保持）を別々に捉えるのでは不十分であり，それらの相互作用に着目する必要があるということである。

またエピソード記憶は，過去の情報を再編成して新たな表象を形成するための記憶システムとしても捉えられるようになっている。エピソード記憶は単なる記憶にとどまらず過去の出来事を再体験するとい

人物紹介（タルヴィング）：エンデル・タルヴィング（Endel Tulving，1927-2023）はカナダの心理学者で，記憶に関する世界的に有名な研究者の1人である。エピソード記憶という概念の提唱と，記憶に関するさまざまな基本原理の定義および実証に関わった。

豆知識：日常記憶の研究においては人間の顔や所有物，場所の配置についての記憶などあらゆるトピックが扱われる。

重要語句（手がかり）：符号化（記銘）の際にターゲットとなる情報と共に記憶される周辺の情報である。具体的には場所や日時，周辺の物や前後の事象などがあり，ターゲット情報を検索（想起）するための補助となる。

発展：近年では，過去だけでなく未来のことを考えたり，現在を含めた広い時間軸を行き来したりすることをメンタルタイムトラベルと呼称するが，これにはデフォルトモード・ネットワークという常時活動している脳部位が強く関連している。また，遠い未来や過去と近い未来や過去とでは異なる脳部位が活性化することもわかっている。

発展：未来に関する思考のうち，自身の具体的なエピソードに関わるもの（例えば，将来自分がどのように社会人として働くか）をエピソード的未来思考とよぶ。エピソード的未来思考は，単純に未来を想像させる場合と比べて自己統制を促進しやすく，また感情の適切な制御とも関連することが示されている。

重要語句（メンタルシミュレーション）：頭の中で具体的な状況を仮想として考えること。この概念には妄想なども含むが，エピソード記憶（特に再構成されたもの）やエピソード的未来思考も同様にメンタルシミュレーションの下位概念として位置づけられる。

う感覚を提供できるシステムであることから，エピソード記憶の内容を再構成することは一種の**メンタルタイムトラベル**として捉えられる。メンタルタイムトラベルは過去にとどまらず未来の出来事を予期・予想することも含まれており，そうした未来の具体的なエピソードを考えることを**エピソード的未来思考**とよぶ。エピソード的未来思考は過去と未来という違いはあるものの，根本的にエピソード記憶と同一のシステムによって構築される。

近年の記憶研究においてエピソード記憶は特に取りあげられることの多いトピックである。エピソード記憶は符号化（記銘）と検索（想起）の相互作用に関わると共に，過去と現在をつなぐための情報を提供するシステムでもあるため，人間の記憶が思考や学習，動機づけや感情といった多様な心理学的概念にどのような影響をもたらすのかという観点においても重要な役割を担っている。近年では記憶研究の枠を超え，未来思考やメンタルシミュレーションの文脈においてもエピソード記憶の知見が流用されることが多い。こうしたことから，エビングハウスの研究以降，記憶に関する研究が学習に関する心理学的研究の中に取り込まれていった流れの中で，このエピソード記憶という概念が記憶研究という領域を再興させる鍵になったと主張する記憶研究者も多い。

(2) 意味記憶

意味記憶とは，世界に存在する概念や規則，言語などに関する一般的な知識のことである。エピソード記憶が個人的な経験に関する記憶である一方で意味記憶は多くの人々に共通する情報に関するものであるため，実験における記憶課題で扱うトピックとして利用されることが多い。

意味記憶に関する著名な研究者が**コリンズ**（Collins, A. M.）である。コリンズらの最も重要な貢献は**意味ネットワークモデル**を提唱したことである。意味ネットワークモデルとは，概念間の関係がどのように構造化されているかといったことを示すモデルであり，意味記憶がどのように検索（想起）されるかを理解するのに役立つ（図4-4）。

意味ネットワークの前身としては，概念の意味を階層ごとに捉える**階層ネットワーク**が想定されていた。これは，例えば動物という概念には爬虫類や鳥類，哺乳類といった区分があり，さらに哺乳類の中にはイヌやネコ，ウマといった区分があり，さらにイヌの中にチワワやブルドッグがいるなど，概念が階層構造をなしており，階層を辿るように検索（想起）の処理が行われるという想定のネットワークであった。しかし，階層ネットワークには複数の問題があり，例えば典型性

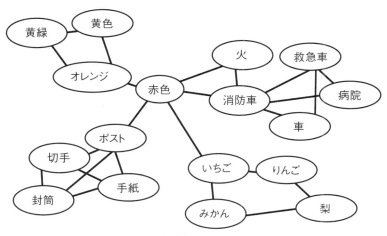

図4-4　意味ネットワークの例

の問題などが挙げられた（同じ鳥類でも，より典型的なカラスがフラミンゴより速く検索（想起）されることの説明がつかない）。

　そこで新たに提唱されたのが意味ネットワークである。意味ネットワークは概念と**ノード**によって整理され，関連のある概念同士がノードでつながれ，さらにより関連の近い概念同士が短いノードによって表されるようになっている。さらにコリンズは意味ネットワークに加えて，**語彙ネットワーク**も考慮し，意味的に関連がなくても語彙として関連がある（例えば紙と神と髪は同じ「かみ」とよぶという共通項がある）概念同士もノードにより結合しているという想定が加えられている。こうした意味ネットワーク構造は現在の心理学的研究においても応用され，特定の概念スキーマにおける構造を探るために**ネットワーク分析**が用いられるなど，活発に研究が行われている。

　意味記憶研究における別の重要なトピックとしては，**プライミング効果**がある。プライミング効果とは，事前に提示された情報（プライム刺激）とターゲットとなる語（ターゲット刺激）に意味的関連がある場合，ターゲット刺激の情報処理が促進されるという現象のことである。例えばある実験では，最初にパンという語を提示し，次にバターという語を提示した場合，バターと関係のない語の後にバターが提示されたときよりもバターに関する情報処理が促進されることがわかっている。この現象の説明として，最初にパンという語が提示された段階で，バターという語にアクセスしやすくなっているという想定がされている。この想定をモデルとして構築しているのが，**活性化拡散モデル**である。活性化拡散モデルでは，意味ネットワークや語彙ネットワークの構造において，ある概念が処理または刺激されると，自動的にネットワークの勾配に沿った拡散が生じ，構造的に近い位置にある概念へのアクセシビリティ（接近可能性：アクセスのしやすさ）が高まると仮定されている。この拡散は時間の経過や他の活動の介在に

重要語句（ノード）：概念間の結びつきを表すもの。モデル上では直線として表現されることが多く，間にノードがあるということが，その概念間に関連があるということを指す。

発展：ネットワーク分析とは，ネットワーク構造になっている概念間の関係を数値的に処理し，その関係性を客観的に表現する分析である。ネットワーク分析では，ある概念がモデルの中心となっている程度を中心性という数量的指標で評価する。評価にはノードでつながっている概念の多さ（次数中心性）や，他の概念との平均的な距離の短さ（つまり真ん中である程度：近接中心性），ある概念と別の概念の間を媒介している程度の強さ（媒介中心性）など，複数の基準がある。

重要語句(感情価)：感情における評価軸の1つで、ポジティブかネガティブかの程度を指す。

重要語句(向社会的行動)：第3者を含む他者に利益をもたらすような行動のこと。

発展：期待違反理論とは、他者が社会規範や経験に基づく予測とは異なる行動をとった(違反した)場合の反応に関する理論であり、他者の属性や社会的文脈によって肯定的ないし否定的な反応が強化されると想定される。

よって鎮静化していく性質を有する。活性化拡散モデルに関連する記憶現象としては**気分一致効果**がある。気分一致効果は、ポジティブ(ネガティブ)なときにポジティブ(ネガティブ)な記憶が想起されやすく、逆にネガティブ(ポジティブ)な記憶が想起されにくいという現象である。気分一致効果においては、現在の気分をトリガーとしてそのときの気分に合致する形で活性化拡散が生じ、反対の**感情価**(つまり、ポジティブな気分のときのネガティブな意味記憶)の概念が抑制されやすいために生じると考えられている。このように、特定の感情が喚起されたことによって他の概念が活性化することを説明したモデルを**感情ネットワークモデル**とよぶ(図4-5)。なお、プライミングについては社会的なプライム刺激(例えば、モラルという単語)の提示や処理によってその後の社会的な行動が変わる(例えば、募金などの向社会的行動が増える)という**社会的プライミング**についても検証されているが、社会的プライミングについては結果の再現性に疑問が生じている知見もあり、その効果についてはいまだ検証の余地があるといえる。

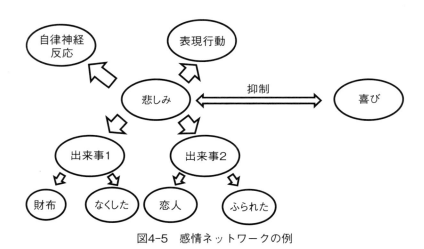

図4-5 感情ネットワークの例

さらに意味ネットワークにおけるプライミングの効果については、活性化拡散モデル以外にもモデルが存在している。例えば、**期待の要素**がある。この考えにのっとると、プライム刺激が提示された際に、関連する語が提示されるであろうという期待が生じ、実際に期待された語が提示された際に処理が促進される一方で、期待と外れた語が提示されると逆に処理が抑制されるという説明ができる。これは活性化拡散モデルとは異なり、プライミングの効果を制御的な処理過程から捉えたものであるといえ、より広範な社会的文脈を扱っている**期待違反理論**(expectancy-violation theory)との関連も想定される。別の考え方としては、**意味照合**のモデルがある。このモデルでは、語彙へのアクセスが行われてから情報処理が実行されるまでの間に、意味照合

過程とよばれる処理が行われると想定する。意味照合過程ではプライム刺激とターゲット刺激が意味的に関連しているかどうかの照合が行われ，意味的な関連があると判断されることで情報処理が促進されると考える。最後に，**複合手がかり理論**による説明も存在する。この理論では，検索(想起)の過程において，プライム刺激とターゲット刺激が短期記憶の中で結合して複合手がかりとなると想定し，この複合手がかりの親近性(2つの刺激の関連の強さ)が情報処理の促進や抑制を予測すると仮定する。ただし，これらの代替的な説明を踏まえても，活性化拡散モデルによる説明力は高いとされている。

(3) 手続き記憶

手続き記憶とは，長期記憶の中で唯一，言語や表象を伴わずに検索(想起)が可能なシステムである。知識の中でも技能に関する知識は手続き的知識とよばれるが，手続き記憶はこの手続き的知識に関する記憶である。手続き記憶としては4つのレベル(認知レベルⅠ，Ⅱと行動レベルⅠ，Ⅱ)が提唱されている。認知レベルⅠが感覚や知覚の過程に関するものであり，発音の聞き取りなどが該当する。認知レベルⅡは記憶や思考の過程に関するものであり，ある公式を使った計算問題の解き方などが該当する。行動レベルⅠは動作や運動の過程における情報処理に関するものであり，自転車や竹馬の乗り方などが該当する。行動レベルⅡは日常生活における行動の情報処理に関するものであり，議論の構築の仕方やレポートの作成方法などが該当する。エピソード記憶や意味記憶と異なり，手続き記憶は無意図的に検索(想起)を行っていることから，**潜在記憶**の範疇で検討されることもある。手続き記憶はエピソード記憶や意味記憶よりも加齢による衰えの影響を受けにくく，認知症の患者においても若年期の手続き記憶は比較的失われにくいことがわかっている。

(4) 忘却

エビングハウスの実験で忘却曲線というものに触れたが，そもそも**忘却**とは符号化(記銘)した情報が検索(想起)できなくなることを指す。エビングハウスの実験では，忘却は符号化(記銘)から1時間の間に急速に進むことが明らかになっているが，ある実験では自分自身に生じたエピソード記憶の忘却について検討されており，1年に約5%程度の割合で忘却が生じることが示されている。

では，忘却はなぜ生じるのだろうか。ここでは，忘却のメカニズム

重要語句(潜在記憶)：検索(想起)の意識を伴わない，自動的に機能している記憶のこと。この一方で，検索(想起)の意識を伴う記憶は顕在記憶とよばれる。

に関して有名な3つの説を紹介する（表4-1）。1つが**減衰説**である。減衰説とは，記憶が脳内の物理的な変化によるものであることを考慮し，時間の経過によって記憶に関する痕跡が減衰することを想定している。

2つ目の理論が**干渉説**である。人間は生きている間にさまざまな心理的活動を行っている。干渉説では，そうした心理的活動によって長期記憶内の情報が減衰してしまうと想定している。実際に，寝ているときと比べると覚醒しているときのほうが，忘却が起こりやすいという結果も得られている。これら2つの考え方は，いずれも記憶がなんらかの理由で減衰すると想定している。

これに対する3つ目の考え方が**検索失敗説**である。検索失敗説では，記憶の減衰を仮定しておらず，記憶が忘却されるのは検索（想起）に失敗しているからであると想定する。実際の研究でも，検索（想起）できなかった項目について，符号化（記銘）時に提示していた手がかり刺激を示すことで検索（想起）が促されることもわかっており，忘却現象の一部が検索（想起）の失敗によって説明できることが示唆されている。これらの説はいずれか1つが正しいわけではなく，それぞれが想定している過程が相互に絡み合って忘却が生じているという考え方が主流である。

表4-1　忘却のメカニズムを説明する理論の内容

名称	概要
減衰説	時間の経過によって記憶が減衰する
干渉説	記憶が他の心理的活動の干渉によって減衰する
検索失敗説	記憶は残っているが検索が上手くいかない

上記で説明した忘却は基本的に，「忘れてしまった」という非意図的なものを指す。しかし一方で，辛い記憶や恥ずかしい記憶など，一刻も早く忘れ去りたいという記憶もあるだろう。これを**積極的忘却**とよぶ。例えばトラウマティックな出来事を経験した者は積極的忘却を試みることが多いとされるが，その出来事によるショックが大きい場合（例えばPTSD患者）には，むしろ当時の出来事が鮮明に思い返されてしまうという**フラッシュバック**を経験してしまうこともある。それでは，人間は忘れがたい記憶を積極的に忘却することができるのだろうか。これに関連するものとして，**指示忘却**とよばれる現象がある。指示忘却とは，「この情報については忘れるように」と指示をした結果，忘却が促進されるという現象のことである。指示忘却のメカニズムとしては，指示をされることで検索（想起）が抑制されるという考えや，指示されることで文脈が変わるために符号化（記銘）した情報と手がか

重要語句(PTSD)：心的外傷後ストレス障害ともよばれ，生命の危険に関わったり，著しく強い心理的ショックを受けたりするような出来事を体験・目撃することがきっかけとなって生じる精神障害の一種。

りが異なってしまうため，検索(想起)されにくくなるという考えがある。いずれにしても，指示忘却の概念とその効果を示す研究の成果は，人間がある記憶を意図的に忘却することが可能であることを示唆している。

③ 短期記憶

(1) 短期記憶

短期記憶とは貯蔵(保持)の時間に関する記憶区分のうち，感覚記憶と長期記憶の間に存在するものである。その貯蔵(保持)の時間はおよそ数十秒とされる。感覚記憶が感覚器官を通じた非言語的な要素の強い記憶であるのに対し，短期記憶は感覚的な情報に加えて言語情報を伴う記憶である。短期記憶の情報は，リハーサルによって長期記憶に移行しやすくなることがわかっている。短期記憶から長期記憶への移行に関して重要な現象に**系列位置効果**がある。これは，主に記憶の**自由再生課題**において確認される記憶現象であり，提示された語の順番によって再生率が異なるというものである(図4-6)。系列位置効果を構成するものとして2つの過程が想定されている。1つが**初頭効果**である。これは最初に提示された語が再生されやすいという現象を指し，リハーサルが行われやすいために短期記憶から長期記憶へ移行しやすいことで生じると考えられている。もう1つが**新近性効果**である。これは最後に提示された語が再生されやすいという現象を指し，再生までの時間が短いために短期記憶に情報が残りやすいことで生じると考えられている。そのため，刺激提示から再生までに時間を置いたり別の課題を行わせたりすると新近性効果は低減することもわかっている。

また，短期記憶から長期記憶への移行においては，短期記憶の容量がどの程度であるのかという疑問が多くの記憶研究者の関心を集めて

重要語句(リハーサル)：短期記憶内に貯蔵(保持)された情報に関する反復のこと。主には維持リハーサルと精緻化リハーサルの2種類がある。前者は単なる反復という側面が強いものであり，後者はエピソード記憶としての定着を促進する働きをもつものである。精緻化リハーサルの例としては，情報同士を関連づける，自己に関連づける(自己参照効果)，などがある。

重要語句(自由再生課題)：記憶課題で提示した一連の刺激について順番を問わず自由に再生させる方法。提示した順番に再生を求める方法は系列再生課題(系列再生法)とよばれ，この方法では新近性効果が消えやすい。

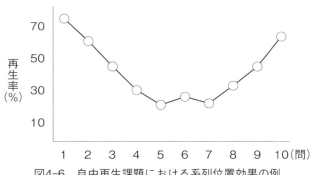

図4-6　自由再生課題における系列位置効果の例

重要語句(チャンク)：記憶における情報の単位のこと。チャンクは心理的な単位であるため，物理的な情報とは独立している。例えば123345987という9桁の数字は何もしなければ9チャンクとなるが，123-345-987と分けることで3つのかたまりと認識されるため，3チャンクとなる。より少ない数のチャンクにまとめるという行為をチャンキングとよぶ。

いた。当初は，記憶方略を使わない状態では7チャンク程度が限度であるとされ，マジカルナンバー7±2という概念が提唱された。しかしその後，7チャンクは人間の短期記憶としては容量が大きすぎるということが多くの実験データを基にして主張され，現在では短期記憶の容量は4チャンク程度であり，マジカルナンバー4±1という概念に置き換えて語られるようになっている。

また，短期記憶は情報を保持するシステムとして想定されていたが，実際の状況において短期記憶は他の認知活動をしながら駆動することが多いとされ，短期記憶の役割に他の情報の並行処理という側面を加えた**作動記憶(ワーキングメモリ)**という概念が提唱されている。記憶区分の観点においては感覚記憶，長期記憶と並ぶ記憶システムとして短期記憶という語が使われることも多いが，短期記憶の機能そのものに着目する場合には作動記憶(ワーキングメモリ)の文脈で扱われることが多く，昨今において短期記憶と作動記憶(ワーキングメモリ)はほぼ同じものを指すようになっている。

(2) 作動記憶(ワーキングメモリ)

作動記憶(ワーキングメモリ)とは，他の情報の並列処理の側面を加えた短期記憶の概念を捉えるものである。著名なモデルによると，作動記憶(ワーキングメモリ)は大きく4つのシステムによって説明可能であるとされる(図4-7)。

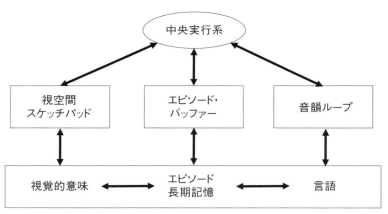

図4-7　作動記憶(ワーキングメモリ)のモデル(Baddeley(2000)を参考に作成)

1つ目のシステムが**音韻ループ**である。このシステムは，貯蔵(保持)した情報を内的な言語の反復によって，記憶内に留めておく役割を有する。音韻ループでは視覚的な情報(文字や単語)を言語的な音情

報(構音的コード)に変換するというシステムを含んでいる。

2つ目のシステムが**視空間スケッチパッド**である。これは，音韻ループのシステムでは貯蔵(保持)することが難しい視覚的・空間的な情報を写真のように捉えて処理するシステムである。

3つ目のシステムが**エピソード・バッファー**である。このシステムは，長期記憶からの参照や検索(想起)を行うシステムが付与されており，長期記憶とのやり取りを通して記憶を保持しながらの課題遂行を可能にしているとされる。またその名称からわかるように，長期記憶の中でもエピソード記憶との関連が強いとされる。

最後に4つ目のシステムが，**中央実行系**である。この機能は上記の3つのシステム(音韻ループ，視空間スケッチパッド，エピソード・バッファー)と相互に関連し，それぞれのシステムから得た情報を統合する役割があり，特にエピソード・バッファーとの連携が重要であると想定されている。

図4-7からわかるように，視空間スケッチパッドは視覚的意味，エピソード・バッファーはエピソード長期記憶，音韻ループは言語と関連している。モデル下部にあるこれら3つのシステムは**結晶性システム**とよばれることがあり，反対に上部の4つのシステムは**流動性システム**とよばれることがある。

作動記憶(ワーキングメモリ)の概念は記憶の枠にとどまらず，文章の理解や推論，創造的なアイデアの創出など，多様な知的活動の根幹を支える情報処理システムとしての役割が強調されている。この作動記憶(ワーキングメモリ)を測定するためのテスト(課題)はいくつかあるが，代表的なものに**リーディングスパンテスト**がある。これは，提示された文章を読みながら文章中の下線部の単語を覚えるという課題である(表4-2)。この課題では文章を読み上げるという処理と単語を覚えるという処理の間にトレードオフ(つまり，片方に集中すると片方のパフォーマンスが下がるという関係)が想定されている。読ませる文章が増えることで覚える単語の数が増えるため，量的に作動記憶(ワーキングメモリ)の容量を測定することが可能となる。リーディン

表4-2 リーディングスパンテストの例(苧坂・苧坂(1994)を参考に作成)

4文の例(大学生が対象)
ドライアイスは氷菓子を冷やすのにちょうどよい。 弟の健二がまぶしそうに眼を動かしながら尋ねました。 老人はわたしを隣に座らせ，風変わりな話を聞かせてくれた。 母親は封筒の名前を初めて見たとき，ひどく驚いた。
※下線部がターゲット語

豆知識：あるアイデアが創造的かどうかを示す指標としては流暢性，柔軟性，独創性がある。流暢性はアイデアの数の多さ，柔軟性はアイデアの幅(カテゴリ)の広さ，独創性は希少である程度や平均的なアイデアから逸脱している程度によって評価される。

ポイント：作動記憶(ワーキングメモリ)の4つのシステムの内容と，システム同士の関係について整理しておこう！

重要語句(N-back課題)：作動記憶(ワーキングメモリ)を測定する際の主要な課題の1つ。参加者は一連の文字や数字や図形が次々と提示される中で，N個前に表示された刺激と現在の刺激が合致した場合に反応をするよう求められる。Nには数字が入り，少ないほど難易度が下がる。この課題では刺激を覚え続けながら目の前の刺激についての処理と過去の刺激との照合処理を同時に行わなくてはならない。

グスパンテストの得点が高い者は，問題解決能力にも優れていることがわかっており，人間の認知活動における作動記憶(ワーキングメモリ)の重要性がうかがえる。リーディングスパンテスト以外の作動記憶(ワーキングメモリ)の課題としては，**N-back課題**などがある。

④ 記憶と自己

(1) 自伝的記憶

自伝的記憶とは，エピソード記憶のうち過去の自己に関わる記憶の総体を指す。つまり，自分がこれまでに実際に経験したことに関する記憶である。自伝的記憶は時間や場所の情報が曖昧で概括的なもの(例えば，昔はよく近所の公園で遊んだなど)も含むため，場所や時間に関する細かな情報を伴うエピソード記憶とは独立した概念であると考える立場も存在する。

自伝的記憶は単なる記憶システムにとどまらず，自分が自分であることの証拠を示す情報の集合体である。そのため自伝的記憶はあらゆる心理的な活動における重要な機能を有しているとされる。自伝的記憶が有する機能は複数想定されているが，最も重要とされるのが**自己機能**である。この機能は自伝的記憶が自己の一貫性を支えたり，自己概念を明確化したり，望ましい自己像を維持したりするのに役立っているというものである。自伝的記憶がもつ機能の中でも最も中心的なものであり，アイデンティティの確立にも重要な役割を有する。実際に，**ナラティブ・アイデンティティ**の文脈では，参加者に過去の出来事について語りを促し，それぞれの出来事が自分にとってどの程度重要かということや，現在の自分にどのような影響を与えているかという意味を考えさせることで過去から現在における通時性を認識できるようになり，アイデンティティの確立と成長の感覚を体験できるようになることが示されている。なお，ある出来事が自分の人生においてどれほど中心的かという認識についての概念を**自己中心性**とよぶ。この概念は当初，PTSD患者の治療の文脈で語られることが多く，トラウマティックな出来事を対象として**心的外傷後成長(PTG)**の概念などを含む形で検討されていたが，現在ではトラウマティックなもの以外の出来事(例えば，ポジティブな出来事)にも適用され，自伝的記憶の自己機能に深く関わる概念としても検討されている。一般的な傾向としては，ポジティブな出来事のほうがネガティブな出来事よりも自己中心性が高く評価されやすいことがわかっている。

自伝的記憶は，なんらかの理由によりそれを思い出そうとする**意図**

重要語句(ナラティブ)：物語や語りという意味合いを持つ方法であり，自伝的記憶に関して自分自身で語り，それらのつながりや現在の自己へ至るまでのストーリーを解釈・再評価するもの。

重要語句(心的外傷後成長)：もとはPTSD患者の治療過程における用語であり，トラウマティックな出来事を経験したことで得られた成長の感覚のこと。近年では，より広範なストレスフルな出来事を経た成長を表す文脈でも用いられている。

豆知識：PTSD患者においては，トラウマティックな出来事に対する自己中心性が高くなりやすく，そのことが治療を妨げているという知見がある。

的想起と，思い出そうとはしていないのにもかかわらず思い出してしまう**無意図的想起**の2種類がある。無意図的想起については PTSD 患者におけるフラッシュバックが含まれるが，それ以外に重要な現象として**プルースト現象（プルースト効果）**がある。プルースト現象とは，ある匂いを嗅いだときにそれに関連した過去の出来事が鮮明に思い起こされる現象のことである。自伝的記憶の無意図的想起において感覚的手がかりの役割は大きく，割合としては聴覚手がかりが最も大きいとされているが，嗅覚手がかりは記憶の鮮明さを促進させることから，近年では嗅覚刺激と自伝的記憶の関連についての研究が増加している。

また自伝的記憶が手がかりを経てどのように検索（想起）されるかを考える際に非常に有用なものとして，**コンウェイ（Conway, M. A.）のモデル（図4-8）**がある。このモデルでは，自己に関するさまざまな記憶が複数の階層から構成されており，各階層では情報の抽象度が異なるという特徴を有している。このモデルで最も抽象度が高いと想定されているのがライフストーリーであり，人生におけるさまざまな出来事やそれらに対する評価，セルフ・スキーマを含む自己に関するイメージが，概括的な情報として貯蔵（保持）されている。その下の階層にあるのがテーマである。ここでは，例えば仕事や人間関係といった，人生における大きなテーマが布置されており，さらにその下にはテーマに関する人生の特定の時期（ライフタイム・ピリオド）に関する情報が包括されている。人生の特定の時期の下には一般的な出来事の情報がさらに細かく布置され，特定の時間の特定の場所での出来事や，概括化された習慣的な出来事などがまとめられている。ここまでの階層は，概念的なものであり感覚情報を含まないため，**自伝的知識**とよばれる。一方で，一般的な出来事の下に布置される情報にはそれぞれの出来事で経験した感覚的な情報や感情を要約した最も具体的な情報が貯蔵されており，これを**エピソード記憶**とよんでいる。このモデルでは，検索（想起）する際の状況や目的に応じて，そのときに活性化している自己のイメージと最も近い記憶情報にアクセスしやすくなると想定されている。複数の研究によると，意図的想起と無意図的想起の場合ではアクセスしやすい記憶の階層が異なるとされ，無意図的想起のほうが意図的想起よりもエピソード記憶（つまり，より具体的で鮮明な感覚・感情を伴う記憶）にアクセスしやすいという知見もある一方で，条件や状況によってはそれらの差がみられにくい場合もあるとされる。また，検索（想起）の際にどの階層へアクセスしやすいかには個人差も存在している。

豆知識：この現象の名称は，プルーストが執筆した著名な小説である「失われた時を求めて」の冒頭で，主人公が紅茶に浸したマドレーヌを食べた時に，その香りにより昔の記憶が蘇るシーンがあったことに起因している。

重要語句（セルフ・スキーマ）：スキーマの一種であり，主に自己に関する知識の総体。他のスキーマと同様に長期記憶に貯蔵（保持）され，必要に応じて検索（想起）が行われる。

発展：自伝的記憶の想起における個人差に関わる問題として，自伝的記憶の概括化という概念がある。これは，人々が自伝的記憶を検索（想起）するように求められた際に具体的な出来事ではなく曖昧な内容を報告してしまうという現象である。特に抑うつ者においてこの概括化がみられやすいという知見がある。

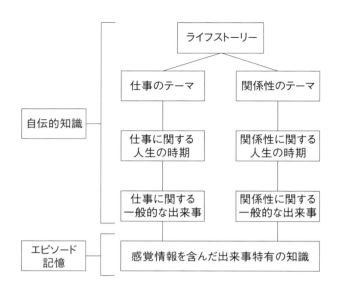

図4-8　自伝的記憶の知識構造（Conway（2005）と松本・望月（2012）を参考に作成）

(2) ポジティブな自己像の源泉としての記憶

前項で述べたように，自伝的記憶は自己の過去経験に関するさまざまな知識を有するため，「自分はどのような人間なのか」というアイデンティティに関する情報の源泉となっている。一方で，そのような自己の内面を知るという役割以外に，記憶は自分自身についてのポジティブなイメージを保持・強化する役割も有している。

これに関する著名な理論の1つに，時間的自己評価理論がある。人は，**社会的比較**と同様に，現在の自己と過去の自己を互いに参照し比較する傾向があるとされる。これを**継時的比較**とよぶが，時間的自己評価理論では人が継時的比較を，自分にとって都合が良い形で行う傾向があると仮定する。この理論で重要な観点が，主観的な**時間的距離**である。具体的には，人は自分にとって望ましい記憶を時間的な距離が近い（最近の）記憶であるとみなしやすい傾向があり，望ましくない記憶を時間的な距離が遠い（昔の）記憶であるとみなしやすい傾向にあることが示されている。つまり，自分に望ましい記憶が時間的に近いと認識することにより，現在の自己像をポジティブなものとみなしやすくなるということである。反対に，時間的距離を操作された場合には，時間的に遠い（昔である）と教示された自己への評価は，時間的に近い（最近である）と教示された自己への評価よりもネガティブになりやすいことも明らかになっている。これは，記憶を用いた**自己高揚**の一種であるともいえる。同様に，人間は自分にとって都合の良い形で符号化（記銘）や検索（想起）を行っており，自分にとって望ましい情報

重要語句（社会的比較）：他者と自己の比較の総称。身近でかつ類似性の高い他者との間で最もよく行われやすい。

重要語句（時間的距離）：時間軸上における距離のこと。その時点（過去か未来かなど）は問わず，時点間の距離が遠いか近いかという解釈を行う。

重要語句（自己高揚）：自己像をポジティブに捉えようとする動機づけの総称である。自己高揚は正確さよりもポジティブな程度が重視されるため，一般的には自己評価が脅威に晒される（あるいはそれが予測可能な）状況において生じやすい。

は再生・再認されやすく，そうでない情報は再生・再認されにくいことが複数の実験により示されている。この現象は**選択的記憶**とよばれる。このように，人間は自分の記憶を上手く利用して自己への評価を操作しているのである。しかし，時間的距離と感情価の関連の強さにおいては個人差があったり，ポジティブな記憶であっても遠くに感じられたりするケースも存在している。

⑤ 日常における記憶

(1) 記憶の変容

　記憶は人間の判断の材料となり，自分が自分であることの確証をもたらす重要な情報である。その一方で我々の記憶は，変容し，実際の出来事とは異なる形で覚えられてしまっている場合がある。このように，実際には起こっていないことであるのに起こっていたと思い込んでいる記憶を**虚偽記憶**（虚記憶，フォールスメモリ）とよぶ。臨床心理学の分野では，心理治療の過程において虚偽記憶が生成されてしまう危険性が指摘されているが，非臨床場面においてもイメージの反復などにより虚偽記憶が形成されやすいことが示されている。虚偽記憶は自伝的記憶の再構成過程において，実際の記憶以外の情報が混入することによって生じると仮定されている。

　また，実際に起きた出来事についても，その細部の情報が後から得た情報によって歪んでしまうこともある。これを**誤情報効果**とよぶ。誤情報効果について有名な研究として，**ロフタス**（Loftus, E. F.）らによる一連の実験がある。これらの実験では，あるスライド（例えば，交通事故が起きた状況で停車している車の横に停止を示す標識がある）を提示した後で，そのスライドの状況とは違う質問（例えば，「車は徐行を示す標識の横で停止していましたか？」）をすると，その後で自分が見たスライドを選ばせる際に，実際に見たスライドではなく質問に合致した（このケースだと，停車している車の横に徐行を示す標識がある）スライドを選択しやすいことが明らかにされている。

　また同じように，交通事故が起きたときのフィルムを見せた後で車のスピードを回答させる実験では，「車同士が当たった（hit）ときの速度はどのくらいでしたか？」と尋ねるよりも「車同士が激突した（smashed）ときの速度はどのくらいでしたか？」と尋ねたときのほうが，スピードがより速かったと回答されやすかったことが示されており，さらに「激突した（smashed）」という表現で尋ねたときには「当たった（hit）」という表現で尋ねたときよりも，ガラスが飛び散ってい

豆知識：自尊感情が高い人は低い人よりも，望ましい出来事を近くに感じ望ましくない出来事を遠くに感じるという傾向が強いことがわかっている。

豆知識：ポジティブな出来事であっても，それを懐かしいと感じている場合にはむしろ時間的距離が遠くに感じられやすい。

豆知識：誤情報効果の中で，語の表現（当たった or 激突した）によって回答が変わるという現象については特に語法効果とよぶ場合もある。

豆知識：実際の研究では，「激突した（smashed）」，「衝突した（collided）」，「ドンとぶつかった（bumped）」，「当たった（hit）」，「接触した（contacted）」の順でスピードが速く回答されていたことが示されている。「激突した（smashed）」と「接触した（contacted）」の間では平均で時速15kmほどの違いがみられた。

たという存在しないシーンを見たと報告する参加者の数が多かったこともわかっている。このように，我々の記憶は後から与えられた情報によって変化しやすく，そして歪みやすいという側面も有している。

(2) 展望記憶

記憶は，過去に関するものだけでなく「ある事柄を未来のこの時間に行う」というような将来の予定に関するものも存在する。これを**展望記憶**とよぶ。展望記憶には大きく3つの特徴があるとされる。

1つ目の特徴が，検索（想起）のきっかけである。通常の長期記憶と違って展望記憶は，実際にはまだ起きていない将来のことについての記憶であるため，手がかりが少なく自発的に考え続ける必要がある。なお，近年ではノートや携帯などの外部機器を用いたエピソード記憶の研究も行われており，展望記憶も外部機器を用いることで記憶の補助をすることが可能であるとされる。2つ目の特徴は，検索（想起）のタイミングの重要性である。展望記憶は特定の時間の特定の行為・活動に関する記憶であるため，その直前のタイミングで検索（想起）されている必要がある。さらに，展望記憶の内容が該当する時点まで遠い場合には，その時点まで他の活動をしながら記憶を維持し続ける必要性がある。そのため展望記憶は，作動記憶（ワーキングメモリ）との関連も指摘されている。3つ目の特徴は，検索（想起）の際に具体的な時間と行為・活動の内容が併せて必要になるということである。例えば，ある時間にある場所に立ち寄るということは覚えていても，そこで何をするかについての記憶が忘却されていた場合，予定を実行することは出来ない（逆も同様である）。そのため，展望記憶に関しては複数の要素をうまく処理する必要がある。なお，展望記憶の考え方は**自己制御**の文脈でも重要であり，あるタイミングである行動を行うということに関連した方略として**実行意図**なども存在する。

豆知識：展望記憶に対し，一般的な長期記憶や短期記憶，手続き記憶といった過去を回想することに関する記憶を総称して回想記憶とよぶ。

重要語句（自己制御）：自己の動機づけや感情，行動を制御して目標の達成を目指す一連の過程のこと。このうち，長期的な目標と短期的な欲求が葛藤した際に欲求を抑制し目標を優先することを自己統制（セルフ・コントロール）とよぶ

発展：ある条件に合致した場合にある行動を取る(If-Then)という自己制御方略のことを実行意図とよぶ。近年の研究では，実行意図を活用することによってセルフ・スキーマを変容できることが明らかになっている。

Column　ノスタルジアとは

　記憶には感情が伴い，その感情の性質は記憶の特徴によって異なる。近年，自伝的記憶に関する興味深い感情として**ノスタルジア**が着目されるようになっている。ノスタルジアとは，「過去に対する個人の感傷的な思慕」と定義されており，わかりやすく表現すると「過去を懐かしいと感じて感傷的（センチメンタル）な気分になること」である。感傷的（センチメンタル）な気分とは寂しさや切なさに似た，心が揺れ動きやすい様を表している。ノスタルジアは日本語の懐かしさと非常に類似しており，同一の概念とみなす立場もある。

　ノスタルジアが特徴的なのはその性質である。まず1つ目が，ビタースウィートなことである。ノスタルジアは基本的にポジティブな（心地よい）感情でありながら，寂しさや苦しさといったネガティブな要素も混ざっている。このような感情を**混合感情**とよぶが，混合感情は感情の中では珍しく，ノスタルジアも含めて近年注目が集まっている。そして2つ目が，単なるポジティブな感情とは異なることである。例えばポジティブな感情を誘発しやすい記憶は鮮明であり，現在との距離も近く感じられるが，ノスタルジアを誘発しやすい記憶はポジティブな要素を持ちながらも概括的であり，現在との距離が遠く感じられるという特徴をもつ。そして3つ目が，心身の健康に対するさまざまな機能を有する点である。ノスタルジアは自己や人間関係の脅威があるときに経験されやすく，その脅威への恐れを軽減させるだけでなく，当時の絆や成長，大事にされていた感覚などさまざまな要素を再体験することによって人生に意味があると思いやすくなり，より将来志向的な態度を取るようになる（図4-9）。

　ノスタルジアの研究はまだ始まったばかりであり，今後の記憶研究の発展とともに，新たな知見が次々と世に公開されることを期待したい。

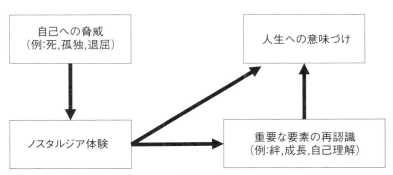

図4-9　ノスタルジアが人生への意味をもたらす過程（Abeyta & Routledge（2017）を参考に作成）

演習問題

A群の問いに対する回答を，B群から1つ選びなさい。

[A群]
1. 概念間の関連が概念とノードによって整理され，関連のある概念同士がノードで結びついているモデルを（ ① ）ネットワークモデルとよぶ。
2. 記憶の分類の中で，もっとも容量が大きく半永久的な貯蔵ができるのは（ ② ）記憶である。
3. 忘却のメカニズムのうち，人間の心理的活動によって忘却が生じると考えるのは（ ③ ）説である。
4. 記憶における3つのプロセスのうち，外界からの情報を入力する過程のことを（ ④ ）という。
5. 系列位置効果の中で，最初に提示された刺激が再生されやすいという現象を（ ⑤ ）効果という。
6. 記憶の中で，個人の経験に関する情報の総体でありアイデンティティにも関連するものは（ ⑥ ）記憶である。
7. エピソード記憶のうち，言語や表象を伴わない技能に関する記憶を（ ⑦ ）記憶とよぶ。
8. 作動記憶（ワーキングメモリ）のシステムのうち，視覚的な情報の保持に関連しているのは（ ⑧ ）である。
9. 将来のある時点である行動・活動を実行するといった，未来に関する記憶を（ ⑨ ）記憶とよぶ。
10. 作動記憶（ワーキングメモリ）を測るテストの中で有名なものに，（ ⑩ ）スパンテストがある。

[B群]
エピソード，感覚，符号化（記銘），検索失敗，短期，手続き，自伝的，感情，新近性，干渉，貯蔵（保持），リーディング，検索（想起），初頭，長期，意味，展望，エピソード・バッファー，減衰，語彙，視空間スケッチパッド

【ディスカッションをしてみよう】
1. エピソード記憶，意味記憶，手続き記憶がそれぞれ学習においてどのように重要なのかについて話し合ってみましょう。
2. 作動記憶（ワーキングメモリ）を鍛えるためにはどのような訓練が必要だと思うかについて話し合ってみましょう。
3. 展望記憶を忘却しないために，どのような注意や工夫が必要なのかについて話し合ってみましょう。

【演習問題の答え】
①意味　②長期　③干渉　④符号化（記銘）　⑤初頭　⑥自伝的　⑦手続き
⑧視空間スケッチパッド　⑨展望　⑩リーディング

【引用文献】

Abeyta, A. A., & Routledge, C. (2017). Nostalgia as a psychological resource for a meaningful life. In M. D. Robinson & M. Eid (Eds.), *The happy mind: Cognitive contributions to well-being* (pp. 427–442). Springer International Publishing/Springer Nature

Addis, D. R. (2020). Mental time travel? A neurocognitive model of event simulation. *Review of Philosophy and Psychology*, *11*(2), 233–259.

Baddeley, A. (2000). The episodic buffer: A new component of working memory? *Trends in Cognitive Sciences*, *4*(11), 417–423.

Bower, G. H. (1981). Mood and memory. *American Psychologist*, *36*(2), 129–148.

Bringmann, L. F., Elmer, T., Epskamp, S., Krause, R. W., Schoch, D., Wichers, M., Wigman, J. T. W., & Snippe, E. (2019). What do centrality measures measure in psychological networks? *Journal of Abnormal Psychology*, *128*(8), 892–903.

Burgoon, J. K., & Walther, J. B. (1990). Nonverbal expectancies and consequences of violations. *Human Communication Research*, *17*, 232–265.

Conway, M. A. (2005). Memory and the self. *Journal of Memory and Language*, *53*(4), 594–628.

De Dreu, C. K. W., Baas, M., & Nijstad, B. A. (2008). Hedonic tone and activation level in the mood-creativity link: Toward a dual pathway to creativity model. *Journal of Personality and Social Psychology*, *94*(5), 739–756.

Hudson, N. W., & Fraley, R. C. (2015). Volitional personality trait change: Can people choose to change their personality traits? *Journal of Personality and Social Psychology*, *109*(3), 490–507.

石田 潤（2008）．スキーマの明示化と学習指導への応用　兵庫県立大学人文論集, *43*(1), 117-125.

Markus, H. (1977). Self-schemata and processing information about the self. *Journal of Personality and Social Psychology*, *35*(2), 63–78.

松本 昇・望月 聡（2012）．抑うつと自伝的記憶の概括化――レビューと今後の展望――　心理学評論, *55*(4), 459-483.

McAdams, D. P. (2011). Narrative identity. In S. J. Schwartz, K. Luyckx, & V. L. Vignoles (Eds.), *Handbook of Identity Theory and Research* (pp. 99–115). Springer Science + Business Media.

Meyer, M. L., Hershfield, H. E., Waytz, A. G., Mildner, J. N., & Tamir, D. I. (2019). Creative expertise is associated with transcending the here and now. *Journal of Personality and Social Psychology*, *116*(4), 483–494.

中島 義明・子安 増生・繁桝 算男・箱田 裕司・安藤 清志・坂野 雄二・立花 政夫（編）（1999）．心理学辞典　有斐閣

太田 信夫（1992）．手続記憶　箱田裕司（編）認知科学のフロンティアⅡ（pp. 92-119）　サイエンス社

太田 信夫・厳島 行雄（編）（2011）．記憶と日常（現代の認知心理学2）　北大路書房

太田 信夫・多鹿 秀継（編）（2000）．記憶研究の最前線　北大路書房

苧坂 満里子・苧坂直行（1994）．読みとワーキングメモリ容量　日本語版リーディングスパンテストによる測定　心理学研究, *65*(5), 339-345.

Ross, M., & Wilson, A. E. (2002). It feels like yesterday: Self-esteem, valence of personal past experiences, and judgments of subjective distance. *Journal of Personality and Social Psychology*, *82*(5), 792–803.

Schacter, D. L., Benoit, R. G., & Szpunar, K. K. (2017). Episodic future thinking: Mechanisms and functions. *Current Opinion in Behavioral Sciences*, *17*, 41–50.

Sedikides, C., & Gregg, A. P. (2008). Self-enhancement: Food for thought. *Perspectives on Psychological Science*, *3*(2), 102–116.

杉山 崇・越智 啓太・丹藤 克也（編）（2015）．記憶心理学と臨床心理学のコラボレーション　北大路書房

Zaragoza Scherman, A., Salgado, S., Shao, Z., & Berntsen, D. (2015). Event centrality of positive and negative autobiographical memories to identity and life story across cultures. *Memory*, *23*(8), 1152-1171.

第5章 知能

「知能」や「IQ」といった言葉は，日常生活に広く浸透している心理学用語である。しかし，「知能」とは何か，単一のものなのか，さまざまな独立した知的能力があるのか，どうやって測るのか，そもそも測れるものなのかなど，長い間，知能の研究者が議論し続けてきた。

1 知能とは

19世紀前のヨーロッパでは，人間の知性を指す言葉として「**理性**（reason）」という言葉が用いられていた。19世紀にダーウィン（Darwin, C. R.）による進化論の普及を背景に，当時の学者たちが人間と動物ないし特定の集団間の知的な差異について考えるようになり，動物の知性も含んだ概念として「**知能**（intelligence）」が広く使われるようになった。

これまで，人間の知能の領域に関する研究はさまざまなアプローチがあり，アプローチの仕方や研究者の立場によって知能の定義は異なる。しかし，人間の知能におけるコアな要素は何かという問いに対して，専門家の9割以上が「抽象的な思考あるいは推論」（99.3％），「問題解決能力」（97.7％），「知識を獲得するための能力」（96.6％）を挙げている（Snyderman & Rothman, 1988）。また，知能に関する伝統的なとらえ方は，①経験から知識や技能を学習する能力，②環境に適応するための問題解決能力，③洞察や推理など高度な知的能力，④知能テストで測定されるもの（操作的定義）などに大別される。

2 知能の構造

知能のとらえ方に関する伝統的な議論の1つとして，知能が単一のものか，独立したさまざまな知的能力があるのかという問題がある。その中で，これまでに多くの知能理論（図5-1）が提唱され，その妥当性の検証が行われてきた。

議論の背景には，**因子分析**という統計手法の開発がある。その開発者である**スピアマン**は，古典，仏語，英語，数学，音の弁別，音楽的才能のテスト得点のデータについて因子分析を行い，すべてのテスト

豆知識：因子分析とは，複数の観測変数（実際に存在するデータ）間の相関関係の情報を利用し，項目間に共通な因子を抽出することで，直接観測できない構成概念を分析するための手法である。

人物紹介（スピアマン）：チャールズ・E・スピアマン（Charles E. Spearman, 1863-1945）はイギリスの心理学者で，知能の構造に関する研究の先駆者である。特に，因子分析の手法を導入し，「知能の2因子説」を提唱したことで，知能の理論的理解に大きく貢献した。また，テストの信頼性に関する研究も行い，心理測定の分野における基礎を築いた人物である。

得点の背後には共通した唯一の基礎的な能力因子が存在すると主張した。彼はこの共通因子を，g因子（一般因子）と名づけた。またg因子とは独立し，それぞれのテストが独自に測定している能力をs因子（特殊因子）とよび，**知能の2因子説**を提唱した。スピアマンの研究は，その後の知能の測定に関する研究の端緒となった。

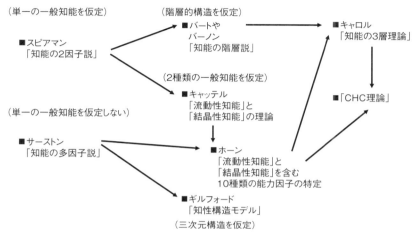

図5-1　知能の構造に関する理論の整理

スピアマンは後期の研究において2因子説に反する証拠を発見し，一部のテスト得点のみに影響を与える群因子の存在に気づいた。その後，イギリスの心理測定家バート（Burt, C.）やバーノン（Vernon, P.E.）が，一般因子と特殊因子に加え，一般因子のすぐ下に付置されるいくつかの群因子を仮定する「**知能の階層説**」を提唱した。

スピアマンらと異なり，単一の一般知能を仮定しない立場をとる研究者もいる。その代表的な人物は**サーストン**である。サーストンは大学生を対象として50のテストを実施し，それらのデータから知能を構成する7つの因子を抽出した。7つの因子はそれぞれ，言語理解，語の流暢性，推理，空間，数，記憶，知覚の速さであり，サーストンはこれらを総称して基本的精神能力とよび，「**知能の多因子説**」を提唱した。サーストンは階層説の考えについては，黙認していた一方で自分が見いだした知能の因子が基本的なものだと考えていた。

サーストンの多因子説が提唱されて以降，多くの知能因子が新たに見いだされ，40個ほども確認された。因子間の弁別性の問題に取り組むため，**ギルフォード**が知能因子の整理を試みた。彼は，知能を情報処理能力として捉え，**内容**（情報処理の類型），**操作**（情報処理に関わる心的過程），**所産**（情報処理の結果）の3つの観点で諸能力を分類し，三次元の**知性構造モデル**（図5-2）を提唱した。このモデルでは，各次元における概念を組み合わせて120種類以上の知能因子が仮定されているものの，そのすべてが後の実証的研究で確認されたわけではな

重要語句（g因子）：すべての知的活動に共通して影響を与える一般的で基本的な知能因子のこと。「一般因子」ともよぶ。「g」は「general intelligence」の略である。

重要語句（s因子）：特定の知的活動のみに影響を与える課題固有の知能因子のこと。「特殊因子」ともよぶ。「s」は「specific intelligence」の略である。

重要語句（知能の2因子説）：知能には，「一般因子」と「特殊因子」の2種類があり，そのうち「一般因子」が知能の本質的な要素であるとするスピアマンの主張のこと。

重要語句（知能の階層説）：知能の因子が階層的に構造化され，最上位の層に「一般因子」が位置する知能のモデルのこと。バートの説とバーノンの説がある。

人物紹介（サーストン）：ルイス・L・サーストン（Louis L. Thurstone, 1887-1955）はアメリカの心理学者で，「知能の多因子説」を提唱したことで知られている。彼は因子分析の手法を発展させ，態度を測定するためのス

ケーリング手法である「サーストン法」を開発するなど，心理測定学の分野において重要な貢献をした。

重要語句（知能の多因子説）：知能は独立したいくつかの能力から構成されるというサーストンの主張のこと。

人物紹介（ギルフォード）：ジョイ・P・ギルフォード(Joy P. Guilford, 1897-1987)は，アメリカの心理学者で，「知能構造モデル」を提唱し，知能研究における新たな視点を提供した。収束的所産と拡散的所産の区別を提唱したことは，創造性や問題解決に関する研究の発展に大きな影響を与えた。

人物紹介（キャッテル）：レイモンド・キャッテル(Raymond Cattell, 1905-1998)はアメリカの心理学者で，知能とパーソナリティの研究において重要な業績を残した人物である。彼は流動性知能と結晶性知能の区別を行い，知能の多様な側面を理解するための基礎を築いた。また，因子分析の手法を用いて，パーソナリティを16の基本的な因子に分類する「16因子理論」を提唱した（第7

い。しかし，知性構造モデルによって，これまで知能研究で注目されてこなかった能力の発見につながり，とりわけ創造的思考能力への研究関心が高まるきっかけとなった。

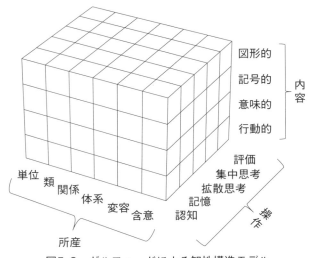

図5-2　ギルフォードによる知性構造モデル

　個別の限定的な知能因子を特定する考え方とは異なり，キャッテルは，一般知能が大きく2つに要素に分けられるとした。すなわち，「流動性知能」(Gf因子)と「結晶性知能」(Gc因子)である。一般的に，流動性知能は，図形や数など非言語式の課題（演繹的推論や帰納的推論課題）により測定され，結晶性知能は，言語式の課題や一般知識の課題により測定される。また，流動性知能は，遺伝性が高く文化や教育の影響を受けにくいこと，10代の後半に能力のピークを迎え，老化に伴う能力の衰退が顕著であることが仮定されている。一方で，結晶性知能は，生涯にわたる学習の結果を反映しており，年齢とともに上昇し続け，高齢になっても安定していると仮定されている。

　その後の実証的研究より，キャッテルの仮説の一部が裏づけられている。例えば，アメリカの20歳以上の成人を対象とした**シアトル縦断研究**では，結晶性知能の1つである言語理解は，60代頃にピークを迎え，80代前半まで非常に緩やかに低下することが示された。一方で，流動性知能に相当する推論を含む他の知能のほとんどは，53歳から60歳頃までは高く維持されるが，その後に低下していくことが示された（図5-3）。キャッテルが予測した流動性知能の低下は存在するものの，ピークを迎える時期は彼の予測よりもかなり遅い時期であった。結晶性知能も予測に反し，老年期では低下がみられるが，流動性知能よりもピークを迎える時期が遅かった。

　キャッテルの弟子である**ホーン**は，キャッテルの流動性知能と結晶性知能に関する理論(Gf-Gc理論)を継承しながら，2つよりも多くの

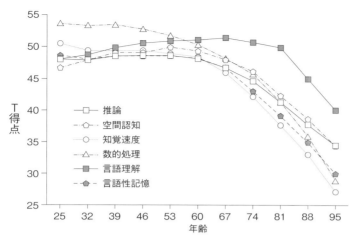

図5-3 シアトル縦断研究における知能の加齢変化(西田(2017)を参考に作成)

知能因子の存在を信じていた。結果的にホーンは，流動性知能と結晶性知能に，「視覚処理」，「短期記憶」，「長期記憶と検索」，「処理速度」の4つの知能因子を加え，その後さらに「聴覚処理」，「反応判断速度」，「数量の知識」，「読み書き」の4つの知能因子を加えて計10の知能因子を仮定し，Gf-Gc理論を拡張した。

キャロル(Carroll, J. B.)は，知能構造に関する研究を概観し，一定の基準に満たした460以上の知能検査の結果を抽出して因子分析による**メタ分析**を行った。そして，その分析結果から**知能の3層理論**を提唱した。3層理論におけるモデル(図5-4)では，第1層に約70個の特殊知能因子(限定的能力)が置かれ，第2層にはホーンの知能因子と類似した8つの広範知能因子(広範的能力)が置かれた。そして，第3層には一般知能因子(一般的能力(g因子))が仮定された。

1990年代の後半，広範能力因子の仮定が一致する部分が多いことから，ホーンによるGf-Gcの拡張理論とキャロルによる3層理論の統合が

章を参照)。

重要語句(流動性知能)：生物学的基礎をもち，新しく遭遇した状況における学習過程と関連する一般能力のこと。

重要語句(結晶性知能)：学習や経験の結果として獲得された一般能力のこと。

人物紹介(ホーン)：ジョン・L・ホーン(John L. Horn, 1928-2006)は，アメリカの心理学者で，知能理論の発展において重要な役割を果たした人物である。知能の階層的構造を明確にし，知能に対する理解を深め，教育心理学や発達心理学に大きな影響を与えた。

豆知識：メタ分析とは，過去に独立に実施された複数の研究結果を統合し，全体的な傾向や効果を明らかにする統計的手法である(第6章参照)。

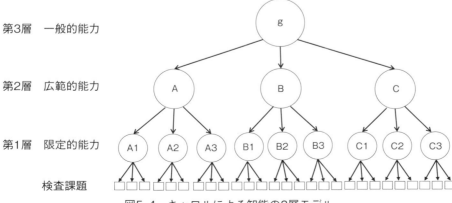

図5-4 キャロルによる知能の3層モデル

重要語句（CHC理論）:
Cattell-Horn-Carroll理論の略称で，キャッテルとホーンの流動性知能―結晶性知能に関する理論（Gf-Gc理論）とキャロルの3層理論を統合したものである。

図られ，理論構築者であるキャッテル，ホーンそしてキャロルの3名の名前の頭文字をとって「CHC理論」と名づけられた。初期のCHC理論では，キャロルの3層モデルをベースに，第2層の広範能力因子には，ホーンが仮定した10の因子に「一般知識」，「触覚能力」，「運動感覚能力」，「嗅覚能力」，「心理運動能力」，「心理運動速度」の6つを追加し，計16個の因子を仮定した（表5-1）。その後の改訂（Schneider & McGrew, 2018）では，広範能力因子にさらに「学習効率」と「検索の流暢性」の2つが加えられ（表5-1），広範能力因子についてのグルーピングも新たに示された（図5-5）。第3層の一般能力因子の仮定については，キャロルとホーンの見解が異なっており，Schneider & McGrew

表5-1　Schneider & McGrew（2018）によるCHC理論における広範的能力の定義

	広範的能力	定義
1	流動性推理	パフォーマンスが自動化されていない比較的新しい課題に取り組むときに用いられる思考・推理方法に関する能力
2	ワーキングメモリー	能動的注意を向けて，情報を維持および操作する能力
3	学習効率	新しい情報を学習し貯蔵して，時間をかけて総合する能力
4	検索の流暢性	長期記憶に貯蔵されている情報にアクセスする速度と流暢性に関する能力
5	処理速度	比較的単純な事務的作業を自動的，迅速かつ流暢に実施するように注意を制御する能力
6	反応/決定速度	ある項目が1つずつ提示される場合の非常に単純な決定または判断の速度
7	精神運動速度	手指や足の動きを駆使して，高精度かつ協調的な身体的動作を流暢に実行する能力
8	理解・知識	文化的な価値付けのある知識を理解し伝達する能力
9	領域固有知識	特定の領域における専門的な知識の幅と深さ，および習慣に関すること
10	読み書き	書き言葉に関する言語的な知識および手続き的な知識と技能の蓄積の幅と深さ
11	数的知識	数学に関する言語的な知識および手続き的な知識と技能の蓄積の幅と深さ
12	視覚処理	問題解決や課題解決のために視覚パターンや視覚イメージを生成，知覚，分析する能力
13	聴覚処理	聴覚刺激を識別，記憶，推論，操作し，合成する能力
14	嗅覚能力	匂いにおける意味のある情報を検出して処理する能力
15	触覚能力	触覚や接触における意味のある情報を検出して処理する能力
16	運動感覚能力	固有受容性感覚（位置覚，運動覚，抵抗覚，重量覚により，体の各部分の位置，運動の状態，体に加わる抵抗，重量を感知する感覚）における意味のある情報を検出して処理する能力
17	精神運動能力	手指や足の動きなど，高精度かつ協調的または力強い身体的動作を実行する能力
18	情動的知性	感情表現の知覚，感情的行動の理解，そして感情を使用して問題を解決する能力

加藤・北村（2021）を参考に作成

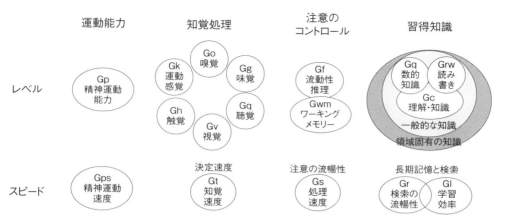

図5-5　Schneider & McGrew(2018)によるCHC理論における広範的能力のグルーピング(加藤・北村(2021)を参考に作成)

(2018)によるその後の改訂でも明確な結論に至らなかった。

　CHC理論の妥当性は多くの研究より支持されており，CHC理論は21世紀最も広く受け入れられている知能理論である。近年では，多くの知能検査がCHC理論を取り入れながら改訂されており，その検査結果の解釈にも活用されている(第10章を参照)。例えば，日本版カウフマン式児童用アセスメント・バッテリーⅡ(日本語版KABC-Ⅱ)は，CHCに準拠して作成されており，初期のCHC理論で仮定された10の広範的能力のうち7つを測定している。また，近年ウェクスラー児童用知能検査の改訂にも，CHC理論の影響が強く反映されている。

③　知能検査

　知能検査の開発は，知能の構造に関する研究と密接に関連しており，現在使われている知能検査の多くは，何らかの知能構造モデルに準拠して開発されている。本節では，知能検査開発の100年以上にわたる歴史の中で，広く使われているビネー式知能検査，ウェクスラー式知能検査，そしてカウフマン式児童用アセスメント・バッテリーについて解説する。

①　ビネー式知能検査

　1900年代始め，フランスでは義務教育の普及にともない，先天的に学業についていけない子どもの存在が問題となった。子どもの知能水準を測定し，知的発達遅滞の児童に特別教育を実施するという目的で，ビネーとその弟子である医師のシモン(T. Simon)がフランス教育省の申し入れを受け，知能検査の開発に取り組んだ。1905年に，ビネーとシモンにより「ビネー・シモン知能測定尺度」が発表され，これが世界初の**個別式知能検査**とされている。

人物紹介(ビネー)：アルフレッド・ビネー(Alfred Binet, 1857-1911)はフランスの心理学者で，知能検査の先駆者とされる人物である。最初の知能検査を開発し，心理測定の分野における重要な貢献をした。

重要語句(標準化):
心理検査の開発において，大規模な調査を行い，検査の結果を正しく評定するための基準を設定することで，異なる測定結果の比較を可能にする手続きのこと。

　ビネーとシモンの知能検査以前に，感覚への敏感さと反応時間の視点から精神能力を測定する研究者がいたが，ビネーは簡単な運動テストにおける能力を知的な行動として扱おうとする考え方を拒否した。ビネーらは知能を「うまく判断すること，うまく理解すること，うまく推論すること，これらが知能の必須活動」であると考え，高次な心的処理を要する多くのテストを開発した。

　ビネーとシモンが1905年に開発した知能検査は，30個の問題により構成されており，問題は易しいものから難しいものへ順に並べられた。この検査では，子どもが最初の問題から順番に回答し，どの問題まで解けるかによって知的発達水準が判断された。また，この知能検査は，複数の知能を想定せず，単一の「一般知能」を測定するものであった。

　ビネーとシモンはその後，検査の改訂を行い，適用対象を3歳から成人まで拡張した。ビネー式知能検査は革新的な検査として高く評価され，ヨーロッパの多くの国やアメリカへ広まっていた。その中でアメリカのスタンフォード大学の心理学者**ターマン**(Terman, L. M.)が4年かけてビネーの知能検査の標準化を行い，「**スタンフォード・ビネー検査**」を発表した。

　「スタンフォード・ビネー検査」の最も大きな特徴は，**知能指数**(Intelligence Quotient: IQ)が導入されたことである。初期のビネー式知能検査では，検査を受けた人がどの年齢段階の標準問題まで通過できるかによって「**精神年齢**」という指標が算出された。しかし，この指標では，実年齢の違う人同士の比較ができなかった。この問題点に対処するため，1912年にドイツの心理学者**シュテルン**(Stern, W.)が精神年齢と実年齢(生活年齢)の比率という指標を提案した。その提案がターマンにより採用され，**知能指数**(IQ)とよばれるようになった。知能指数は以下の式で計算される。

$$知能指数(IQ) = 精神年齢 \div 生活年齢 \times 100$$

　「スタンフォード・ビネー検査」は，知能指数の導入や実施法・採点法の整備などによって使いやすくなっただけでなく，社会的な達成も予測可能なものになった。実際にその後の追跡調査では，この検査で極めて高い知能指数が得られた子どもが，30年後に社会的達成を遂げやすいことが示されている。

　ビネー式知能検査は日本でも受け入れられており，ビネーの考え方に基づきさまざまな知能検査が開発されている。その中でも，「**田中ビネー式知能検査**」は，現在でも日本で広く使われている個別式知能検査の1つである。2024年には，最新の改訂版である「田中ビネー式知能検査Ⅵ」(適用年齢：2歳から成人)が発表されている。この改訂版では，結果の指標として従来の精神年齢が使用される一方で，新たに後述する偏差知能指数も幅広い年齢を対象とする形で導入された。

② ウェクスラー式知能検査

　アメリカにおけるビネー検査の浸透に伴い，教育場面だけでなく，さまざまな立場から知能検査が開発されるようになった。その中で最も知られているのが，1939年にウェクスラーによって開発された知能検査である。当時，ベルビュー精神病院の主任心理学者であったウェクスラーは，臨床診断の目的で知能検査の開発に取り組んでいた。

　ウェクスラーは知能を「目的をもって行動し，合理的に考え，効率的に環境とかかわる総合的かつ全体的な能力」ととらえており，知能検査においてビネー式知能検査のいくつかの問題点に対応した。ビネーの知能検査の問題点の1つとしては，言語を介した課題に重点を置いていたため，言語以外の側面の知能を正確に測定できていない可能性があった。また，ビネーの知能検査はもともと子どもの知能水準を判定するために作られたため，成人に実施する際には，必ずしも正確な測定結果が得られない可能性があった。ウェクスラーがこれらの問題点に対応して，初期に発表したのが**ウェクスラー・ベルビュー検査Ⅰ・Ⅱ**である。この検査は，言語性検査と動作性検査から構成されており，検査結果は，**言語性IQ**，**動作性IQ**と**全検査IQ**の3種類で示された。また，これらの検査は，子どもから成人までが対象となっており，成人でも正確な結果が算出できるようになった。

　その後，1949年に**ウェクスラー児童用知能検査**(Wechsler Intelligence Scale for Children: **WISC**)が発表され，1955年には**ウェクスラー成人用知能検査**(Wechsler Adult Intelligence Scale: **WAIS**)，さらに1967年には**ウェクスラー幼児用知能検査**(Wechsler Preschool and Primary Scale of Intelligence: **WPPSI**)が発表された。それ以降，3種類の検査の改訂が続けられ，最新版として2008年にWAIS-Ⅳ（適用年齢：16歳から90歳），2012年にWPPSI-Ⅳ（適用年齢：2歳6ヶ月から7歳7ヶ月），2014年にWISC-V（適用年齢：6歳から16歳）が発表されている。

　1949年にWISCが発表されて以来，ウェクスラー式知能検査は世界中に広がり，日本にも導入された。現在では，日本版WPPSI-Ⅲ（ウイプシイ・スリー，適用年齢：2歳6ヶ月から7歳3ヶ月），日本版WISC-V（ウィスク・ファイブ，適用年齢：5歳0ヶ月から16歳11ヶ月），日本版WAIS-Ⅳ（ウェイス・フォー，適用年齢：16歳0ヶ月から90歳11ヶ月）が最新版として用いられている。

　日本版WISCは，日本で最も使われる知能検査の1つであり，知能検査としてだけでなく，**注意欠如多動症**(ADHD)や**限局性学習症**(LD)の臨床診断でも，アセスメントの一部として使用されることがある（詳細は，第10章を参照）。

　2010年に発表された日本版WISC-Ⅳは，現在でも多く使用されている。WISC-Ⅳは，15の下位検査（基本検査：10，補助検査：5）で構成

> **人物紹介**（ウェクスラー）：デイヴィッド・ウェクスラー（David Wechsler, 1896-1981）はアメリカの心理学者で，診断式知能検査の開発で知られている。

されており，10の基本検査の結果から全検査IQ(FSIQ)と4つの指標得点が算出される(表5-2)。WISC-Ⅲまで算出されていた言語性IQと動作性IQの指標は，統計的根拠がないため，WISC-Ⅳでは廃止された。

最新版の日本版WISCは，2024年に発表された日本版WISC-Vである。WISC-Vは，16の下位検査(主要下位検査：10，二次下位検査：6)で構成されており，FSIQ，主要指標，補助指標の3つの指標レベル，合わせて計11の合成得点が算出される(表5-2)。そのうちFSIQの算出は，10の主要下位検査のうち7つが用いられるが，知能を包括的に評価するためには，10すべての主要下位検査を実施することが推奨されている(詳細は，第10章ならびに第11章を参照)。

WISCを含めたウェクスラー式知能検査では，各指標の偏差知能指数を算出する。偏差知能指数は，以下の式によって計算される。偏差知能指数によって，個人が同年齢の集団の中でどのくらいの位置にいるかという相対的位置を知ることができる。田中ビネー式知能検査は以前まで偏差知能指数を採用していなかったが，第5版(田中ビネー式知能検査Ⅴ)以降は偏差知能指数が導入されている。以下の式はウェクスラー式の知能検査における偏差知能指数の算出式である。田中ビネー式の場合は15の部分が16に設定されている。

重要語句(偏差知能指数)：平均100，標準偏差15(または16)の正規分布となるように，同年齢集団の平均点を基準として，素点を変換した値。

$$偏差知能指数 = 100 + 15 \times \frac{各個人の点数 - 同年齢集団の平均点}{同年齢集団の標準偏差}$$

表5-2　日本版WISC-Ⅳ・WISC-Vの指標と合成得点

指標レベル	合成得点(略称)	
	日本版WISC-Ⅳ	日本語WISC-V
FSIQ(全般的な知能を表す)	FSIQ(FSIQ)	FSIQ(FSIQ)
主要指数(特定の認知領域の知的機能を表す)	言語理解指標(VCI) 知覚推理指標(PRI) ワーキングメモリー指標(WMI) 処理速度指標(PSI)	言語理解指標(VCI) 視空間指標(VSI) 流動性推理指標(FRI) ワーキングメモリー指標(WMI) 処理速度指標(PSI)
補助指標(付加的な情報を提供する)	一般知的能力指標(GAI) 認知熟達度指標(CPI)	量的推理指標(QRI) 聴覚ワーキングメモリー(AWMI) 非言語性能力指標(NVI) 一般知的能力指標(GAI) 認知熟達度指標(CPI)

上野(2022)を参考に作成

人物紹介(カウフマン夫妻)：アラン・S・カウフマン(Alan S. Kaufman, 1921-1998)とネイディーン・L・カウフマン(Nadeen L. Kaufman, 1923-2015)の夫妻はアメリカの心理学者で，「カウフマン式児童用アセスメント・バッテリー」(K-ABC)を共同で開発し，教育現場における知能評価の実践に大きな影響を与えた。

③ K-ABC

カウフマン式児童用アセスメント・バッテリー(Kaufman Assessment Battery for Children：K-ABC)は，カウフマン夫妻によって開発されたもので，特別な支援ニーズのある子どもへの学習支援を目的とし

て，子どもの精神発達や知的能力を，認知処理能力と知識・技能の習得度の両面から測定している。

K-ABCは1983年に開発され，2004年には改訂版であるKABC-Ⅱが発表された。日本語版K-ABC（適用年齢：2歳6ヵ月から12歳11ヵ月）は，1993年に標準化され，さらに2013年には幅広い年齢層が使用可能な日本版KABC-Ⅱ（適用年齢：2歳6ケ月から18歳11ケ月）が作成された。

日本版KABC-Ⅱは，ルリア（Luria, A. R.）の脳機能モデルに基づき，認知能力と習得度を区別して測定しており，11の下位検査で構成される**認知尺度**と9の下位検査で構成される**習得尺度**から成り立っている。また，CHCモデルにも準拠しており，多くの広範能力因子を測定することができる。検査の結果としては，下位検査や尺度ごとに評価点，標準得点，パーセンタイル順位などを算出することができ，同じ年齢水準内における相対的位置や個人内における各領域の比較が可能である。

④ 知能に対する再考—さまざまな知能—

これまでの知能検査で測定されている認知能力は，学業成績と中程度の相関があり，将来の学業成績を予測できることが示されている。しかし，学業に関わる認知能力は，知能の全体を表しているのだろうか。本節では，知能の多様性に焦点を当てた知能理論について紹介する。

① 知能の鼎立（ていりつ）理論

スタンバーグは，知能を「自分の社会文化の文脈の中で，成功を得るために環境に適応し，環境の選択および形成に向けられた心的活動」と捉え，**成功の知性**という概念を提唱した。成功の知性は，以下の3つの側面から構成され，この構成に関する理論を「**知能の鼎立理論**」とよぶ（図5-6）。

1つ目の側面は**分析的能力**で，従来の知能検査で測定される知能の側面である。しかし，分析的能力は知能の一側面に過ぎず，知能の全

人物紹介（スタンバーグ）：ロバート・J・スタンバーグ（Robert J. Sternberg, 1949- ）は，アメリカの認知心理学者で，知能，創造性，思考スタイル，愛や憎しみ，リーダーシップなどの幅広い領域においていくつかの影響力のある理論を提唱している。

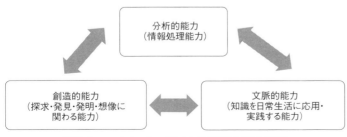

図5-6　スタンバーグによる知能の鼎立理論

体を捉えきれないと仮定された。2つ目の側面は**創造的能力**で，新しい状況に対処する能力を指す。そして，3つ目の側面は，**文脈的能力**であり，実生活に適応する能力を指す。スタンバーグは，知能においてこの三側面のバランスが重要であることを強調している。

② 多重知能理論

ガードナーは，知能を「情報を処理する生物心理学的潜在能力であって，特定の文化において価値のある問題を解決したり，成果を創造したりするような，文化的な場面で活性化されることができるものである」と定義し，知能の意味を拡張しようと提案した。彼は，単一の一般知能の考え方に反対し，知能は独立した多数の能力から構成されると主張した。

ガードナーの「**多重知能理論**」では，生物科学的，論理学的，発達心理学的な分析の基準に基づき，知能について8つの能力（表5-3）を見いだしている。その中で，「言語的知能」と「論理数学的知能」は，学業に関わる従来の知能の概念である。また，「音楽的知能」，「身体運動的知能」と「空間的知能」は，芸術に関わる能力であるが，科学や技術，スポーツなどの領域でも発揮可能な能力である。そして，「対人的知能」，「内省的知能」は，特定の政治システムや社会システムに制限されない「個人的知能」である。最後の「博物的知能」は，後にほかの7つの知能と同様に価値のあるものとして新たに追加された。ガードナーは，これらの能力の組み合わせによって，人々の知能の特徴が決

人物紹介（ガードナー）：ハワード・E・ガードナー（Howard E. Gardner, 1943- ）はアメリカの発達心理学者で，多重知能理論の提唱者として知られている。

表5-3 多重知能の理論における各知能の定義

能力	定義	関連職業や専門分野
言語的知能	言葉への感受性，言語を習得する能力，目標を達成するための言語運用能力	弁護士，作家など
論理数学的知能	問題を論理的に分析し，数学的に操作し，科学的に究明する能力	数学者，科学者など
音楽的知能	音楽を演奏したり，作曲したり，鑑賞したりする能力	演奏家，作曲家など
身体運動的知能	目標を達成するために，体全体や身体部位を使用する能力	ダンサーやスポーツ選手，工芸家や機材を扱う技術者など
空間的知能	視覚や空間情報を認識して操作する能力	航海士やパイロット，彫刻家や外科医，建築家など
対人的知能	他者の意図や動機づけ，欲求を理解し，うまく関わる能力	販売員，教師，臨床医，政治指導者など
内省的知能	自分自身を理解する能力	―
博物的知能	植物や動物，そのほか自然環境を見分けて分類する能力	農家，動物学者，地質学者，考古学者など

Gardner（1999）を参考に作成

まると考えた。

③ 情動知能

サロヴェイ（Slaovey, P.）と**メイヤー**（Mayer, P.）は，知能テストでは測れない知能の1つとして，**情動知能**（Emotional Intelligence：EQ）の概念を提唱している。メイヤーらの「情動知能の四枝モデル」によれば，情動知能とは，「自己と他者の感情・情動を正確に観察・識別し，その情報を思考や行動に活用する能力」であり，4つの下位要素から構成されている（表5-4）。四枝モデルに基づき，情動知能を測定できる検査として**メイヤー・サロヴェイ・カルーソ情動知能テスト**（Mayer-Salovey-Caruso Emotional Intelligence Test：MSCE-T）が開発されている。

MSCE-Tは4つの下位要素ごとに2つのテストが設定された計8つの下位テストから構成されている。メイヤーらは情動知能を知能の1種として捉えているため，MSCE-Tも従来の知能検査と同様に，正答がある複数の問題に回答する形式で能力を測定する検査となっている。検査の正答を決めるには，2つの基準が使用され，それぞれの基準に基づいて得点が算出される。1つ目の基準は，多くの人が選択した回答を正答とするものであり，2つ目の基準は，情動研究の専門家が選んだ回答を正答とするものである。ただし，これらの基準にはそれぞれ限界があることも指摘されている。

発展：情動知能の概念は当初，知能の一種として提案されたが，現在では研究者によってさまざまに定義されており，パーソナリティ特性や動機づけ，社会的機能などの要素を含む広範な定義も存在する。このような広範な情動知能のとらえ方は「混合モデル」とよばれ，批判されることもある。

表5-4　情動知能の四枝モデルとMSCE-Tの概要

下位要素	定義	MSCE-Tにおける測定内容
情動の知覚	自己と他者の情動を正確に認識・表現する能力	顔写真あるいは抽象的なデザインを見て，それぞれの情動がどの程度，顔の表情やデザインに表れているかを評定
情動を活用した思考の推進	状況判断や記憶を促進するような情動を生み出す能力	特定の認知活動において，ある情動がどの程度役立つかを評定
情動の理解	情動の性質や情動間の関係を理解・推論する能力	ある情動を変化させたり，他の情動と組み合わせたりすることで，どのような情動が生じるかを選択
情動の管理	望ましい結果に向けて，自己と他者の情動を効果的にコントロールする能力	文章を読み，自己管理や社会的関係において登場人物が情動をどのように調整すれば効果的かを評定

野崎（2021）を参考に作成

情動知能と従来の知能テストで測定される知能との関連については，情動知能は非言語性知能とは関連がみられないが，言語性知能とは中程度の関連があることが示されている（箱田・小松，2011）。また，メタ分析の結果，情動知能と学業成績との間には弱いながら関連

発展：能力テストの形式ではなく，自己報告の形式や混合モデルに基づいて情動知能を測定した場合，従来の知能テストで測定される知能との相関はほとんどみられず，学業成績との関連も弱いことが示されている。

があることが示されている。なお，この結果は，従来の知能検査で測定される知能やパーソナリティの影響を取り除いても認められている（野崎, 2021）。

⑤ 知能と遺伝

　知能とは何かについての議論は現在も続いているが，いかなる知能の側面においても個人差があることは明らかである。このような知能の個人差を説明する要因として，遺伝的な影響が大きいことが**行動遺伝学**（詳細は，第7章を参照）の研究により明らかになってきた。

　双生児法を用いた研究の結果，一般知能の個人差において，遺伝要因によって説明される割合（**遺伝率**）は50％から70％程度と推定されており，この値はあらゆる心理的な形質のなかで最も遺伝率の高いものである。機能的側面別で見ると，空間性知能や論理的推論能力の個人差においては，遺伝要因による説明率が70％程度であり，**共有環境**（家庭環境）の影響をほとんど受けない。一方で，言語性知能の個人差においては，遺伝要因による説明率が15％程度と小さく，共有環境による説明率が60％弱であることが示されている（第7章を参照）。なお，学業成績の個人差における遺伝要因の説明率は60％程度で，共有環境の説明率は15％程度であった（安藤, 2011）。

　また，**縦断研究**（第6章を参照）の結果より，知能の個人差における共有環境の影響は児童期まではある程度みられるが思春期になると消失する一方で，知能の個人差における遺伝要因の割合は成長とともに増加していくことが明らかになっている。この理由の1つとして，青年期以降では，幼児期や児童期よりも，個人が自分の遺伝的素質にあった環境を能動的に選択しやすいために，遺伝と環境の能動的相関の傾向が強くなることが考えられている。

Column　トレーニングによって知能が向上するか？

トレーニングによって知能が向上するのかという問題については，多くの人が長い間，関心を寄せている。しかし，これまでに効果的な方法はまだみつかっていない。

知能に影響を与える要因は多岐にわたるが，その中でも特に注目されているのが**ワーキングメモリ**である（第4章を参照）。ワーキングメモリ課題の成績は，言語の理解や算数，注意や感情の制御，発達障害の症状など，さまざまな知能や高次的認知過程に関連しており，流動性知能得点の個人差の50%を説明している。そのため，ワーキングメモリのトレーニングによって知能が向上するのではないかと考えられており，多くの研究が行われている。

これまで，ワーキングメモリのトレーニングによって知能テストの成績や日常生活における認知機能が向上するという結果がある一方，効果がないと報告する研究結果もあり，知見は一貫していない。その中で，複数の研究結果を統合し，ワーキングメモリの効果の大きさを推定するメタ分析を行った研究（坪見他，2019）では，ワーキングメモリトレーニングの知能向上効果を検討した結果がまとめられた（図5-7）。

その結果，ワーキングメモリのトレーニング課題を繰り返すと，その課題におけるパフォーマンスが向上し，課題に特化した能力が向上する傾向がみられた。また，トレーニングの効果は，トレーニングしていないワーキングメモリの課題成績にも現れた。しかし，トレーニングの効果は流動性知能やワーキングメモリ以外の認知機能を必要とする課題（例えば，算数や読解）の成績にほとんど影響を与えなかった。これらのことから，ワーキングメモリのトレーニングによって知能を向上させる効果は限定的であると考えられている。

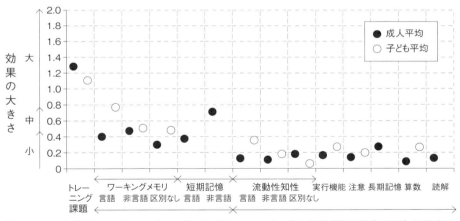

図5-7　メタ分析によるワーキングメモリトレーニングの効果（坪見他（1999）を参考に作成）

演習問題

A群の問いに対する回答を，B群から1つ選びなさい。

[A群]
1. スピアマンの（　①　）において，すべての知的活動に共通する因子は（　②　）とよばれる。
2. 一般因子と特殊因子に加え，一般因子のすぐ下にいくつかの群因子を仮定する知能の理論を（　③　）とよぶ。
3. サーストンの（　④　）では，知能が単一の因子ではなく複数の因子によって構成されると考えられている。
4. ギルフォードの知性構造モデルでは，知性を「操作」，「内容」，（　⑤　）の3つの次元から分類し，この3つの次元を組み合わせることで，120個以上の知能因子が仮定できるとされる。
5. キャッテルは，知能の一般因子を（　⑥　）と（　⑦　）の2種類に区別している。
6. CHC理論は，キャッテル，ホーンと（　⑧　）が共同提唱者となっている。
7. 一般的に，（　⑨　）とシモンが開発した知能検査は，世界最初の知能検査であるとされている。
8. （　⑩　）が知能指数（IQ）を考案した。
9. ウェクスラー式知能検査には，幼児用，（　⑪　），成人用の3種類がある。
10. KABC-Ⅱは（　⑫　）に準拠して作成されている。
11. 「内省的知能」は，（　⑬　）で仮定されている知能の1つである。
12. 「創造的知能」は，（　⑭　）で仮定されている知能の1つである。

[B群]
キャロル，CHC理論，特殊因子，流動性知能，結晶性知能，スタンバーグ，所産，シュテルン，学生用，知能の多因子説，ガードナー，結果，知能の階層説，青年用，児童用，シモン，知能の鼎立理論，ビネー，多重知能理論，ターマン，一般因子，知能の2因子説

【ディスカッションをしてみよう】
1. 知能検査の利点と限界や課題について，どのようなものがあるのか話し合ってみましょう。
2. 人工知能（AI）と人間の知能を比較し，それぞれの強みについて話し合ってみましょう
3. スタンバーグの鼎立理論とガードナーの多重知能理論の考えが，どのような形で教育方法の改善に適用できると思うか，具体的なアイデアを話しあってみましょう。

【演習問題の答え】
①知能の2因子説　②一般因子　③知能の階層説　④知能の多因子説
⑤所産　⑥流動性知能　⑦結晶性知能　⑧キャロル　⑨ビネー
⑩シュテルン　⑪児童用　⑫CHC理論　⑬多重知能理論　⑭知能の鼎立理論

【引用文献】
安藤　寿康（2011）．認知の個人差と遺伝　日本認知心理学学会（監修）・箱田　裕司（編）現代の認知心理学（7）認知の個人差

第5章　北大路書房

Gardner, H. E. (2000). *Intelligence reframed: Multiple intelligences for the 21st century*. Hachette UK.
　（ガードナー，H. E. 松村 暢隆(訳)(2018). MI: 個性を生かす多重知能の理論　新曜社）

Lozano-Blasco, R., Quílez-Robres, A., Usán, P., Salavera, C., & Casanovas-López, R. (2022). Types of intelligence and academic performance: A systematic review and meta-analysis. *Journal of Intelligence, 10*, 123.

箱田　裕司・小松　佐穂子（2011）．認知の個人差の理論　日本認知心理学学会（監修）・箱田　裕司（編）現代の認知心理学(7)認知の個人差 第1章　北大路書房

三好　一英・服部　環(2010)．海外における知能研究とCHC理論　筑波大学心理学研究, *40*, 1-7.

西田　裕紀子（2017）．中高年者の知能の加齢変化　老年期認知症研究会誌, *21*, 84-87

加藤　順也・北村　博幸（2021）．知能のCHC理論と臨床活用へ向けた考察　北海道特別支援教育研究, *15*, 63-74.

野崎　優樹（2021）．情動知能——知能を賢く活用する力——　小塩　真司(編著)非認知能力——概念・測定と教育の可能性——第8章　北大路書房

Schneider, W. J., & McGrew, K. S. (2018). The Cattell-Horn-Carroll theory of cognitive abilities. In D. P. Flanagan & E. M. McDonough（eds.）*Contemporary intellectual assessment: Theories, tests, and issues*（pp. 73-163）. Guilford Press.

Snyderman, M. & Rothman, S. (1988). *The IQ controversy, the media and public policy*. New Brunswick: Transaction Books.

坪見　博之・齋藤　智・苧坂　満里子・苧坂　直行（2019）．ワーキングメモリトレーニングと流動性知能——展開と制約——　心理学研究, *90*(3), 308-326.

上野　一彦・松田　修・小林　玄・木下　智子（2015）．日本語版WISC-IVによる発達障害のアセスメント—代表的な指標パターンの解釈と事例紹介　日本文化科学社

第6章 動機づけ

1 動機づけとは

学習活動や教育活動の一環として人はさまざまな行動をとる。そのため，学習や教育といった営みについて考えるうえでは，活動や行動がどのようにして生起し，持続されるのかという点が重要な問題となる。それを説明する際に用いられる概念が動機づけである。

ポイント：日常的に使われる「やる気」や「意欲」といった言葉と関連づけて，「動機づけ」という概念について理解しよう！

(1) 行動の生起・持続を説明する一般的な言葉 ――やる気・意欲――

外を歩いていると，スポーツウェアを着てランニングしている人とすれ違うことがある。その人の「ランニング」という行動は何によって生じているのだろうか。一般的には，その人には「ランニングをしようという気持ち」があり，その「気持ち」がその人に「ランニング」をさせていると考えられる。この「気持ち」は，一般的にやる気や意欲といった言葉で表される。

やる気や意欲といった言葉は，教育の文脈でも多く使用される。例えば，2017年に告示された学習指導要領では，「今回の改定においても，引き続き生徒の学習意欲の向上を重視しており～」とされている（文部科学省, 2017）。つまり，「学習意欲」のように教育上望ましいとされるものは，それを向上させることが重要視されている。

(2) 行動の生起・持続を説明する心理学的構成概念 ――動機づけ――

心理学においては，行動の生起や持続は，**動機づけ**という概念を用いて理論的に説明される。行動とは，何らかの目標・目的をもつものを指す。行動が生起し持続されるとき，そこにはそれを引き起こす推進力が存在していると考えられる。この推進力のことを，**動機**とよぶ。これは，前項でやる気や意欲という言葉で表したものと重なる概念である。動機は，方向性と大きさを想定できるという点で，しばしばベクトルで表される（櫻井, 2021；図6-1）。ここでいう動機の方向性とは，目的や目標のことである。動機は，何らかの目的や目標に向け

た行動を推進する。そして，動機の大きさとは，行動を推進する力の強さである。動機が大きければ，行動はより強く，多く生起し，長く持続する。

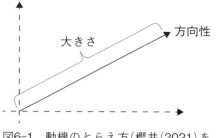
図6-1　動機のとらえ方（櫻井（2021）を参考に作成）

動機は無から生じるわけではなく，何らかの先行要因によって変化する。例えば，「空腹を満たす」という目標に向けて「食事」という行動を推進する動機は，空腹という生理的状態が先行要因となっていると考えることができ，こうした動機は**生理的動機**とよばれる。生理的状態の他にも，心理的状態，社会的環境や物理的環境など，生活におけるさまざまな内的・外的刺激が動機の先行要因となりうる。こうした動機は**社会的動機**とよばれる。生じた動機は行動として表出し，目標の達成状況に働きかける。そして，行動の結果は先行要因にフィードバックされる。例えば，満足をもたらす結果であれば動機が低下して行動は減少するだろうし，行動が目標の達成状況にうまく働きかけられていることを示す結果がフィードバックされれば，動機がさらに大きくなって行動が強められるかもしれない。以上のような過程を図で表すと，図6-2のようになる。このような行動の生起・持続を説明するこの過程全体のことを，動機づけとよぶ。以降では，単に行動を引き起こす推進力を動機と表現し，動機を含めた行動の生起・持続にかかわる全体的な過程を動機づけと表現する。

重要語句（生理的動機）：生理的状態に基づき，成長や健康を維持するための動機のこと。

重要語句（社会的動機）：人間の生活における社会的な要因の中で生じる動機のこと。

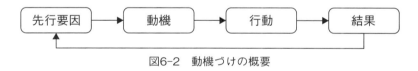
図6-2　動機づけの概要

(3) 特性レベル・領域レベル・状態レベルの動機づけ

行動の背後にそれを生じさせる動機があるという考え方をするとき，その動機には特性，領域，状態という3つのレベルが仮定される。例えば，ある人が勉強に一生懸命取り組んでいるとき，勉強という行動を引き起こしている動機をどのように考えることができるだろうか。1つの考え方として，「『成功したい』という気持ちが強い人だから」という説明が可能である。このような説明では，学業に限らず，社会的な行動やキャリア関連行動など，さまざまな領域の行動に対して適用可能な，「そういう人だから」という特性レベルの動機の存

在が仮定されている。一方で，動機に関する別の説明として，「勉強が好きだから」という説明もありうる。この説明は，学業領域に特有の，すなわち領域レベルの動機を仮定するものである。さらに，「今，この問題を解くのが楽しいから」という，今この瞬間に注目した説明もできる。その場合には，「今ここ」での状態レベルの動機を仮定して，行動を説明しようとしていることになる。

　教育の文脈で「やる気」や「意欲」という言葉を聞くと，真っ先に思い浮かぶのはやはり「学習意欲」だろう（学習については，第3章を参照）。実際，動機づけに関する研究でも，学業に関する動機づけは「学習動機づけ」として数多くの研究が行われてきた。一方で，教育心理学における動機づけの研究は，幅広く行われている。例えば，国内の教育心理学の代表的な学術雑誌である『教育心理学研究』を参照してみると，学業に対する動機づけ以外にも，部活動，他者との関係形成，向社会的行動，キャリア形成，教育者の教育活動など，さまざまな活動・行動の動機づけに関する研究が行われている。

重要語句（向社会的行動）：他者への思いやりにより生じる行動のこと。

 動機づけの種類
　　　——内発的動機づけ，自律的動機づけ——

　前節では，動機には大きさと方向性があることを説明した。一方で，それだけではなく，動機には質的な違いを考えることができる。本節では，動機づけの質的な違いについて理解するために，**内発的動機づけと外発的動機づけ**，そして**自律的動機づけ**について説明する。

ポイント：内発的動機づけと外発的動機づけの違いについて理解しよう！　また，外発的動機づけの中にも，自律性の高い動機づけから自律性の低い動機づけまであることを理解しよう！

(1) 内発的動機づけと外発的動機づけ

　今あなたは，どのような動機によってこのテキストを読んでいるのだろうか。「先生に読んでおくように言われた」，「履修科目の単位を取得したい」，「将来役立つ知識を身につけたい」，「教育心理学に興味がある（このテキストに興味がある）」，「心理学に関する書籍を読むのが楽しい（このテキストを読むのが楽しい）」など，いろいろな動機があるだろう。動機の大きさや方向性だけに焦点を当てるとき，これらの違いは考慮されていない。しかしながら，動機づけの質的な違いは，動機づけの過程全体を規定する重要な要因である。

　動機づけの質的な違いを示す1つの軸は，行動自体が目的となっているのか，それとも行動はあくまで手段なのか，という次元である。上記の例でいえば，「このテキストに興味がある」，「このテキストを読むのが楽しい」といった動機に基づく動機づけの場合，このテキストを読むこと自体が目的となっている。このような動機づけは，**内発**

的動機づけとよばれる。それに対して、上記の例の他の3つの動機に基づく動機づけの場合、このテキストを読むことは別の目的のための手段である。例えば、「先生に読んでおくように言われたから読んでいる」という場合、このテキストを読むことは、先生の指示に従うという目的のための手段であるといえる。「単位を取りたいから読んでいる」という場合は、単位を取るという目的のための手段であり、「将来役立つ知識を身に着けたいから読んでいる」という場合は、将来の生活の充実や成功という目的のための手段である。このような動機づけは、内発的動機づけと対比して、**外発的動機づけ**とよばれる。

　それでは、内発的動機づけと外発的動機づけの違いは、どのように表れるのだろうか。単純に考えると、内発的動機づけは行動自体が目的となっているため、その行動は自ら生起・維持されやすい。例えばこのテキストに興味があって、読むことが楽しい場合は、自らすすんでこのテキストを読もうとするだろう。それに対して、外発的動機づけの場合には、何らかの外的な目標が必要となるため、その目標がなくなったり、他の手段のほうがよいと判断されたりした場合には、行動は生起・維持されにくくなる。例えば、単位を取りたいから読んでいるという場合、もう単位を取らなくてもよい状況になったり、単位を取るためのよりよい方法が見つかったりしたら、このテキストはあまり読まなくなるかもしれない。

(2) 外的報酬と内発的動機づけの関係

　内発的動機づけと外発的動機づけに関するこのような考え方を裏づける現象として、**アンダーマイニング効果**がある。この現象は、心理学者のデシ(Deci, E. L.)が行った報酬と内発的動機づけの関

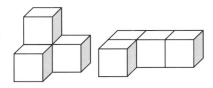

図6-3　ソーマキューブのイメージ図

係に関する実験(Deci, 1971)で報告された。この実験では、参加者がさまざまな形のブロック(ソーマキューブ；図6-3)を組み合わせて指示された形を完成させる課題に取り組んだ。課題は1日あたり3つであり、計3日間取り組んでもらった。3日間それぞれのスケジュールは基本的に同じで、参加者はまず2つの課題に取り組み、8分間の自由時間を挟んでから、3つ目の課題に取り組んだ。自由時間中は実験者が部屋から離れ、参加者はブロックの他に雑誌や玩具が置かれた部屋で自由に過ごした。この自由時間中に参加者がどれくらいの時間ブロック課題に取り組んだかが、ブロック課題への取り組みに対する動機づけの大きさの指標として測定された。ここでは、自由時間中のブロック

豆知識：当時、行動に関する心理学の研究は、生理的要求や外的報酬に焦点化して行われていた。内発的動機づけは、生理的要求や外的報酬によらない行動を説明する概念として登場した。

豆知識：内発的動機づけの存在を示す有名な実験として、サルによるパズル解除の実験がある。この実験では、サルの檻の中に、問題解決能力を測定するためのパズルを置いた結果、実験者が報酬を与えなくても、自発的にパズルに取り組むようになったことが報告された。この結果については、パズル課題に取り組むこと自体が内発的な報酬となっていたと解釈されている。

課題への取り組みに対して報酬がどのような影響を及ぼすのかを検討するために，参加者が実験群と統制群の2つに分けられた。実験群の参加者には，2日目のみ，課題の成功に対して追加報酬が支払われることが伝えられた（1日目と3日目はそのような教示はなかった）。統制群では，そのような教示は行われなかった。実験の結果，それぞれの日の自由時間におけるブロック課題への取り組みは，図6-4のようになった。

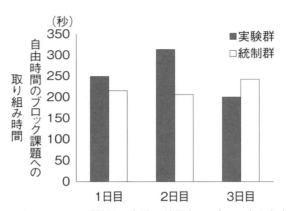

図6-4　アンダーマイニング効果の実験の結果（Deci（1971）を参考に作成）

注目すべき点は，実験群における3日目の取り組み時間の減少である。実験群では，追加報酬が得られると伝えられた2日目には，自由時間におけるブロック課題への取り組み時間が1日目よりも増えたが，追加報酬がなくなった3日目には，追加報酬のなかった1日目よりも取り組み時間が減少した。この結果は，2日目に外的報酬が提示されたことで，ブロック課題への取り組みが外的報酬のための手段となり，内発的動機づけが低下してしまったと解釈できる。

このように，一時的に報酬が提示されることで，報酬が得られなくなった後の内発的動機づけが低下する現象は，アンダーマイニング効果とよばれる。このように，同じ行動であったとしても，それがどの程度内発的に動機づけられているのか（あるいは，どの程度外発的に動機づけられているのか）によって，状況・環境の影響をどのように受けるかが異なるのである。したがって，教育的に望ましい行動を促し，望ましくない行動を抑制しようとするとき，動機づけの質的な違いを考慮することは重要であるといえる。

(3) 外的報酬は「よくない」のか

前項のDeci（1971）の結果をふまえると，ある行動を促そうとするとき，外的報酬（他者から与えられる報酬）を用いることは望ましくない

ものであるように思えるかもしれない。しかしながら，教育上望ましいすべての行動を，興味や楽しさによって内発的に動機づけることはあまり現実的ではない。この問題をどのように考えればよいだろうか。

　外的報酬と内発的動機づけの関係は，認知的評価理論によって，より精緻に説明されている。この理論では，報酬が与えられるという状況が，自身の**自律性**と**有能感**を支持していると解釈されるか，阻害していると解釈されるかが重要であると捉えている。内発的動機づけは，有能感や自律性への欲求に基づくものであるとされており，ある行動によって有能感や自律性への欲求の充足が得られない場合には，その行動への内発的動機づけは低下すると考えられている。認知的評価理論によれば，行動に対して報酬が与えられるという状況が，「自分の行動は報酬によってコントロールされている」と解釈された場合，自律性が低下し，結果としてその行動に対する内発的動機づけは低下する。それに対して，行動に対して報酬が与えられるという状況が，「自分がうまくやれている，適切に行動できている」と解釈された場合には，有能感が高まり，内発的動機づけはむしろ高まる。したがって，認知的評価理論に基づいて考えると，外的報酬は内発的動機づけを必ず低下させてしまうわけではなく，外的報酬がどのようなメッセージとして機能するかに注意を払うことが重要である。

　それでは，報酬をどのように用いることが，内発的動機づけを高める方向に機能するのだろうか。延べ200近くの研究をメタ分析により統合的に分析した研究(Deci et al., 1999)では，**言語的報酬**(称賛など)と**物質的報酬**(金銭など)で効果が異なることが明らかにされた。具体的には，「よく頑張ったね」や「ちゃんと進歩しているよ」などのポジティブな言葉がけである言語的報酬は，外的報酬ではあるものの自分がコントロールされているという感覚をあまり生じさせず(自律性を低下させず)，有能感を高めていた。それに対して，具体的な物である物質的報酬は，内発的動機づけを低下させていた。特に，課題の成功や完了に応じて物質的報酬が得られることが予期されている状況において，アンダーマイニング効果が生じやすいことが示されている。第3章でも説明されているように，教育上望ましい行動を強化するにあたって，外的報酬を用いることは有効である。しかし実際には，動機づけの質(内発的動機づけ)まで考慮しながら，学習者の自律性や有能感に配慮する必要がある。

(4) 自律性の観点から動機づけをより細かくとらえる

　内発的動機づけが自律性に基づく動機づけであるからといって，外発的動機づけが必ずしも他律的な動機づけであるというわけではな

重要語句(自律性)：自分のことを自分で決定できているという感覚のこと。

重要語句(有能感)：自分が行動して環境に働きかけることで何らかの結果をもたらすことができている，自分の能力を発揮することができているという感覚のこと。

発展：認知的評価理論を提唱したデシは，心理的な精神的健康(psychological well-being)に関する基本的心理欲求理論という別の理論も提唱している。この理論では，自律性への欲求と有能感への欲求は，関係性(他者との良好な関係を形成すること)への欲求と併せて，人が充実した生活を送るうえで重要な欲求であるとされている。

重要語句(メタ分析)：複数の量的研究の知見を統合的に分析する方法のこと。メタ分析の結果は，単独の研究知見よりも頑健な科学的根拠である。

い。冒頭で挙げた例を再び用いれば，例えば，「先生に読んでおくように言われたからこのテキストを読んでいる」という場合，「テキストを読む」という行動の価値が自分の中にあるわけではないため，自律性が低い動機づけであるといえるだろう。一方で，「将来役立つ知識を身につけたいからこのテキストを読んでいる」という場合，自分の将来との関連性という観点から「テキストを読む」という行動の価値を自分の中にもっているため，自律性の高い動機づけであるといえる。このように，外発的動機づけは，自律性の高いものから低いものまでさまざまである。

動機づけに関する重要な理論として，**自己決定理論**がある。その下位理論の1つである**有機的統合理論**（図6-5）では，外発的動機づけの多様性を考慮し，動機づけにおける自律性の程度（行動することの価値を自分のものとして内在化している程度）によって，外発的動機づけに複数のスタイルを仮定している。自律性や価値の内在化の程度は，自分自身が自分の行動を調整する主体となっている程度とも言い換えられるものであるため，その程度に基づくスタイルの違いは，**調整スタイル**とよばれる。

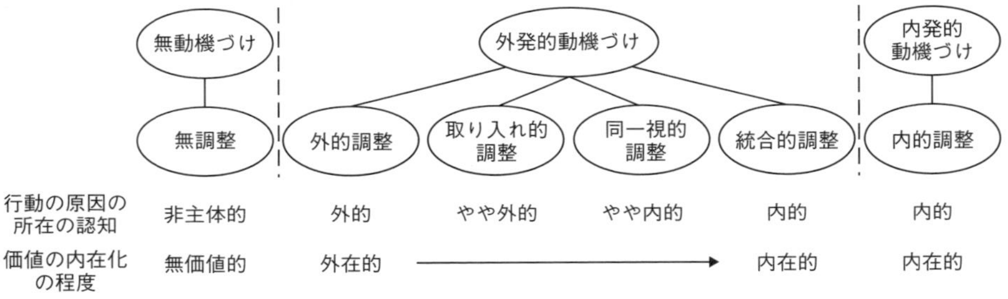

> **重要語句（自己決定理論）**：動機づけに関する大きな理論的枠組みのこと。この理論には，認知的評価理論，有機的統合理論，基本的心理欲求理論など6つの下位理論が含まれる。

図6-5　有機的統合理論の概念図（Ryan & Deci（2017）を参考に作成）

外発的動機づけの中で最も自律性の低い調整スタイルは，**外的調整**である。これは，行動の価値を自分ではあまり感じておらず，外的な要求に基づいて行動が生起・持続するような動機づけである。報酬の獲得や罰の回避，（内面化されていない）社会的な規則に基づく動機づけなどがこれに該当する。学業に対する動機づけを例にすれば，「先生に褒められるために（怒られないように）勉強する」，「しないといけない決まりだから勉強する」というような場合が挙げられる。外的調整より一段階自律性の高い調整スタイルは，**取り入れ的調整**である。これは，外的に示された行動の価値を部分的に認め，自分の価値観として取り入れつつある状態を表す動機づけである。その行動の遂行やその結果によって自分の価値が左右されるように感じる状態であり，自分の価値の維持や罪悪感・恥ずかしさの回避に基づく動機づけがこれに該当する。学業に対する動機づけを例にすれば，「みじめな気持ちになりたくないから勉強する」，「周囲の人からすごい・えらいと思

われたいから勉強する」,「やらないと罪悪感があるから勉強する」などが挙げられる。次の調整スタイルは,**同一視的(同一化的)調整**である。これは,行動の価値を自分で認識し,その重要性に基づいて行動が生起・維持される動機づけである。学業に対する動機づけの例では,「自分にとって重要なことだから勉強する」,「自分の将来のために勉強する」などが挙げられる。外発的動機づけの中で最も自律性の高い調整スタイルは,**統合的調整**である。これは,行動することの価値と自己の欲求や価値観が調和している,すなわち行動することの価値が完全に内在化している状態の動機づけであり,自分らしくふるまう中で自然と生起・持続されるような行動がこれに該当する。学業に対する動機づけの例では,「勉強することが自分らしいと思えるから勉強する」,「勉強に取り組むことが自分の価値観と合致しているから勉強する」などが挙げられる。そして,さらに自律性の高い調整スタイルとして,内発的動機づけに相当する**内的調整**がある。これは,行動自体に対する興味や楽しさに基づく動機づけであり,「勉強するのが楽しいから勉強する」,「内容に興味があるから勉強する」などが挙げられる。

　有機的統合理論に基づく研究はさまざまな領域で行われているが,基本的には自律性の高い調整スタイルほど適応的である。344の先行研究を統合的に分析したHoward et al.(2021)では,自律性の高い調整スタイルほど,学業成績や学業への**エンゲージメント**,人生満足度などの適応的指標の数値が高く,逆に自律性の低い調整スタイルほど,不登校や退学意図,不安や抑うつなどの不適応的指標の数値が高いことが明らかにされている(図6-6)。

豆知識:研究の結果,同一視的調整と統合的調整は区別するのがしばしば困難であることが分かっている。

重要語句(エンゲージメント):課題への積極的な取り組み(関与)のこと。エンゲージメントには,行動的側面(努力,持続性など),感情的側面(興味,楽しさなど),認知的側面(より効果的な方略の使用,より深い理解の追求など)という3つの側面がある。

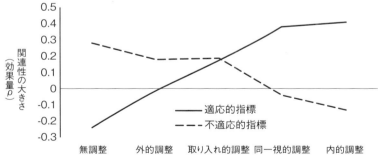

図6-6　適応的・不適応的指標と各調整スタイルとの関連の大きさ
　　　　(Howard et al.(2021)を参考に作成)

(5) 学習者の自律性を高めるようなかかわり

　自律性を支えるための支援は**自律性支援**とよばれ，有効な支援方法について研究されている。Reeve(2016)によれば，教育現場における効果的な自律性支援には6つのポイントがある(図6-7)。1つ目は，学習者の視点に立って指導計画を立てることである。計画・準備の段階で，「このような指導で，学習者は内容に関心をもつだろうか」と内省したり，学習者からのフィードバック(授業評価アンケートなど)を参考にしたりすることが重要である。2つ目は，指導に先立って，内発的動機づけの資源(自律性，有能感，好奇心など)に働きかけることである。学習内容や課題に対して学習者が自己決定する機会を用意したり(≒自律性に働きかける)，学習活動を通じて成長できるような見通しを示したり(≒有能感に働きかける)，好奇心を刺激したりすることが有効である。3つ目は，学習者への要求に理由づけをすることである。教育場面においては，学習者が最初から興味をもつことが難しいような活動を要求する必要がある場合がある。その場合，その活動に取り組むことがなぜ重要なのかなど，学習者側が納得できるような理由づけをして説明することで，自律性を損なわずに主体的に活動に取り組むことができる。4つ目は，指導中に学習者に生じる否定的な感情を受容することである。教育の過程では，教育者からの要求と学習者の欲求が相容れず，学習者にネガティブな感情が生じることで自律的な学習が阻害される場合がある。教育者は学習者のネガティブな感情を受け入れ，学習者に合わせて要求の仕方や内容を工夫する姿勢を示すことが重要である。5つ目は，統制的ではない言語表現を用いることである。学習者の自律性を支援するためには，教育者は言うことを聞かせるのではなく，情報や選択肢を与えて自己決定をうながすことが望ましい。6つ目は，指導中に辛抱強く待つことである。学習者の自律性を支えるためには，自律的に取り組みを開始したり，自分のペースで活動を完了させたりするのを待って，見守ることが重要である。

　自律性支援は，これまでの数多くの研究から有効性が示されている。小学生から高校生までを対象にした153の研究を統合的に分析したMammadov & Schroeder(2023)では，教師や親からの自律性支援は，自律的動機づけや学業への積極的な取り組みなどを介して，学業成績を高めることが示されている。自律性支援は小学生から大学等の高等教育機関の学生まで幅広く有効であるが，学年が低いほどその効果は大きい。

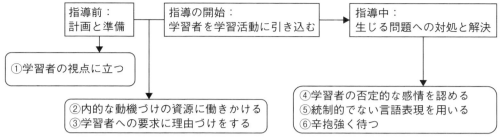

図6-7　自律性支援の6つのポイント（Reeve（2016）を参考に作成）

3　目標や課題の達成に向けた動機づけ

　一般に，「意欲」や「やる気」といった言葉は，しばしば「○○という目標の達成に向けて努力する」といった文脈で言及される。設定した目標を高い水準で完遂しようとする動機づけは，特に**達成動機づけ**とよばれる。達成動機づけには，「目標を達成できそうか」，「目標の達成がどれくらい重要か」といった，目標と関連した認知が影響を及ぼす。

ポイント：目標に対する認知や目標の内容が，動機づけにどのような影響を与えるのかを理解しよう！

(1)　達成に対する期待と価値から達成動機づけをとらえる

　達成動機づけを理解するうえで重要な理論として，アトキンソン（Atkinson, J. W.）の期待×価値理論がある。この理論では，達成動機づけの強さに対する説明として，「期待」と「価値」のかけ算を用いる。期待とは，どのくらい成功できそうかという見込みであり，価値とは，それを成し遂げることに対する主観的な価値づけのことである。この理論では，取り組む課題の内容が同様であれば，価値の大きさは期待の大きさによって定まると仮定される。具体的には，期待（主観的成功確率ともいう）が低い困難な課題・目標ほど達成したときに予期される喜び（価値）は大きく，逆に期待の高い容易な課題・目標ほど達成したときに予期される喜び（価値）は小さいと考えられる。したがって，期待と価値の間には，「価値＝（1－期待）」という関係式が成り立つ（期待は，0から1の値をとる）。

　以上の前提に基づくと，期待と価値を掛け合わせた値はどのような値をとるのだろうか。期待が0.3のときは価値が0.7となり0.3×0.7＝0.21，期待が0.5のときは価値が0.5となり0.5×0.5＝0.25，期待が0.7のときは価値が0.3となり0.7×0.3＝0.21となる。つまり，期待×価値理論では，期待が中程度のときに達成動機づけが最も大きくなる（図6-8）。これは，簡単すぎる目標や難しすぎる目標よりも，「頑張れば

豆知識：アトキンソンの期待×価値理論では，期待と価値に加えて，達成動機（さまざまな場面で成功を求める傾向）と失敗回避動機（さまざまな場面で失敗を回避しようとする傾向）の差が，個人差を表す項として掛け合わされる。期待と価値が同じであれば，相対的に達成動機が高い人ほど，達成動機づけが大きくなる。

達成できる」という程度の目標のほうが努力しやすいという現実場面と整合する。現実的には，達成動機づけが最大となる期待の大きさには個人差や状況による違いがあると考えられるが，期待と価値の大きさによって達成動機づけの大きさが規定されるという考え方は，その後の動機づけ研究にも引き継がれている。

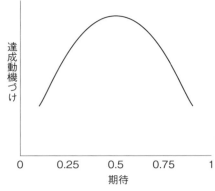

図6-8 アトキンソンの期待×価値理論における期待と達成動機づけの関係

(2) 期待をより精緻化してとらえる

すでに説明したように，期待とは自分がその課題・目標をどのくらい成功させられそうかという見込みである。これについて，目標達成の過程を，「自分が行動することで，目標とする結果が生じる」というように整理すると，期待という概念を2つに分けて考えることができる（図6-9）。1つ目は，「ある行動が，目標とする結果を生じさせる」という見込みであり，**結果期待**とよばれる。2つ目は，「目標のための行動を自分がどの程度うまくできるか」という見込みであり，**効力期待**とよばれる。例えば，「授業内容を十分に理解する」という目標に対して，「毎回予習・復習をする」という行動が動機づけられているとする。このとき，「毎回予習・復習すれば授業内容を十分に理解できる」という見込みが結果期待であり，「自分は毎回ちゃんと予習・復習をすることができる」という見込みが効力期待である。この考え方に基づけば，学習者が成功の見込みをあまり持てず，動機づけが低下してしまっている場合には，結果期待の問題と効力期待の問題に切り分けて対応することができるだろう。

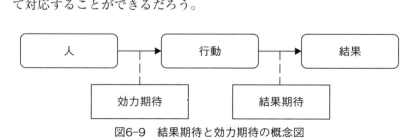

図6-9 結果期待と効力期待の概念図

効力期待は，自己効力や**自己効力感**ともよばれる。これらは一般的な言葉である「自信」と類似した概念である。自己効力感はさまざまな

豆知識：自信が高いことを表す「自信家」のような言葉があるのと同様に，自己効力感にも特性レベル（個人差）のとらえ方があり，特性的自己効力感とよばれる。特性的自己効力感が高いということは，さまざまな場面において，自分ならうまくやれると感じていることを意味する。

領域における活動への取り組みやパフォーマンス，適応を予測することが示されている。教育領域では，11の縦断研究を統合的に分析したTalsma et al.(2018)において，学業への自己効力感が高いほどその後の学業成績が高いことが示されていることから，自己効力感の重要性が指摘されている。

自己効力感は，①自分の成功・失敗経験，②他者の行動の観察，③他者からの言葉による説得や自己暗示，④生理的状態の自覚(例えば，声が震えることで緊張を自覚する)といった4つの情報源によって変化する。これらの情報源に働きかけて自己効力感を高めるような介入の有効性は多くの研究で示されており，大学生を対象にした47の介入研究を統合的に分析したBraithwaite & Corr(2016)では，自己効力感に対する介入を行うことで効果的な学習方略の使用や学業成績などの指標に対して適応的な影響がみられることが示されている。

重要語句(縦断研究)：同じ対象者に対して短期間または長期間にわたって繰り返し観察する研究デザインのこと。

(3) 目標の達成やその過程で取り組む課題に対して感じる価値の種類

達成動機づけにおける「価値」の中でも，活動の対象となる課題に対して感じる主観的価値は，(主観的)課題価値とよばれる。課題価値は，以下の4つに分けられる。1つ目は内発的価値・興味価値であり，「課題に取り組むことに対して感じる楽しさや面白さ」の観点からの価値づけである。2つ目は獲得価値であり，「課題に取り組み，それに成功することが望ましい自己像の獲得につながる」という観点からの価値づけである。3つ目は利用価値であり，「課題に取り組むことが，将来のキャリアや日常生活で役に立つ」という観点からの価値づけである。4つ目はコストであり，課題への取り組みに伴うネガティブな価値的側面(必要な努力，失われる別の活動の時間，失敗時のネガティブ感情など)を指す。学業を例にすれば，「勉強に対して感じる楽しさや面白さ」は興味価値，「勉強を頑張れば『学業で優秀な自分』になれる」は獲得価値，「勉強することは望ましい進学や就職につながる」や「勉強することが普段の生活に役立つ」は利用価値，「勉強のたいへんさ」や「勉強に充てることで余暇時間が失われる」はコストに当たる(表6-1)。

課題価値の種類ごとの動機づけやパフォーマンスへの影響に関する実証研究はまだ途上であるが，価値による動機づけやパフォーマンスとの関連の違いについての理論的な説明は行われている。興味価値は興味や楽しさによって特徴づけられるため，内発的動機づけと関連すると考えられており，活動への取り組みを促進し，活動を持続させる機能がある。それに対して獲得価値や利用価値は，手段としての価値であることから，外発的動機づけと関連すると考えられている。獲

豆知識：課題価値には4つの種類があるが，1つの課題に対して1つの価値だけを認知するわけではない。例えば，ある課題に対してポジティブな価値とネガティブな価値(コスト)の両方を高く認知する学習者がいることが報告されている。

表6-1　課題価値の分類

課題価値	概要	有機的統合理論において類似する調整スタイル
興味価値	楽しさや面白さという意味での課題の価値	内的調整（内発的動機づけ）
獲得価値	望ましい自己像を獲得できるという意味での課題の価値 ・<u>課題達成の重要性</u>（例：この教科が得意であることは自分にとって重要だ） ・<u>個人的重要性</u>（例：この教科で学業的に優れていることは自分を構成する重要な部分だ）	統合的調整
利用価値	役に立つという意味での課題の価値 ・<u>学業での有用性</u>（例：この教科を勉強することは自分の学業的な成功において役に立つ） ・<u>日常生活での有用性</u>（例：この教科を勉強することは普段の生活で役に立つ） ・<u>社会的有用性</u>（例：この教科を勉強することは周囲から認められるために役に立つ） ・<u>職業での有用性</u>（例：この教科を勉強することは将来のキャリアの中で役に立つ） ・<u>その他，将来の生活全般における有用性</u>	同一視的調整
コスト	課題に対するネガティブな価値づけ ・<u>努力コスト</u>（例：課題遂行のために必要な労力） ・<u>機会コスト</u>（例：その活動に取り組むことによって失われる他の活動に使えたはずの時間） ・<u>心理コスト</u>（例：失敗したときに生じると想定されるネガティブな感情）	なし

Gaspard et al.(2015)を参考に作成

得価値は「自己像の獲得」という点でアイデンティティ発達（第2章を参照）と関連すると考えられており，利用価値については同一視的調整との関連が想定され，教育的な介入の効果を検証する研究が数多く行われている（*Column*を参照）。以上のようなポジティブな課題価値に対して，ネガティブな課題価値であるコストについては，学業上のさまざまな不適応的な指標を予測することが明らかにされている。

(4) 目標の設定と動機づけとの関連

　ここまで，目標の達成可能性（期待）や目標達成とその過程で取り組む課題の主観的価値について説明してきたが，目標の内容に関する研

究も数多く行われている。その代表的なものが，**達成目標理論**である。この理論では，人が「有能でありたい」という目的のために，どのような目標を設定するかを説明している。「有能である」という目的の達成の仕方は，能力に対する考え方によって変わる。能力に対する考え方は**マインドセット**とよばれており，成長マインドセットと固定マインドセットに分けられる。成長マインドセットとは，能力は可変的であり，自分で成長させることができるという考え方である。固定マインドセットとは，能力は安定的で，自分で変えることはできないという考え方である。

　成長マインドセットに基づけば，可変的な能力を成長させることで，「有能でありたい」という目的に近づくことができる。そのため，「以前の自分よりできるようになる」，「新しい知識を身につける」といった形で，個人内基準で有能さを追求する目標を立てる。このような達成目標は，**熟達目標**（マスタリー目標）とよばれる。それに対して，固定マインドセットに基づけば，能力は変わらないため，自分の能力を高く見せる（低く見せないようにする）ことで，「有能でありたい」という目的に近づくことができる。そのため，「周りより良い成績をとる（悪い成績をとらないようにする）」，「周りから高く評価される（低く評価されない）」といった形で，相対的な基準で有能さを追求する目標を立てる。このような達成目標は，**遂行目標**（パフォーマンス目標）とよばれる。

　近年の研究では，熟達目標と遂行目標はさらに，ポジティブな結果への接近に焦点化するかネガティブな結果の回避に焦点化するかという次元も加えて，2（熟達，遂行）×2（接近，回避）で表される（表6-2）。達成目標と，動機づけやパフォーマンス，精神的健康などとの関連については数多くの研究が行われている。知見を大まかにまとめると，熟達目標（熟達接近目標，熟達回避目標）は，活動への取り組みや課題への興味，パフォーマンス，ポジティブ感情の高さ，ネガティブ感情の低さなどさまざまな適応的指標を予測することが明らかになっている。遂行接近目標は，動機づけやパフォーマンスを予測す

豆知識：当初は，能力の中でも知能に焦点を当て，知能に対する考え方（暗黙の知能観）が達成目標を規定すると説明されていた。暗黙の知能観においては，成長マインドセットに相当する知能観は増大理論，固定マインドセットに相当する知能観は固定理論とよばれる。

豆知識：マインドセットに関する研究は，知能や能力だけでなく，パーソナリティや感情，不安などさまざまな心理的要素について行われている。

発展：人が熟達接近目標と熟達回避目標を異なる達成目標として有しているかについては議論が続いており，熟達目標と遂行接近目標，遂行回避目標の3目標説のほうが妥当であるという意見もある。

表6-2　達成目標理論の分類

有能さの基準	ポジティブな結果への接近	ネガティブな結果の回避
個人内	<u>熟達接近目標</u> 課題の完了，学習，理解，成長，進歩に着目	<u>熟達回避目標</u> 課題の完了・学習・理解の不足の回避，不正確な状態やよくない状態の回避に着目
相対的	<u>遂行接近目標</u> 他者より優れているか，他者から優れていると思われるかに着目	<u>遂行回避目標</u> 他者より劣っていることや他者から劣っていると思われることの回避に着目

るものの，不安を予測することも示されている。それに対して，遂行回避目標は，活動への取り組みやパフォーマンスの低さ，ネガティブ感情の高さなどさまざまな不適応的指標を予測することが示されている。

　教育現場において学習者の達成目標にアプローチする方法として，学習者を取り巻く環境に働きかけることが挙げられる。目標に関する研究では，「このクラスでは〇〇が重視されている」や「このクラスの先生は△△を重視している」といった，学級レベルで共有されている目標（**学級の目標構造**［第8章を参照］）に関する風土が存在すると考えられている。達成目標の観点から，学級風土として共有されている目標と学習者個人の目標の関連を検討した研究は数多く行われている。62の研究を統合的に分析したBardach et al.(2020)では，両者の関連は，対応する達成目標同士において最も強いことが示されている。すなわち，例えば学級風土として熟達目標が共有されているほど，学習者個人が熟達目標を重視する傾向が強いということである。したがって，教師が熟達目標を重視した学級運営を行い，遂行回避目標が学級風土として共有されないように気を配ることで，学習者の達成目標にアプローチすることができる。

④ 結果に対する解釈が動機づけに及ぼす影響

　前節では，何かを達成しようとするような動機づけに対して，目標と関連する認知がどのように影響するのかを説明した。本節では，そのような達成動機づけに影響を与えるもう1つの要因として，生じた結果に対する解釈が動機づけに及ぼす影響について説明する。

(1) 成功や失敗の原因に対する判断が達成動機づけに及ぼす影響

　動機づけの過程において行動の結果はフィードバックされ，次の行動に影響を及ぼす。そのような，結果のフィードバックがその後の行動に影響を及ぼすプロセスを説明する理論として，**原因帰属理論**がある。原因帰属とは，ある出来事について，その原因を判断するプロセスを指す。達成動機づけへの影響は，行動の結果の原因がどのような要因にあると判断されるかによって異なる。原因は，**位置**（内的な要因か，外的な要因か），**安定性**（あまり変わらない安定的な要因か，変化しやすい不安定な要因か），**統制可能性**（自己または他者によって統制可能な要因か，誰にも統制不可能な要因か）という3つの次元で分けられる（**表6-3**）。

ポイント：行動の結果に対するとらえ方が，動機づけの促進や無力感の生起につながるプロセスについて理解しよう！

豆知識：自分の行動の結果に対する原因帰属は，自分のその後の達成動機づけに影響を及ぼすが，他者の行動の結果に対する原因帰属は，他者に対する行動に影響を及ぼす。

豆知識：原因帰属のプロセスではさまざまな認知バイアスが生じる。例として，基本的帰属エラー（他者の行動をその人の特性に帰属しやすい），行為者─観察者バイアス（他者の行動は特性に帰属し，自分自身の行動はそのときの状況に帰属しやすい），セルフサービングバイアス（自分の成功は内的な要因に帰属し，自分の失敗は外的な要因に帰属しやすい）などが挙げられる。

表6-3 達成動機づけにおける原因帰属の3次元の例

統制可能性	統制可能		統制不可能	
安定性	安定	不安定	安定	不安定
位置 内的	普段の努力	一時的な努力	能力	気分
位置 外的	教師の偏見	他者の非日常的な援助	課題の困難度	運

　原因帰属はまず、感情や期待に影響を及ぼす。例えば、テストでよい点数を取ったとき、「自分が頑張ったからだ」と考えたとする。自分の頑張りは内的な要因であるため、誇らしい感情が喚起されるだろう。また、自分の頑張りは不安定な要因であるため、「次の頑張り次第で結果はどうなるかわからない」という期待をもつだろう。しかし、「テストが簡単だったからだ」という外的な原因帰属であった場合は、そのような感情や期待は生じにくいだろう。したがって、成功を内的な要因に帰属した際には、帰属によって生じる感情や期待によって、「次も誇らしい結果を得られるよう、同じかそれ以上に頑張ろう」という達成動機づけにつながりやすい。逆に、テストで悪い点数を取り、「自分の能力が低いからだ」と考えた場合はどうだろうか。まず、自分の能力は内的で統制不可能な要因であるため、自分の能力の低さが露呈したととらえて恥ずかしい感情が喚起されると考えられる。また、自分の能力は安定的な要因であるため、能力への帰属は「次も同じような結果になるだろう」という期待につながる。したがって、これらの感情や期待によって、「変えられない恥ずかしい結果をもたらす学業は回避しよう」というように達成動機づけが低下しやすい。

　原因帰属が達成動機づけに及ぼす影響は、以上のように感情や期待を媒介する。基本的には、成功は努力や能力のような内的な要因に帰属し、失敗は不安定な要因（内的な要因としては努力、外的な要因としては運など）に帰属することが、達成動機づけを促進する（抑制しない）ために効果的である。

(2) 「自分が何をしても無駄だ」という感覚（学習性無力感）と原因帰属

　ある結果が統制不可能であると認知することは、特にそれがネガティブな結果である場合に、動機づけの低下を引き起こす可能性がある。何らかのネガティブな結果に対して、自分がいくら行動してもそれを回避できないことを学習することによって生じる、「どうせ自分が何をしても無駄だ」という感覚は、**学習性無力感**とよばれる。学習性無力感はイヌを対象とした実験で最初に確認され（Seligman & Maier, 1967）、ヒトにおいても生じることが実証されている（Hiroto

& Seligman, 1975)。学習性無力感の生起過程について原因帰属を考慮して説明する理論として、改訂版学習性無力感理論がある（図6-10）。

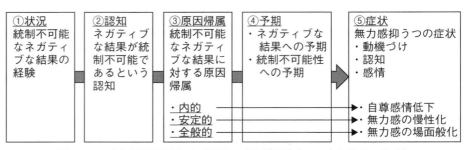

図6-10　改訂版学習性無力感理論の概要（坂本（2005）を参考に作成）

豆知識：Seligman & Maier(1967)の実験は学習性無力感に関する有名な実験である。この実験では，何をしても電撃を回避できない状況をイヌに繰り返し経験させると，そのあとでイヌを簡単に電撃を回避できる状況に移しても，電撃を回避しようとする行動をほとんどとらなくなることが報告された。

豆知識：Hiroto & Seligman(1975)の実験では，ヒトを対象にした場合，解決不可能な認知課題に（そうとは知らされずに）繰り返し取り組まされることによっても動機づけの低下（学習性無力感）が生じることが示された。

改訂版学習性無力感理論では，統制不可能なネガティブな結果が何によって生じているのかという原因帰属が，学習性無力感の発症やその症状に影響を及ぼすとされている。この理論における原因帰属の次元は3つあり，そのうち，**安定性**の次元と**位置**の次元は，達成動機づけに関する原因帰属理論と同様である。達成動機づけに関する原因帰属理論では統制可能性の次元を仮定していたが，学習性無力感では統制不可能性の認知が前提となっているため，統制可能性の次元は含まれない。その代わりに，**全般性**（他のさまざまな結果にも影響しうる要因か，今回の結果に特有の要因か）の次元が組み込まれている（表6-4）。

表6-4　改訂版学習性無力感理論に基づく，学業成績が振るわなかった子どもの原因帰属の3次元の例

位置		内的		外的	
安定性		安定	不安定	安定	不安定
全般性	全般的	知能が低い	体調が悪かった	ペーパーテストでは私の学力を測定できない	仏滅だった
	特殊的	不得意な教科だった	その問題だけ勉強していなかった	学校ではテストに集中できない	隣の席の人が気になって集中できなかった

加藤（2007）を参考に作成

安定的な要因への帰属は，自分が何をしてもネガティブな結果が今後もしばらく続くという期待をもたらし，慢性的な無力感につながる。内的な要因への帰属とは，自分自身の問題によって統制不可能なネガティブな結果が生じているという認知であるため，無力感の症状として自尊感情の低下をもたらす。例えば，何をしても学業成績が悪

いという状況に対して,「知能が低いから」,「この教科はどうしても苦手だから」というように自分自身の問題が原因であると判断すると,自尊感情が低下しやすい。また,上記の例を再び用いると,「知能が低い」という考えは,「この教科が苦手」という考えと比較して,学業成績不振以外のさまざまな結果に影響しうる全般的な帰属である。そのような全般的な要因に帰属すると,他のさまざまな場面でも無力感が生じるようになる。上記の例でいえば,知能が学業成績だけでなく,他者との関わりや部活動などにおいても影響すると考えていれば,それらの活動においても無力感が生じる可能性がある。

　以上のように,原因帰属は達成動機づけの促進だけでなく,無力感の発症とも関連する。したがって,学習者の動機づけを考える際,教育者は活動中の指導だけでなく,活動後に学習者が活動の結果をどのようにとらえるかにも注意を払い,フィードバックの仕方を工夫するなどの配慮を行うことが重要である。

豆知識：統制不可能なネガティブな結果が内的,安定的,全般的な要因に帰属され,学習性無力感の状態が深刻化すると,絶望感(hopelessness)を発症する。絶望感の症状には,自発反応の低下,悲哀感,アパシー,睡眠障害,集中困難などが含まれ,これらの症状は絶望感抑うつとよばれる。

Column　学習内容の有用性（利用価値）の認知を高める（利用価値介入）

　本文で述べたように，学習内容に対する，「自分の将来や日常生活の中で役に立つ」という価値づけは，利用価値とよばれる。「自分にとって役立つから学習する」という動機づけは，有機的統合理論では同一視的調整に位置づけられる自律性の高い動機づけであり，さまざまな適応的指標と関連する(Howard et al., 2021)。そのため，学業において利用価値の認知を高めようとする教育的介入**(利用価値介入)**に関する研究が近年進められている。

　利用価値介入には，**直接伝達型**と**自己生成型**の2つの方法があり，学業における成功への期待の高さによってその効果が異なることが示されている。直接伝達型は，学習内容の有用性の情報を直接的に教示するものであり，学業における成功への期待が高い(≒学業成績の高い)学習者において有効な方法である。一方で，学業における成功への期待が低い(≒学業成績の低い)学習者にとっては，与えられる有用性の情報は自分が享受できないものであると感じられやすいため，自分にとっての脅威として認知され，ネガティブな影響をもたらす。特に，他者から教示される将来のキャリアと関連した有用性の情報は，学業における成功への期待の低い学習者に対するネガティブな影響が大きく，より大きな脅威として認知されやすい(Canning & Harackiewicz, 2015)。

　それに対して，自己生成型は，学習内容がどのように役立つかを学習者自身に考えさせる方法である。この方法は，自分にとって脅威とならない範囲での有用性を考えることが可能であるため，学業における成功への期待の低い学習者において特に有効であることが明らかになっている(Hulleman et al., 2010)。さらに，自己生成型の方法は，上述の直接伝達型の方法において有用性の情報が与えるプレッシャーを打ち消す効果があるとされている。ある研究(Canning & Harackiewicz, 2015)では，学業における成功への期待の低い学習者に対しては，自己生成型と直接伝達型を組み合わせて実施するほうが，どちらか一方のみを実施するよりも効果が大きいことが示されている。また，自己生成型の方法は，学業における成功への期待の高い学習者に対しても効果的であり，特に，自分にとっての，学習内容の長期的・将来的な有用性について考えさせることが有効であることが明らかにされている(Hecht et al., 2021)。

　日本においても利用価値介入に関する研究は行われつつあり，日本の教育現場における知見の蓄積が期待されている。

演習問題

A群の問いに対する回答を，B群から1つ選びなさい。

[A群]
1. （ ① ）とは，先行要因が動機に影響し，行動が生起・持続して何らかの結果を生じさせる全体的な過程のことである。
2. （ ① ）は，行動自体が目的となっている（ ② ）と，行動が別の目的の手段となっている（ ③ ）に分けることができる。
3. 行動に対して一時的に外的報酬が与えられると，その報酬がなくなった後の（ ② ）が低下する現象のことを，（ ④ ）とよぶ。
4. 有機的統合理論で仮定されている調整スタイルは，自律性の低い順に，無調整，外的調整，（ ⑤ ），（ ⑥ ），統合的調整，内的調整である。
5. （ ⑦ ）×（ ⑧ ）理論は，（ ⑦ ）と（ ⑧ ）のかけ算を用いて達成動機づけの大きさを説明する。（ ⑦ ）とは，どのくらい成功できそうかという見込みであり，（ ⑧ ）とは，目標を成し遂げることに対する主観的な価値づけのことである。
6. （ ⑦ ）は，「ある行動が目標とする結果を生じさせる」という見込みである（ ⑨ ）と，「目標のための行動を自分がどの程度うまくできるか」についての見込みである（ ⑩ ）に分けられる。
7. 達成目標には，個人内基準で有能さを追求する（ ⑪ ）と，相対的基準で有能さを追求する（ ⑫ ）がある。
8. 達成動機づけに関する原因帰属理論における原因帰属の3次元とは，統制可能性の次元，安定性の次元，そして（ ⑬ ）の次元である。
9. （ ⑭ ）は，自分の行動と関係なくネガティブな結果が生じる(望む結果が得られない)ことを繰り返し経験することで生じる。

[B群]
先行要因，動機づけ，自律的動機づけ，内発的動機づけ，外発的動機づけ，期待，
効力期待，結果期待，達成動機，価値，獲得価値，
興味価値，利用価値，遂行目標，熟達目標，有能感，成長マインドセット，
アンダーマイニング効果，学習性無力感，同一視的調整，自己調整，
取り入れ的調整，全般性，固定マインドセット，位置

【ディスカッションをしてみよう】
1. 「主体的な学び」とはどのような学びを指すのか，教育者としてどのように学習者とかかわることで「主体的な学び」を実現することができるかについて，動機づけの観点から話し合ってみましょう。
2. 学業に限らず，子どもがもつ目標には何が影響し，そして目標の内容やそれに対する認知がさまざまな活動にどのような影響を及ぼすかについて，動機づけの観点から話し合ってみましょう。
3. 学習者が活動に対して「自分が何をしても無駄だ」という無力感を抱かずに済むようにするた

めには，教育者としてどのようなかかわり方が必要かについて，動機づけの観点から話し合ってみましょう。

【演習問題の答え】
①動機づけ　②内発的動機づけ　③外発的動機づけ　④アンダーマイニング効果　⑤取り入れ的調整　⑥同一視的調整　⑦期待　⑧価値　⑨結果期待　⑩効力期待　⑪熟達目標　⑫遂行目標　⑬位置　⑭学習性無力感

【引用文献】

Bardach, L., Oczlon, S., Pietschnig, J., & Lüftenegger, M.(2020). Has achievement goal theory been right? A meta-analysis of the relation between goal structures and personal achievement goals. *Journal of Educational Psychology, 112*(6), 1197-1220.

Braithwaite, R., & Corr, P. J.(2016). Hans Eysenck, education and the experimental approach: Ameta-analysis of academic capabilities in university students. *Personality and Individual Differences, 103*, 163-171.

Canning, E. A., & Harackiewicz, J. M.(2015). Teach it, don't preach it: The differential effects of directly-communicated and self-generated utility-value information. *Motivation Science, 1*, 47-71.

Deci, E. L.(1971). Effects of externally mediated rewards on intrinsic motivation. *Journal of Personality and Social Psychology, 18*(1), 105-115.

Deci, E. L., Koestner, R., & Ryan, R. M.(1999). A meta-analytic review of experiments examining the effects of extrinsic rewards on intrinsic motivation. *Psychological Bulletin, 125*(6), 627-700.

Gaspard, H., Dicke, A.-L., Flunger, B., Schreier, B., Häfner, I., Trautwein, U., & Nagengast, B.(2015). More value through greater differentiation: Gender differences in value beliefs about math. *Journal of Educational Psychology, 107*(3), 663-677.

Hecht, C. A., Grande, M. R., & Harackiewicz, J. M.(2021). The role of utility value in promoting interest development. *Motivation Science, 7*, 1-20.

Hiroto, D. S., & Seligman, M. E.(1975). Generality of learned helplessness in man. *Journal of Personality and Social Psychology, 31*(2), 311-327.

Howard, J. L., Bureau, J., Guay, F., Chong, J. X. Y., & Ryan, R. M.(2021). Student motivation and associated outcomes: A meta-analysis from self-determination theory. *Perspectives on Psychological Science, 16*(6), 1300-1323.

Hulleman, C. S., Godes, O., Hendricks, B. L., & Harackiewicz, J. M.(2010). Enhancing interest and performance with a utility value intervention. *Journal of Educational Psychology, 102*, 880-895.

加藤　司(2007)．やる気を失うという現象　伊藤　崇達(編)　やる気を育む心理学(pp.121-141)　北樹出版

Mammadov, S., & Schroeder, K.(2023). A meta-analytic review of the relationships between autonomy support and positive learning outcomes. *Contemporary Educational Psychology, 75*, 1-22.

文部科学省(2017)．小学校学習指導要領(平成29年告示)解説

Reeve, J.(2016). Autonomy-supportive teaching: What it is, how to do it. In W. C. Liu, J. C. K. Wang, & R. M. Ryan (Eds.), *Building autonomous learners: Perspectives from research and practice using self-determination theory* (pp.129-152). Springer.

Ryan, R. M., & Deci, E. L.(2017). *Self-determination theory: Basic psychological needs in motivation, development, and wellness.* The Guilford Press.

坂本　真士(2005)．無力力とは――臨床社会心理学から――　大芦　治・鎌原　雅彦(編)　無気力な青少年の心(pp.31-42)　ナカニシヤ出版

櫻井　茂男(2021)．無気力から立ち直る――「もうダメだ」と思っているあなたへ――　金子書房

Seligman, M. E., & Maier, S. F.(1967). Failure to escape traumatic shock. *Journal of Experimental Psychology, 74*(1), 1-9.

Talsma, K., Schüz, B., Schwarzer, R., & Norris, K.(2018). I believe, therefore I achieve(and vice versa): A meta-analytic cross-lagged panel analysis of self-efficacy and academic performance. *Learning and Individual Differences, 61*, 136-150.

第7章 パーソナリティ

① パーソナリティのとらえ方

私たちはしばしば自己紹介などの機会に「私はこういう性格です」と言うことがあるが，性格（パーソナリティ）をとらえるための切り口は無数に存在する。この章では，心理学におけるパーソナリティの基本的な考え方やその測り方，発達的な成り立ち，教育との関わりや適応との関係について説明する。

(1) パーソナリティとは

パーソナリティとは，ある個人の感情や思考，認知，行動などに一貫したパターンや方向性をもたらす総体的な特徴のことであり，一般的には「人格」あるいは「性格」と訳される。心理学においては，パーソナリティは安定し，一貫したものであることや，他者から見える行動だけでなく思考や感情といった内面にもその特徴が現れること，そして個人と他者や社会との関わり方を決める一因となるものであることが前提とされている。

(2) パーソナリティの類型論

人間のパーソナリティをいくつかのタイプに分類する理論を総称して**類型論**という。以下に代表的な類型論の理論を紹介する。

① 体型に基づく分類

ガレノスの四気質説 古代ギリシャのヒポクラテス（Hippocrates）は，人間の体内に流れる4種類の体液のバランスが崩れることが病気の原因であるという四体液説を提唱した。この考え方をもとに，古代ローマ時代にガレノスは4つの体液の優位性に対応した**気質**を定義し，四気質説を唱えた（表7-1）。

クレッチマーの3類型 20世紀初頭になると，ドイツの精神科医のクレッチマー（Kretschmer, E.）が，精神疾患患者におけるその疾患の発症前にみられていたパーソナリティ（病前性格）と体型の関連を見

豆知識：パーソナリティ（personality）の語源はラテン語の「ペルソナ（persona）」であるとされており，もともとは「（他者に見せる）仮面」を指していたと考えられている。

豆知識：類義語として「キャラ」も挙げられるが，これは対外的な自分らしさや役割，立ち位置を表現する意味合いが強い語である。

重要語句（気質）：英語ではtemperamentといい，パーソナリティの基盤をなす個人特性のこと。刺激に対する反応や感受性の強さに関する個人差を指すことが多い。

表7-1　ガレノスの四気質説

優位な体液	気質	主な特徴
血液	多血質	快活, 明朗, 社交的, 気分屋
黄胆汁	胆汁質	せっかち, 短気, 積極的, 興奮しやすい
黒胆汁	憂うつ質	用心深い, 消極的, 敏感, 悲観的, 無口
粘液	粘液質	冷静, 勤勉, 冷淡, 粘り強い

表7-2　クレッチマーの3類型

	細長型	肥満型	闘士型
気質	分裂気質	循環気質	粘着気質
特徴	内気, 真面目, 臆病, 従順	社交的, 明朗, 気分変動が大きい	秩序を好む, 誠実, 融通が利かない
精神疾患	統合失調症	躁うつ病	てんかん

いだし，3つの体型と対応する気質および至りやすい精神疾患を整理した（表7-2）。

シェルドンの3類型　クレッチマーの分類は精神疾患患者を対象としていたが，クレッチマーの分類が登場した後の1942年に，シェルドンとスティーブンス（Stevens, S. S.）は一般学生を対象とした研究結果から，身体の発達部分の度合いによる気質の3類型を見いだした（表7-3）。

表7-3　シェルドンらの3類型

	内胚葉型	中胚葉型	外胚葉型
気質	内臓緊張型	身体緊張型	頭脳緊張型
特徴	くつろぎ, 安楽, 食にこだわる	大胆, 活動的, 自己主張が強い	控え目, 過敏, 疲労しやすい
対応する体の部位	消化器系（内臓器官）	骨格や筋肉	神経系統, 感覚器官, 皮膚組織

　シェルドンらの類型論は，ガレノスやクレッチマーのように人間を3つの異なるタイプに分けるのではなく，個人を体型にまつわる3つの観点からそれぞれ7段階で評価する点に新規性があった。例えば，4-7-1という評定結果の場合は，内胚葉型が中程度（4）で，中胚葉型が高く（7），外胚葉型が低い（1）というパターンとなり，それぞれの得点が対応する気質の強さを表す。

　体型によるパーソナリティの分類は，現在ではほとんど用いられていないが，後述する特性論の中にはそれぞれの類型を特徴づける気質の視点が受け継がれているものもあり，パーソナリティ心理学の重要な原点の1つであるといえる。

人物紹介（シェルドン）：シェルドン（William Herbert Sheldon, 1899-1977）はアメリカの医学者・心理学者である。新たな体型分類法を考案し，さまざまな態度と関連することを主張した。

ポイント：その後の追試研究では，体型と気質の間にそれほど強い関連があることは示されていない。

② ユングによる分類

ユングは,心的エネルギー(リビドー)の方向と,より優位に働く心の主要機能から,パーソナリティを8つに分類できることを提唱した(表7-4)。この8分類そのものは現在ではほとんど用いられていないが,外向—内向の次元は後述する特性論の理論にも受け継がれており,パーソナリティ心理学の基礎概念の1つとして根づいている。

人物紹介(ユング):
ユング(Carl Gustav Jung, 1875-1961)はスイスの精神科医である。精神分析の研究を進めるうちに異なる理論体系を確立することとなり,分析心理学という独自の学問領域を確立した。

表7-4 ユングによる8分類

心的エネルギーの方向		外向型	内向型
心の主要機能		・他者に影響を受けたり,与えたりする ・感情表出しやすい ・精力的,社交的	・自分の内面に関心を向けやすい ・感情をあまり表出しない ・従順,狭く深い人間関係
思考機能	客観的,合理的,論理的	・理屈で行動する ・やや人間味に欠ける	・内へ内へと思考を深める ・周囲から浮くこともある
直感機能	勘やフィーリングといった無意識	・ピンときたものに意欲を燃やす ・飽きっぽい	・夢見がちな理想家 ・奇人扱いされることもある
感覚機能	視覚・触覚・嗅覚・味覚・聴覚という五感,「快−不快」	・快楽思考 ・他者との調和も尊ぶ	・独自の感性を垣間見せる
感情機能	好き,嫌いという心的な感覚	・社交的で感情表現豊か ・流されやすさもある	・感情の起伏が激しい ・頑固な面もある

③ 価値観に基づく分類

シュプランガー(Spranger, E.)は,日常生活において重視する価値志向をもとに6つの類型を提唱した(表7-5)。この分類も現在ではそれほど用いられていないが,人間の価値観の区分としては現在も残っており,後述の特性論の視点で研究に用いられることもある。

表7-5 シュプランガーの価値類型

類型	内容
理論型	物事を客観的に眺め,知識体系の追求に価値を見いだす
経済型	経済的利点からの実用的価値を重視し,蓄財を目的とする
権力型	権力を握り,他人を支配することに価値をおく
審美型	実生活に関心を示さず,芸術活動に価値をおく
社会型	社会福祉活動に価値をおく
宗教型	聖なるものの恵みと救いの宗教的活動に価値をおく

(3) パーソナリティの特性論

特性論は，パーソナリティを複数の構成要素（特性）の集合体であるとし，各特性の程度の差から個人のプロフィールを描き，パーソナリティを量的・客観的に捉えようとする視点である。

特性論においては，どのような構成要素（特性）を抽出してパーソナリティをとらえるかが非常に重要となる。しかし，人間のパーソナリティを表す軸は無数に存在する。そこで，以下では特性論の歴史とともに，どのような特性が抽出されてきたかについて紹介する。

① オルポートの心理辞書的研究

オルポートは，既に発展していた知能および知能検査の研究で用いられていた手法をパーソナリティの測定に応用できないかと考え，パーソナリティの特性論，ひいては**パーソナリティ心理学**の礎を築いた。そして，パーソナリティ特性を，大部分の人が程度の差こそあれ身につける**共通特性**と，共通特性だけでは説明できない，特定の個人のみが有する**独自特性（個別特性）**に区別した。このうち，パーソナリティ心理学においては，多くの人を対象に共通して測定できる共通特性が重視されていった。

オルポートらは，「人間のパーソナリティの表現は，普段人々が使用する言葉の中に反映されており，その社会における重要なパーソナリティの特徴は，その言語の中に組み込まれている」という**語彙仮説**をもとに，辞書に掲載されている人間のパーソナリティや行動特徴を表す単語（約18,000語）を抽出して分類した。この研究方法を**心理辞書的研究**という。オルポートらは，抽出した単語を，パーソナリティ特性を表す単語，一時的な状態・気分・活動を表す単語，道徳的なふるまいや世間での評判などの価値判断を表す単語，身体的な特徴・能力・その他の4種類に分類した。オルポートの試みは，その後のパーソナリティ心理学の指針を示す重要なものであったが，単語の分類方法が恣意的であるなどの問題点もあった。そのため，後の研究では手法の洗練が図られていった。

② キャッテルの16因子説

もともと知能の研究を行っていたキャッテル（Cattell, R. B.）は，オルポートが収集した単語のリストを再度整理し，類似した単語を集約したうえで，そのリストに関する行動観察や自己評定，客観テストなどのデータを収集した。そして，これらのデータを**因子分析**（第5章を参照）にかけることで，12の**根源特性**を抽出した。根源特性とは，他者から観察されない潜在的な特性であり，反対に他者から観察可能な特性は**表面特性**として区別された。キャッテルは，根源特性こそがパーソナリティを形成するものであると考え，その後もさらなる研究

ポイント：類型論と特性論の考え方の違いを理解しよう！

ポイント：特性論では，全般的な運動能力を測定する新体力テストのように，パーソナリティをいくつかの側面から評価し，各側面の高さを組み合わせて総合的にその個人のパーソナリティをとらえる。類型論では「私は〇〇型にあてはまる」という言い方をするが，特性論においては「私は××性が高い」と記述することが適切である。

人物紹介（オルポート）：オルポート（Gordon Willard Allport, 1897-1967）はアメリカの心理学者である。パーソナリティ心理学の発展だけでなく，社会心理学の分野においてもさまざまな研究業績を残している。

重要語句（心理辞書的研究）：個人のパーソナリティを記述するために，辞書に掲載されている自然言語，特に形容詞（特性用語）を用いて人物を評価させ，系統立てた語彙を得ようとする研究手法のこと。

を進めて4つの根源特性を追加し，16因子説を提唱した。

そしてキャッテルは，根源特性を因子分析によってさらに分類した。まず，遺伝的体質の影響を受けやすいと考えられる体質特性と，環境の影響を受けやすい特性であると考えられる環境形成特性に大別した。この視点は，本章第3節で触れる行動遺伝学と類似するものである。

また別の視点では，根源特性を，効率的に目標を達成するために必要な能力と関連する能力特性，活動あるいは情緒の反応性と関連する気質特性，獲得された興味や態度などと関連する力動特性の3種類に分類した。これまでの理論ではみられなかった知的能力に関する視点が加えられた点が特徴的である。

オルポートの研究が主観的な分類に基づいていたことに対して，パーソナリティ心理学の研究に客観的データと統計手法を用いた点がキャッテルの功績であったが，当時の手作業による分析手法の限界から，キャッテルが提唱した16因子説には**再現性**がないという指摘が多い。

③　アイゼンクの2因子モデル

アイゼンクは，**健常群**と**臨床群**を対象とした大規模な研究を行い，精神医学的診断，自己評定，客観的な動作の観察，身体的な個人差といった多様なデータと因子分析を用いることで，外向性─内向性と神経症傾向─情緒的安定性の2つの基本的なパーソナリティ次元を見いだした。このモデルの特徴は，2次元それぞれの程度の組み合わせにより，単一の次元では説明できない多様なパーソナリティや行動傾向を説明できる点である（図7-1）。

発展：2011年頃より，これまでの心理学の研究結果の多くが後続の追試研究においてそれほど再現されていないという「再現性危機」が提議され，科学的な心理学のあり方が改めて議論されている。

人物紹介（アイゼンク）：アイゼンク（Hans Jurgen Eysenck, 1916-1997）は，ドイツの心理学者である。パーソナリティ心理学だけでなく，心理療法の1つである行動療法に関する研究業績も残している。

重要語句（臨床群）：研究対象としている障害や疾患を有することで，医学的あるいは心理的な治療・介入の対象となりうる人々のこと。一方で，健常群とは，臨床群にあてはまらない人々のこと。

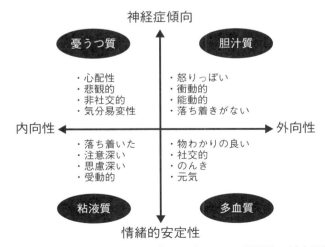

図7-1　アイゼンクの2因子モデルとガレノスの類型論の対応関係

アイゼンクが提唱した外向性─内向性の次元は，個人の意識が向きやすい方向を示している。外向性が高い人は大脳皮質の興奮が収まり

豆知識：アイゼンクは，脳の特定の部位の活性化のしやすさとパーソナリティが関連しているという仮説を立てたが，その後十分に検証されていない。しかし，この仮説は神経心理学とパーソナリティ心理学を繋ぐ重要な初期仮説であった。

重要語句（精神病）：伝統的な精神医学において，精神疾患は精神病と神経症に大別されていた。精神病は，現代における統合失調症や双極症のような病状にあたると考えられており，妄想や幻覚などを主な特徴とする。

ポイント：アイゼンクが提唱したパーソナリティの階層モデルは，因子分析の基本的なモデルと類似しており，後に分析手法が発達したことで統計的に検証可能となった。

やすいため，自分の外に刺激を求める傾向が強いが，内向性が高い人は大脳皮質の興奮が持続しやすいため，過剰な刺激を回避しようとするという考えがその土台にあった。すなわち，アイゼンクは身体的（神経生理学的）な個人差も重視していたといえる。

一方で，神経症傾向―情緒的安定性の次元は，不安の強さや神経質さ，環境への適応の度合いを表すものであり，アイゼンクはこの次元を内臓や自律神経系の覚醒状態と関連するものであると考えていた。この次元の特徴に表れているように，アイゼンクの特性論は，健常群における特性や行動のみならず異常行動にまでパーソナリティ次元の研究を拡張した点が画期的であった。なお，アイゼンクは後に**精神病傾向**という第三の次元を提唱した。これは，衝動をコントロールできる程度や，敵対心の強さに関する次元である。

アイゼンクの2因子モデルは，特性論の研究の流れの中で生み出されたものであるが，ユングの類型論で用いられた外向―内向の次元が用いられている点や，ガレノスの四気質説との対応関係が整理された点から，特性論の発展以上に類型論と特性論を繋ぐ重要な役割を果たしていたと考えることができる。

さらにアイゼンクは，パーソナリティの階層モデル（図7-2）を提唱した。ここでは，パーソナリティ特性の上位に「類型水準」が仮定されているが，これはあくまでいくつかの類似した特性が相互にまとまったものであり，類型論における「類型」とは異なるものである。

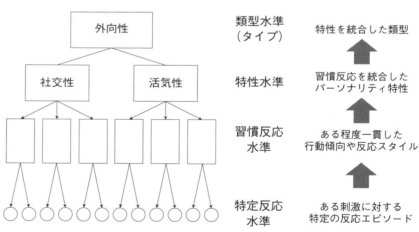

図7-2　パーソナリティの階層モデル（Eysenck（1967），小塩（2010）を参考に作成）

④　Big Fiveの5因子モデル

その後，1960年代から90年代にかけて，因子分析を活用した一連の研究から，人間のパーソナリティが文化の違いを超えておおむね共通した5つの因子によってとらえられることが見いだされた。研究者に

よって各因子の命名が異なっていたが，これらの研究の集大成として提唱されたのがBig Five理論(Goldberg, 1990)である(表7-6)。Big Fiveの5つの特性の程度が組み合わさることによって，無限の行動が現れると考えられた。

豆知識：Big Fiveの5因子の英訳の頭文字を繋げると「OCEAN」となる。

表7-6 Big Fiveの5因子の内容

因子名	下位次元	その因子が高い人の特徴
経験への開放性(Openness to experience)	空想，審美性，感情，行為，アイデア，価値	好奇心のある，興味が広い，創造的，独創的，想像力のある，伝統的でない
誠実性(勤勉性)(Conscientiousness)	コンピテンス，秩序，良心性，達成追求，自己鍛練，慎重さ	しっかりした，頼りになる，一生懸命やる，自制心のある，時間を守る，几帳面な，きちんとした，野心のある，忍耐強い
外向性(Extraversion)	温かさ，群居性，断行性，活動性，刺激希求性，よい感情	社交的，活動的，おしゃべり，人好きな，楽観的，楽しみを求める，愛情深い
調和性(協調性)(Agreeableness)	信頼，実直さ，利他性，応諾，慎み深さ，優しさ	柔和な，気の良い，人を信じる，人を助ける，人を許す，だまされやすい，率直な
神経症傾向(Neuroticism)	不安，敵意，抑うつ，自意識，衝動性，傷つきやすさ	心配性，神経質，感情的，不安な，不全感，心気的

下仲他(1998)を参考に作成

上記の5因子の特性の高さは，自己評定の質問紙法(後述)によって評価される。計240項目を用いて下位次元まで詳細に測定するNEO-PI-R(Costa & McCrae, 1992)や，わずか10項目で5因子の高さを測定できるTIPI-J(小塩他，2012)などさまざまな尺度が開発され，多くの研究で活用されている。

Big Fiveモデルは文化や言語を超えて共通するパーソナリティ次元であることが示されており，世界中のさまざまな言語圏の研究で用いられている。しかし，5つの特性が互いに無相関ではなく，ある一定の相関関係にあることから，知能の一般因子のような上位因子が存在しうるという指摘もある。また，あくまで人間が認知あるいは表現する際に用いられている5つの次元に過ぎないという批判もある。そのため，Big Fiveモデルは特性論の最終的な結論であるとは位置づけられておらず，近年も活発に研究が行われ，異なる理論もいくつか提唱されている。例えば，Lee & Ashton(2006)は，Big Fiveの5因子に正直さ—謙虚さ(Honesty-Humility)を加えた6因子説を提唱し，Big Fiveモデルでは説明できない行動を予測できることを示した。

豆知識：Lee & Ashton(2006)の6因子は，Honesty-Humility, Emotionality, eXtraversion, Agreeableness, Conscientiousness, Openness to experienceの頭文字などを繋げてHEXACO(ヘキサコ)モデルと呼ばれている。

ポイント：類型論と特性論のそれぞれの長所と短所を理解し，どのように使い分けられるかを理解しよう！

(4) 類型論と特性論のつながりと違い

歴史的には，類型論が先に誕生し，その後特性論が生み出された。類型論の一部の観点や気質などは特性論にも受け継がれており，類型論の各理論はパーソナリティ心理学の基盤としてその後の研究に影響を及ぼしてきた。現代の心理学の研究や心理臨床の現場では，特性論の考え方が主に用いられているが，ときには類型論と特性論の両者の特徴を組み合わせることもあり，また両者の長所と短所（表7-7）を考慮して使い分けられることもある。例えば，図7-1のアイゼンクの2因子モデルのように，2つのパーソナリティ特性の高低の組み合わせによって人々を4つのグループに分類することもできる。すなわち，類型論と特性論は対立する立場ではなく，両者を補完し合う関係にある。

表7-7 類型論と特性論のそれぞれの長所と短所

	長所	短所
類型論	・パーソナリティ理解の枠組みとして利用しやすい ・パーソナリティの全般的理解に役立つ	・個人差や例外，中間型，混合型などを扱うことができない ・類型に含まれない特徴が無視されやすい
特性論	・パーソナリティの多彩な分類が可能となる ・個人差を把握しやすい	・人間理解が断片的になりやすい ・個人やパーソナリティの全体像を見失いやすい

発展：より高度な応用例として，3つ以上の特性によるパターンの類似性から対象者を少数のグループに分類する統計手法（クラスター分析）を用いた研究もある。各類型の特徴が，特性論のように量的な違いとしてとらえられる上に，現実の人間像に即してプロフィールが描かれるため，類型論と特性論の長所を組み合わせた視点であるといえる。

2 パーソナリティ検査

人間のパーソナリティ，適性，知能，発達水準などの心理的特性を評価・測定する手法を総称して**心理検査**といい，中でもパーソナリティに関する心理検査を**パーソナリティ検査**という。心理検査は，発達，能力，パーソナリティ，過去の対人関係，現在置かれている心理社会的状況などの特徴から，その個人の特性と，その個人が現在抱えている問題との関係を理解するために役立てられる。そして，面接や心理検査を通したこれらの営みを**心理アセスメント**という。臨床場面において，心理アセスメントは適切な介入方法の選択に欠かせないプロセスである。ここでは，パーソナリティ検査の分類と，各分類に含まれる代表的な検査を紹介する。

(1) 投影法

投影法とは，多様な見方や解釈ができる刺激に対する反応の傾向を調べることによって，本人が意識していないパーソナリティや心理状態を把握できる検査の分類のことである。反応（回答）の自由度が高いため，検査の実施や結果の解釈には熟練を必要とするものが多い。以下に代表的な投影法検査を示した。

ロールシャッハ・テスト 1921年にロールシャッハが開発した。左右対称のインクの染みでできた図版（図7-3）を1枚ずつ計10枚提示し，それぞれ何に見えるかを答えさせる検査である。検査者は，被検査者の回答内容について，図版のどの領域がなぜそのように見えたかを細かく尋ねる。決められた手法で得点化を行い，被検査者のパーソナリティや病態を解釈・評価する。

図7-3　ロールシャッハ・テストの図版の例（実際のテストとは異なる）

主題統覚検査（Thematic Apperception Test：TAT） 1938年にマレーとモーガン（Morgan, C.D.）が開発した。人あるいは人々が多様に解釈できる場面で描かれている絵を1枚ずつ提示し，それぞれの絵について物語を作って語らせる検査である。被検査者の語りの内容から，現在抱えている潜在的な問題や欲求などを解釈する。また，いずれの図版にも必ず人物が登場することが特徴であり，自己の内面だけでなく他者との関わり方も浮き彫りになることがある。

P-Fスタディ（Picture Frustration Study） 1948年に米国の心理学者ローゼンツァイク（Rosenzweig, S.）が開発した。対人トラブルなどの欲求不満場面の絵を1枚ずつ提示し，それぞれの場面について，もし自分だったらどのように対処するかを答えさせる検査である。各場面でどのような反応（不満）を誰（何）に向けて表出するかによって反応を評価し，抱きやすい欲求不満の特徴や攻撃性などのパーソナリティを理解するために用いられる。

文章完成法（Sentence Completion Test：SCT） 不完全な文章を提示し，空欄を自由に埋めて文章を完成させる検査方法である。「時々私は_____。」，「私には_____の才能がある。」といった刺激文が用いられる。自己だけでなく対人関係，家族関係といったさまざまなカテゴリの刺激文が用意されており，それぞれの回答内容から多様なパーソナリティの側面を解釈する。

人物紹介（ロールシャッハ）：ロールシャッハ（Hermann Rorschach, 1884-1922）はスイスの精神科医であり，精神分析や心理検査だけでなく，宗教心理学や社会学などに関する研究も行った。

人物紹介（マレー）：マレー（Henry Alexander Murray, 1893-1988）はアメリカの心理学者であり，人間の内なる欲求と環境からの圧力の相互作用が行動を説明するという欲求＝圧力理論を提唱した。

重要語句（欲求不満）：目標達成や欲求・要求の充足に向けた行動が何らかの障害によって阻害されている状態のこと。直接的・現実的な解決が難しい場合は，攻撃行動といった非合理的・不適応的な反応が生じることもある。

描画法　特定のテーマで絵を描かせ，描かれた絵の特徴や描き方，空白の使い方などから被検査者のパーソナリティあるいは精神状態を解釈する検査の総称である。代表的な検査として，実のなる木を描かせるバウムテスト，人物画テスト(Draw A Person：DAP)，家と木と人を描かせるHTP(House-Tree-Person test)，構成要素を1つずつ指示して描き足しながら風景画を描かせる風景構成法が挙げられる。描画法は，被検査者が必ずしも言語を用いる必要がないため，言語発達が未熟な幼児にも適用できるという利点がある。なお，描かれた絵の内容や構成などを被検査者に質問し，解釈に役立てることもある。

投影法の特徴は，他の心理検査ではアセスメントすることが難しい深層心理や，被検査者が自覚していないパーソナリティを知るために役立つ点である。また，そのために，被検査者が反応内容を意図的に歪める危険性が少ない。一方で，検査者によって結果の解釈が異なる場合があることや，検査の実施に時間がかかることなどの問題点もある。

(2) 質問紙法

質問紙法とは，意見，態度，考え方，行動特徴，パーソナリティなどを知るために作成された一連の質問リストが書かれた調査票(質問紙)に，回答者が自ら筆答する検査法である。全般的なパーソナリティを測定するための検査と，特定のパーソナリティ特性や病態水準(うつ症状の強さ，不安の強さなど)を測定するための検査がある。ここでは，全般的なパーソナリティを測定するための代表的な質問紙法検査を紹介する。

ミネソタ多面人格目録(Minnesota Multiphasic Personality Inventory：MMPI)　1943年にアメリカの心理学者ハサウェイ(Hathaway, S. R.)と精神科医マッキンリー(McKinley, J. C.)が開発した検査である。550項目で構成されており，主に10種類の臨床尺度と4種類の妥当性尺度から構成されている。被検査者の受検態度や自分を好ましく見せようとする姿勢を評価する妥当性尺度が含まれる点が特徴的である。

Y-G性格検査(矢田部-ギルフォード性格検査)　米国の心理学者ギルフォード(Guilford, J. P.)が開発し，1957年に京都大学教授の矢田部達郎が日本語で標準化した検査である。12尺度(全120項目)から構成され，6つの因子に対応している。得点のパターンから回答者を5つの類型に分類することもできる。

東大式エゴグラム　交流分析理論をもとに仮定された5種類の自我状態について，それぞれ10項目で測定する検査である。

重要語句(標準化)：検査の実施方法や内容を細かくマニュアル化し，採点基準や結果の解釈の方法に関する厳格な規格を設定する手続きのこと。

重要語句(交流分析)：主に対人関係におけるストレスを扱う理論体系および治療法のこと。互いに反応し合っている人間の間で行われている交流を分析し，心の構造や機能を記号と図式を用いてとらえる点が特徴的である。

これらの他にも，キャッテルの16因子説をもとに開発された16PF（The Sixteen Personality Factor Questionnaire）や，アイゼンクの2因子モデルをもとに開発された**モーズレイ人格目録（Maudsley Personality Inventory：MPI）**といった検査が存在し，それぞれ日本語版の検査も普及している。

質問紙法の長所は，実施方法が比較的簡便であり，短時間でかつ集団にも実施できる点である。また，質問紙法の検査は，標準化されているものが多い。短所は，被検査者が質問内容を誤解している場合や，回答内容を意図的に歪めようとしている場合に，正しい検査結果が得られない危険性がある点である。また，適切な自己評価をするには，一定の内省能力を身につけている必要があるため，誰にでも適用できるとは限らない。

豆知識：発達段階や何らかの精神疾患によって自己評価が困難な場合，親や教師などによる他者評定の質問紙法検査を用いる場合がある。

(3) 作業検査法

作業検査法とは，比較的単純な作業課題を用いてパーソナリティを把握しようとする検査の総称である。検査中の緊張，興奮，慣れ，疲れ，混乱，欲求不満の状態などにパーソナリティが反映されるという前提に基づいている。

代表的な検査に，ドイツの精神科医クレペリン（Kraepelin, E）がそのもととなる考え方を考案し，1930年代に心理学者の内田勇三郎が開発した**内田クレペリン検査**がある。この検査では，隣り合う数字の和を計算してそれらの下に記入するという作業を15分間×2セット行い，1分ごとの作業量の経時的な変化のパターンを描いた作業曲線の形状からパーソナリティや適性を評価する（図7-4）。

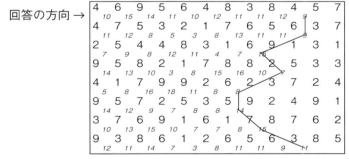

図7-4 内田クレペリン検査の検査用紙と作業曲線の例

内田クレペリン検査は，単純作業事態における能力を調べられることから，職業適性検査としても用いられている。なお，内田クレペリン検査の他にも，**ベンダー・ゲシュタルト検査**などが作業検査法に含

豆知識：ベンダー・ゲシュタルト検査とは，9種類の幾何学図形を模写させる検査である。その正確性から，パーソナリティや視覚・運動機能などを評価する。

まれる。

　作業検査法の長所は，実施が容易であり，言語を用いないため対象範囲が広く，結果を意図的に歪められにくい点である。しかし，被検査者の心身の負荷が高く，体調や検査への動機づけの程度によって結果が左右されやすい点と，パーソナリティの限られた側面しか評価できない点に留意する必要がある。

(4) テストバッテリー

　以上のように，検査によって測定できる対象や内容が異なるため，より多面的な心理アセスメントをするために，テストバッテリーを実施することがある。例えば，何らかの問題行動を示す子どもに対して，発達検査（第10章を参照）とパーソナリティ検査の両方を実施することで，発達水準とパーソナリティの特徴の両面から問題行動の原因を探るケースなどが考えられる。

　実施する検査の数が多いほど被検査者の負担が増すため，あらかじめ面接で見立てを行い，必要最低限の検査のみを実施することが望ましい。また，何らかの顕著な結果が想定される検査のみを実施するのではなく，例えば「知的能力には問題がないものの，特定の領域の発達水準に遅れがある」という見立てのもとで，知能検査と発達検査をあわせて実施することにより，知的水準が平均的であることを確認する場合もある。

> **重要語句**（テストバッテリー）：複数の異なる心理検査を同一の被検査者にそれぞれ実施すること。

③ パーソナリティの形成と変容

　類型論あるいは特性論の視点から記述されるパーソナリティや，心理検査においてみられる多様なアセスメント結果は，どのように形成されるのだろうか。ここでは，生誕から老年期（高齢期）までのパーソナリティの形成や変容，そしてそれらに影響を及ぼす要因について説明する。

(1) 気質からパーソナリティへ

　同じ親から生まれた子であっても，新生児の時点で「よく泣く子」と「あまり泣かない子」がいる場合があるように，人間には生まれ持った気質の個人差がある。**気質**とは，パーソナリティよりもさらに**生物学的基盤**，すなわち遺伝や脳の基盤との関連が強調された個人差のこと

である。

　ニューヨークで1950年代から長期にわたって行われた**縦断研究**(第6章を参照)によって，乳児にみられる9種類の**行動特性**(**気質次元**)が見いだされた。そして，それぞれの行動特性の現れやすさから，乳児の気質が「扱いにくい子」，「扱いやすい子」，「エンジンがかかりにくい子」の3つに分類された(Thomas & Chess, 1968)。この研究が契機となり，その後も乳幼児の気質に関する数多の研究が行われてきた。菅原(2003)は，それらの研究で共通してみられた気質の次元を，「新奇なものに対する恐れ」，「フラストレーション耐性」，「注意の集中性」の3つに集約した。つまり，生まれたばかりの子どもにも，これらの次元に関連する行動や反応の個人差がみられるといえる。

　しかし，前述の縦断研究(Thomas & Chess, 1968)において，同じ子どもたちを対象に繰り返しデータをとったところ，同一個人の1歳のときの行動特性と5歳のときの行動特性の間の**相関**はそれほど強くなく，1歳のときの行動特性と成人後の行動特性の間の相関はさらに弱いものであった。つまり，1歳のときにみられていた行動特性は，5歳の時点で既にさまざまに変化しており，成人後の行動特性を必ずしも予測するものではないといえる。したがって，気質の個人差は生涯にわたって持続するものではなく，それを土台として，その後の生育環境や経験との関わりの中でさまざまな方向に発達し，その人独自のパーソナリティとして形成・確立されていくと考えることが適切である。

(2) 遺伝と環境

　かつて発達心理学において「氏か育ちか」の議論は重大なトピックの1つであった。すなわち，人間の能力やパーソナリティが生まれ持ったもの(**遺伝**)で決まるのか，教育やしつけ(**環境**)によって形成されるものなのかという議論である。現代では，統計的手法の発展により，パーソナリティや知能などへの遺伝と環境の影響の強さを推定する**行動遺伝学**という研究分野が確立されたことで，この議論について科学的に検証することが可能となった。

　行動遺伝学では，全く同じ遺伝子をもつ一卵性双生児と，理論的には50％の遺伝子が共通している二卵性双生児におけるさまざまな個人特性の類似度(相関の強さ)を比較する**双生児法**という研究手法が用いられる。人間のパーソナリティや知能に関する多くの特性は，二卵性双生児よりも一卵性双生児においてより強く類似することが示されている(Shikishima et al., 2006)。いずれの双生児も，環境から受ける影響の強さは同程度であると考えられるため，一卵性双生児のほうが高

豆知識：注意の集中性とは，1つのおもちゃや活動に対する集中が持続する程度のこと。

重要語句(相関)：2つの変数間の相互関係のこと。一方が高ければもう一方も高いことを正の相関，一方が高ければもう一方が低いことを負の相関という。必ずしも変数間の因果関係を意味しない点に注意が必要である。

ポイント：遺伝子の実験的操作は倫理的に許されていないため，遺伝子を直接操作してその影響を調べることはできない。行動遺伝学は，この倫理的問題を回避するだけでなく，遺伝と環境の相互作用や，遺伝と環境の影響の発達的変化も扱うことができる上に，近年では関連遺伝子を特定する試みなども行われていることから，分子生物学と心理学の橋渡しをする学問領域としても注目されている。

豆知識：東京大学教育学部附属中等教育学校では，入学試験で双生児の募集枠を設けており，入学後および卒業後に双生児研究への協力を求めている。

い類似度を示すということは，人間のパーソナリティや知能の個人差に，遺伝子の個人差が少なからず影響していると解釈できる。

双生児法の研究では，遺伝要因の影響の強さだけでなく，2種類の環境要因の影響についても明らかにできる。1つは，1組の双生児の間で共通するはずの家庭環境の要因，すなわち**共有環境要因**である。もう1つは，同じ家庭環境で育った一卵性双生児であってもパーソナリティや知能が全く同じにならないことを説明する，各個人に特有の（主に家庭外の）環境の要因，すなわち**非共有環境要因**である。これまでの研究結果によると，パーソナリティの個人差に与える遺伝要因の説明率は30〜50％程度であり，残りの50〜70％程度を非共有環境要因が説明すること，そして共有環境要因の影響はほぼみられないことが示されている（図7-5）。したがって，パーソナリティの形成には，遺伝子の個人差と，家庭外の環境要因の影響が強いといえる。

発展：説明率とは，ある変数の個人差が他の要因を用いることでどのくらい統計的に予測できるかを表す指標である。ここでの「遺伝要因の説明率」とは，「遺伝子がパーソナリティを決定する確率」や「親と子が似ている程度」ではなく，「パーソナリティの個人差のうち，遺伝子（生まれつき）の個人差が説明できる割合」を表す。

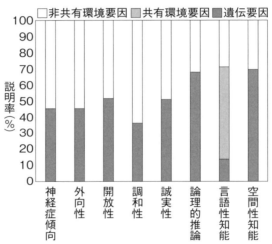

図7-5　パーソナリティと知能の遺伝要因と環境要因（安藤（2009）を参考に作成）

(3) パーソナリティの変容

① パーソナリティの生涯発達

Roberts & DelVecchio（2000）は，幼児期から老年期までのパーソナリティの一貫性を検討した縦断研究のメタ分析の結果から，パーソナリティは生涯を通じて比較的高いレベルで一貫していることを示した。しかし，特に成人期以降はパーソナリティが固定される（McCrae & Costa, 1994）というそれまでの前提を支持するほどの強い一貫性はみられず，成人期以降のパーソナリティはほぼ一貫しているものの，動的に変容しうる可能性も残された。

その一方で，Big Fiveの5因子と年齢との関連を調べた大規模調査（川本他，2015）では，年齢によるパーソナリティの違いが見いだされた。具体的には，調和性と勤勉性は年齢が上がるほど上昇し，神経症傾向は年齢が上がるほど下降していた。しかし，この調査は横断研究であったため，これらの関連が個人内での発達的変化によるものなのか，時代の変化を背景とした年代間の差を反映したものなのかを判別することはできない。

以上のことから，パーソナリティは個人内である程度一貫したものであるが，生涯にわたって変容する余地があり，その要因として発達的変化だけでなく時代の変化による影響も考慮すべきであるといえる。

② パーソナリティの発達的変化の要因

榎本（2004）は，パーソナリティの発達的変化をもたらす要因を，多くの人が一定の発達段階で共通して経験しやすい「年齢に関連した要因」と，発達段階に関係なく偶発的に降りかかる「偶発的要因」の2つに分類して整理した（図7-6）。年齢に関連した要因のうち，生物学的要因は心身の発達そのものによる要因であり，社会文化的要因は，発達段階によって求められる社会的役割や，それに応じたパーソナリティの表れ方の変化に関する要因である。それぞれの要因がどの程度の影響力をもつのか，また気質やパーソナリティのどの側面とどの要因が関連するのかについては，今後の研究が待たれる。

重要語句（横断研究）：
縦断研究とは異なり，一時点のデータのみを用いる研究手法のこと。異なる属性を持つ個人間の比較をする研究などに適している。

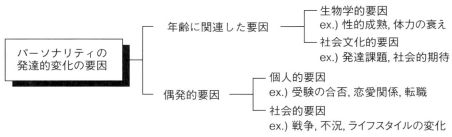

図7-6 パーソナリティの発達的変化に影響する要因の分類（榎本，2004）

④ 教育現場におけるパーソナリティの視点の必要性

教育現場において，パーソナリティの個人差を考慮することはどのように役立つのだろうか。ここでは，子どもの学習場面や学校生活，社会生活におけるパーソナリティの個人差によるさまざまな行動特徴について説明する。

(1) 教授方法とパーソナリティの組み合わせによる学習効果の違い

　一般的に，Big Fiveの誠実性が高いほど学業成績が高いことが示されている（Dumfart & Neubauer, 2016）。誠実性の高さは，忍耐強くコツコツと努力を重ねることに繋がるため，それが学業成績の高さに結びつくことが考えられる。しかし，誠実性がそれほど高くない人でも，自分に合った学び方や勉強方法を上手く取り入れて，よい成績を収めることがある。

　1956年に，**クロンバック**は学習者の特性（パーソナリティ，認知的能力など）によって適切な教授法が異なること提唱し，これを**適正処遇交互作用**（Aptitude Treatment Interaction）と名づけた。つまり，学習者の特性によって指導方法の効果（成績）が異なるため，学習者の個人差に対応した教授方法を採用することが重要だと主張した。例えば，英語学習における教授法とパーソナリティの**交互作用**を検討した安藤他（1992）は，①英会話を中心とした実践的な教授法と，②文法規則の説明に重きを置いた教授法による比較を行った。その結果，神経症傾向が低いほど，あるいは協調性が高いほど，①の教授法の効果が高かった。また，外向性が高くても①の効果が高く，内向性が高いほど②の効果が高くなり，適切な組み合わせの場合にその後の筆記テストの成績が向上する可能性が示された。

　Orvis et al.（2010）は，ビデオ学習をベースとした学習プログラムを用いた研究を行い，開放性あるいは外向性が高い学習者の場合，学習者自身が進度をコントロールできる環境で学習したほうが，そうでない環境で学習した場合よりも成績が高くなることを示した。なお，これらの特性が低い場合は反対の傾向がみられた。近年はeラーニングや遠隔授業の活用が盛んであるが，その効果についても，パーソナリティによる違いがみられる可能性がある。

(2) 子どもの学校生活とパーソナリティの関連

　パーソナリティは，対人関係のもち方や社会生活のあり方，そして環境への適応の程度などと幅広く関連する。例えば，小学生を対象とした研究（曽我他，2002）では，調和性の高さが敵意の低さと関連していた一方で，外向性の高さが身体的攻撃（暴力）と言語的攻撃（自己主張）の頻度の高さと関連していた。また，阿部他（2016）の中学生を対象とした研究では，協調性と勤勉性が高い生徒は，教師に叱られた際に自分の責任を受け入れ，その後の教師との関係や自らの行動を改めやすいことが示された。一方で，開放性が高い生徒においては，教師

人物紹介（クロンバック）：クロンバック（Lee Joseph Cronbach, 1916-2001）はアメリカの心理学者であり，教育心理学の領域でさまざまな功績を残した。特に，現在でも用いられている信頼性の指標を開発したことで知られている。

重要語句（交互作用）：1つの要因だけでは説明できず，2つ以上の要因の組み合わせによってはじめて説明できる因果関係のこと。

に叱られた後の行動の変化が生じにくいことも示された。つまり，生徒のパーソナリティの違いによって，同じように叱ってもその効果は異なるといえる。

生徒の適応とパーソナリティの関連を扱った研究としては，高校受験期に経験するストレス関連成長についての研究（飯村，2016）が挙げられる。ストレス関連成長とは，高校受験に取り組む過程で，心理的にもがき，考え，努力した結果として遂げた心理的な成長のことである。この研究では，男子において，Big Fiveの各因子と周囲から得たサポートの量の交

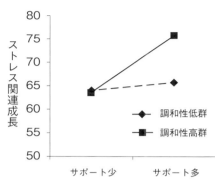

図7-7　男子生徒における教師からのサポートと調和性の交互作用（飯村，2016）

互作用によって，ストレス関連成長の程度が異なることが示された。例えば，調和性が高い男子生徒においては，教師からのサポートの量が多いほどストレス関連成長が促進されたが，調和性が低い男子生徒においては教師からのサポートの量が多くてもストレス関連成長が促進されなかった（図7-7）。調和性が高い男子は，他者に共感するなどの親和的な行動を多くとることから，日頃より他者のサポートを得やすく，他者からサポートを受けていることを知覚しやすいため，それが受験ストレスに対する効果的な対処に繋がりやすく，ストレス関連成長が促進されると考えられる。つまり，子どもの適応状態や行動を解釈する際には，本人のパーソナリティだけでなく，パーソナリティと周囲の関わり方の組み合わせがどのようにその状態や行動に結びついているかを考える必要がある。

⑤ パーソナリティがあらわすもの

本章の最後では，結局パーソナリティは何を表し，何が人間の行動を決めるのかについて考えていく。

(1) 人間―状況論争から相互作用論の確立まで

オルポートらの功績によって確立されたパーソナリティ心理学には，3つの大きな前提があった。それは，①人の行動を規定する要因

豆知識：オルポートは，同じ刺激に対しても個人によって反応が異なることの喩えとして，「バターを柔らかくするのも卵を固めるのも，同じ火だ」という有名な言葉を残している（Allport, 1937）。

人物紹介(ミシェル)：ミシェル(Walter Mischel, 1930-2018)はアメリカの心理学者であり，パーソナリティ心理学や社会心理学の発展に寄与した。状況論だけでなく，自己制御(セルフコントロール)の研究でも名を残した。

重要語句(力動的相互作用)：2つの要因が互いに影響を与え合うとともに，結果がまたそれぞれの要因に影響を与え，それらの要因間の関係性がさらにまた新たな結果をもたらすという連続的なプロセスのこと。

として，環境刺激(状況など)よりもパーソナリティの個人差を重視すること，②さまざまな状況において行動がある程度一貫していること(通状況的一貫性)，③時間が経過しても安定して同じような行動を示すこと(経時的安定性)である。しかし，その後の多くの研究において，状況の違いを越えた行動の一貫性がそれほど大きくないことが実証され，①と②の前提が揺らいでいった。そこでミシェルは，行動の規定因として状況要因を重視すべきであるという**状況論**の立場を明確に打ち出した(Mischel, 1968)。さらにミシェルは，心理検査によって測定されるパーソナリティが行動をそれほど強く予測しないことを指摘し，パーソナリティというものが本当に存在するのかという疑義をも提唱したことで，それまでのパーソナリティ心理学のあり方を批判した。このことがきっかけとなり，その後およそ20年にわたって，通状況的一貫性を主張する立場と状況論の立場から**人間─状況論争**が繰り広げられた。

この論争の末，状況による影響力も，状況の違いを越えてみられる個人差(パーソナリティ)もそれぞれ行動の予測にとって重要であり，心理検査の結果のみからパーソナリティを説明したり，すべての状況における行動を予測したりすることは不適切であるという結論が得られた(Kenrick & Funder, 1988)。これらの考え方を基にしてたどり着いたのが，**相互作用論**という立場である。ここでの相互作用論(Endler & Magnusson, 1976)は，**力動的相互作用**と，客観的にどのような状況にいるかではなく個人がその状況をどうとらえているかが重要であるという考え方を骨子としていた。また，当初パーソナリティ心理学の前提とされてきた通状況的一貫性の考え方が洗練され，パーソナリティは「個人と個人を取り巻く環境との間にみられる首尾一貫した相互作用様式(Endler, 1983)」とみなされた。すなわち，状況の違いを越えた一般的な行動傾向よりも，状況に対応した変化の首尾一貫したパターンを描き出すことのほうが，実際の行動の説明において重視されるようになった。

(2) パーソナリティの正常と異常

相互作用論の視点に立つと，ある個人のパーソナリティや行動が正常であるか否か，あるいは適応的であるか否かを考える際には，その個人が置かれた状況や環境との相互作用を考慮する必要がある。かねてよりパーソナリティの異常性は，平均からの変異や逸脱，その人格の異常さのゆえに自らが悩むかまたは社会が苦しむ異常，パーソナリティの偏りが，その個人が置かれた状況との兼ね合いにおいて，何らかの実際的な問題が生じている状態(小塩, 2013)などとみなされてき

た。すなわち，人間のパーソナリティの正常性や異常性を考える上では，個人と状況の兼ね合いや，個人と集団の関係性が考慮されてきたといえる。

臨床心理学においては，心理的な異常性の基準が以下の4つにまとめられている（表7-8）。これらの基準においても，特に適応的基準の観点から，個人が置かれている環境とパーソナリティの相互作用によって異常性が評価されると考えることができる。つまり，心理臨床の現場では，個人の異常性を判断するにあたってさまざまな基準や理論からその状態や成因を多面的に理解し，問題解決に向けての統合的仮説を構築して介入計画が立てられている。

重要語句（臨床心理学）：心理的あるいは行動に関する問題の予防や改善を目指し，人々の心の健康の向上を図る心理学の一分野のこと。

表7-8　パーソナリティの異常性の基準（下山，1998）

病理的基準	病理学に基づいた医学的判断
適応的基準	社会生活を円滑に送れているか
価値的基準	規範の範囲内で行動しているかどうか
統計的基準	集団内の平均から逸脱しているかどうか

(3) パーソナリティの適応的側面と不適応的側面

一般的な感覚として，外向性が高いことは，社交的で明朗快活といったイメージに繋がりやすく，ポジティブなパーソナリティとして受け取られやすい。では，外向性は「絶対的によいパーソナリティ」なのだろうか。

相互作用論や表7-8の基準を踏まえると，Big Fiveの外向性における社交的，活動的，楽観的といった特徴は，その特徴を強く持つ個人が置かれた環境と適合している場合のみ，適応的なパーソナリティ特性として機能するといえる。しかし，外向性の高さが粗暴非行歴を有すること（松田・岡本，2023）やBMIの高さ（吉野・小塩，2020）と関連するといったように，置かれた社会文化的環境やコミュニティによっては，外向性の高さはネガティブな行動や習慣にも結びつきうる。

反対に，Big Fiveの神経症傾向は，一般的にはうつや不安といったネガティブな傾向と親和性が強いパーソナリティであると考えられるが，神経症傾向の高さとCOVID-19への恐怖が安全行動を促進する可能性も指摘されている（Fink et al., 2021）。つまり，不安が強いからこそ感染を回避する行動をとりやすく，結果として感染症罹患の危険性を下げるのである。したがって，神経症傾向の高さは必ずしもネガティブに機能するわけではなく，ときに自分の身を守るために有効に機能しうる。

ある学級に馴染めなかった児童が，クラス替えをしたら新たな学級

豆知識：BMIとは，Body Mass Indexの略であり，肥満や低体重など体型の基準となる指標である。BMIが高いほど，糖尿病や心血管疾患などの生活習慣病のリスクが高くなる。

発展：吉野・小塩（2020）は，体型に基づく類型論のように「BMIが高い人は外向性が高い」とはとらえておらず，「外向性が高いほど会食の機会が増え，飲食量が多くなるため，BMIが高くなりやすい」と考察している。このように，近年ではパーソナリティと健康関連行動の関連も研究されている。

に馴染むことができたといったケースは想像に難くない。また，何らかの問題があるように見える子どもが，別の環境や状況では問題なく過ごせるケースや，むしろ別の状況では社会的に望ましい行動を多くとるケースも容易に想定される。このように，人間の行動の背景やパーソナリティの全容をとらえることは非常に奥が深く難しい。一部の行動や傾向から個人のパーソナリティを性急に評価せず，環境や状況の要因，発達的な要因も含めて統合的な見立てを行い，またその見立てを都度更新していく姿勢が，さまざまな対人援助職に求められる。

Column 通俗心理学における性格診断——血液型性格診断とMBTI性格診断

　ABO式血液型とパーソナリティが関連するという言説は，日本社会に強く根づいてきた。ことの発端は，心理学者の古川竹二が1927年に発表した「血液型による氣質の研究」という論文において，彼の親族11名を対象に血液型と性格の関連を観察した結果を発表したことであった。その後，多くの研究で追試が行われたが，古川（1927）の結果は再現されていない。例えば，縄田（2014）は日米で大規模調査を行い，血液型とパーソナリティの無関連性を実証した。

　それでも，1970年代から21世紀初頭に至るまで，血液型とパーソナリティの関連を主張する一般書が断続的に流行したり，テレビ番組で特集が組まれたりしたことによって，日本社会では一般的な話題として頻繁に用いられてきた。しかし，最近は社会の変化によって，血液型を根拠とした不当な取り扱いが「ブラッドタイプ・ハラスメント」と呼ばれるようになり，差別や偏見の一種として忌避されるようになった。そして，入れ替わるように流行し始めたのがMBTI性格診断である。巷で流行しているMBTI性格診断は，性格を16分類でとらえる診断であり，韓国での流行をきっかけに日本に広まったものである。

　MBTI性格診断は，ユングの類型論を土台として1969年にアメリカで開発された同名の質問紙法検査がもとなっている。しかし，流行している診断方法は，パーソナリティ検査として適切なものではなく，根拠が不明である。

　このように，科学的な心理学とは異なる潮流で一般大衆に広まった心理学に関する俗説を通俗心理学という。通俗心理学が大衆に広まる要因は，上記の通りメディアによるところが大きいが，それでも人は科学的根拠がない性格診断を信じてしまいやすい。それは，占いや心理テストの結果として誰にでもあてはまる特徴を説明されても，自分の特徴であると信じやすい現象や，自分の信念や仮説と合致する情報に注意を向けやすい現象，そして性格診断の結果と自分のパーソナリティを無意識的に一致させる現象によると考えられる。実際に，山岡（1999，2006）は，血液型とパーソナリティの間に有意な関連がみられたのが，血液型性格診断を信じているグループのみであったことを報告している。

　もっとも，科学的な心理学の立場からは通俗心理学の存在そのものを否定するばかりでなく，通俗心理学の広まりを研究対象として大衆の人間の心理を科学的に研究する余地はある。それでも，通俗心理学的なMBTI性格診断が企業の人事などでも活用されていることを踏まえると，パーソナリティ心理学の正しい知見が広まり，人々が本来の自分自身と他者のパーソナリティをより正しく理解し，個人の可能性を最大限に発揮できる社会が実現することを願いたい。

演習問題

A群の問いに対する回答を，B群から1つ選びなさい。

[A群]
1. 心的エネルギーであるリビドーの向きと心の主要機能の優位性に着目してパーソナリティの8分類の類型論を提唱した人物は（ ① ）である。
2. パーソナリティの個人差を心理学の研究対象とし，大規模な心理辞書的研究を行ってパーソナリティ心理学の礎を築いた人物は（ ② ）である。
3. キャッテルは，（ ③ ）という統計手法を活用して，パーソナリティの16因子説を提唱した。
4. パーソナリティ理解の枠組みとして利用しやすく，パーソナリティの全般的理解に役立つという長所をもつのは，パーソナリティの（ ④ ）論である。
5. Big Fiveの5因子のうち，秩序の重視や責任感といった下位側面を含む因子は（ ⑤ ）である。
6. 投影法検査のうち，欲求不満場面の絵を提示してその際に自分がとる反応を答えさせる検査を（ ⑥ ）という。
7. パーソナリティ検査のうち，（ ⑦ ）法の短所は，被検査者が回答内容を意図的に歪めやすく，また一定の内省能力を要する点である。
8. 気質は，生まれ持った個人差のことであり，（ ⑧ ）的基盤と強く関連する個人差のことでもある。
9. 行動遺伝学で，人間の心理的な個人差に対する遺伝要因と環境要因の影響（説明率）の強さを推定するために用いられる研究手法を（ ⑨ ）という。
10. 適正処遇（ ⑩ ）とは，学習者の特性と教授法の（ ⑩ ）によって学習効果が異なることをさす。

[B群]
オルポート，フロイト，相互作用，主題統覚検査（TAT），因子分析，特性，横断研究，交互作用，状況，心理学，縦断研究，質問紙，交流分析，誠実性，双生児法，外向性，調和性，ユング，生物学，類型，投影，P-Fスタディ，作業検査，発達，ガレノス，シュプランガー

【ディスカッションをしてみよう】
1. あなた自身のパーソナリティを3つ以上の理論を参考にして多面的に整理したうえで，それらを共有し合い，自分と他者のパーソナリティに対する理解を深めましょう。
2. あなたの子どもの頃のパーソナリティと現在のパーソナリティを比較し，どのように変化したか，またどのような要因によって変化したと考えられるかについて話し合ってみましょう。
3. 学習指導や生活指導において，児童・生徒の個々のパーソナリティに応じてどのような工夫ができるかについて話し合ってみましょう。

【演習問題の答え】
①ユング ②オルポート ③因子分析 ④類型 ⑤誠実性 ⑥P-Fスタディ ⑦質問紙 ⑧生物学 ⑨双生児法 ⑩交互作用

【引用文献】

阿部 晋吾・太田 仁・福井 斉・渡邊 力生（2016）．教師からの叱りに対する生徒の反応とビッグファイブ性格特性との関連　梅花女子大学心理こども学部紀要, *6*, 17-22.

Allport, G. W. (1937). *Personality: A psychological interpretation*. Holt, Rinehart and Winston.

安藤 寿康（2009）．生命現象としてのパーソナリティ　榎本 博明・安藤 寿康・堀毛 一也　パーソナリティ心理学——人間科学，自然科学，社会科学のクロスロード——（pp.111-133）　有斐閣

安藤 寿康・福永 信義・倉八 順子・須藤 毅・中野 隆司・鹿毛 雅治（1992）．英語教授法の比較研究——コミュニカティヴ・アプローチと文法的・アプローチ——　教育心理学研究, *40*(3), 247-256.

Costa, P. T., Jr., & McCrae, R. R. (1992). *The Revised NEO Personality Inventory (NEO-PI-R) and NEO Five-Factor Inventory (NEO-FFI) professional manual*. Odessa: Psychological Assessment Resources.

Dumfart, B., & Neubauer, A. C. (2016). Conscientiousness is the most powerful noncognitive predictor of school achievement in adolescents. *Journal of Individual Differences, 37*(1), 8-15.

Endler, N. S. (1983). Interactionism: A personality model, but not yet a theory. In M. M. Page (Ed.), *Personality: Current theory and research (Nebraska symposium on motivation)* (pp.155-200). University of Nebraska Press.

Endler, N. S., & Magnusson, D. (1976). Toward an interactional psychology of personality. *Psychological Bulletin, 83*(5), 956-974.

榎本 博明（2004）．ライフサイクルとパーソナリティの発達　榎本 博明・桑原 知子（編）　新訂 人格心理学（pp.102-121）　放送大学教育振興会

Eysenck, H. J. (1967). *The biological basis of personality*. Springfield, IL: Charles C. Thomas Publisher.

Fink, M., Bäuerle, A., Schmidt, K., Rheindorf, N., Musche, V., Dinse, H., Moradian, S., Weismüller, B., Schweda, A., Teufel, M., & Skoda, E. M. (2021). COVID-19-fear affects current safety behavior mediated by neuroticism: Results of a large cross-sectional study in Germany. *Frontiers in Psychology, 12*, 671768.

古川 竹二（1927）．血液型による氣質の研究　心理学研究, *2*(4), 612-634.

Goldberg, L. R. (1990). An alternative "description of personality": The Big-Five factor structure. *Journal of Personality and Social Psychology, 59*(6), 1216-1229.

飯村 周平（2016）．高校受験期に生じるストレス関連成長——パーソナリティ特性と知覚されたサポートの役割——　教育心理学研究, *64*(3), 364-375.

川本 哲也・小塩 真司・阿部 晋吾・坪田 祐基・平島 太郎・伊藤 大幸・谷 伊織（2015）．ビッグ・ファイブ・パーソナリティ特性の年齢差と性差——大規模横断調査による検討——　発達心理学研究, *26*(2), 107-122.

Kenrick, D. T., & Funder, D. C. (1988). Profiting from controversy: Lessons from the person-situation debate. *American Psychologist, 43*(1), 23-34.

Lee, K., & Ashton, M. C. (2006). Further assessment of the HEXACO Personality Inventory: Two new facet scales and an observer report form. *Psychological Assessment, 18*(2), 182-191.

松田 芳政・岡本 英生（2023）．5因子モデルに基づくパーソナリティ特性と非行との関連についての検討　犯罪心理学研究, *61*(1), 25-37.

McCrae, R. R., & Costa Jr, P. T. (1994). The stability of personality: Observations and evaluations. *Current Directions in Psychological Science, 3*(6), 173-175.

Mischel, W. (1968). *Personality and assessment*. Wiley.

縄田 健悟（2014）．血液型と性格の無関連性——日本と米国の大規模社会調査を用いた実証的論拠——　心理学研究, *85*(2), 148-156.

Orvis, K. A., Brusso, R. C., Wasserman, M. E., & Fisher, S. L. (2010). E-nabled for e-learning? The moderating role of personality in determining the optimal degree of learner control in an e-learning environment. *Human Performance, 24*(1), 60-78.

小塩 真司（2010）．はじめて学ぶパーソナリティ心理学——個性をめぐる冒険——　ミネルヴァ書房

小塩 真司（2013）．不健康状態にかかわるパーソナリティ　二宮 克美・浮谷 秀一・堀毛 一也・安藤 寿康・藤田 主一・小塩 真司・渡邊 芳之（編）　パーソナリティ心理学ハンドブック（pp.369-373）　福村出版

小塩 真司・阿部 晋吾・カトローニ ピノ（2012）．日本語版Ten Item Personality Inventory（TIPI-J）作成の試み　パーソナリティ研究, *21*(1), 40-52.

Roberts, B. W., & DelVecchio, W. F. (2000). The rank-order consistency of personality traits from childhood to old age: A quantitative review of longitudinal studies. *Psychological Bulletin, 126*(1), 3-25.

Shikishima, C., Ando, J., Ono, Y., Toda, T., & Yoshimura, K. (2006). Registry of adolescent and young adult twins in the Tokyo area. *Twin Research and Human Genetics, 9*(6), 811-816.

下仲 順子・中里 克治・権藤 恭之・高山 緑（1998）．日本版NEO-PI-Rの作成とその因子的妥当性の検討　性格心理学研究, *6*(2), 138-147.

下山 晴彦（1998）．心理学的アセスメントの多元性——精神医学的診断との比較を中心に——　精神科診断学, 9, 435-445.
曽我 祥子・島井 哲志・大竹 恵子（2002）．児童の攻撃性と性格特性との関係の分析　心理学研究, 73(4), 358-365.
菅原 ますみ（2003）．個性はどう育つか　大修館書店
Thomas, A. & Chess, S. (1968). *Temperament and behavior disorders in children.* New York University Press.
山岡 重行（1999）．血液型ステレオタイプが生み出す血液型差別の検討　日本社会心理学会第40回大会発表論文集, 60-61.
山岡 重行（2006）．血液型性格項目の自己認知に及ぼすTV番組視聴の影響　日本社会心理学会第47回大会発表論文集, 76-77.
吉野 伸哉・小塩 真司（2020）．日本におけるBig Fiveパーソナリティ特性とBMIの関連　心理学研究, 91(4), 267-273.

第8章 学級集団

1 学級集団とは

(1) 学級集団の特徴

　日本の学校教育制度の中で，児童生徒は年度当初に，自身が一定の期間を過ごす「学級」に割りあてられる。学級は，「学級担任」が割りあてられたうえで，同学年の児童生徒同士，少なくとも1年程度は，固定されたメンバーで構成され，法令や自治体独自の教育施策に応じた人数によって編成される。

　児童生徒は，学級の構成員(クラスメイト，学級担任)を，児童生徒自身で，選択できない。「今まで仲の良かった友だちと同じクラスになれるだろうか」，「新しい担任の先生はどんな人だろうか」など，新学期，学校生活への期待と不安が入り混じった思いを抱いた経験も少なくないだろう。

① フォーマル集団・インフォーマル集団

　学級の特徴の1つに，児童生徒は，発達段階や教育制度に応じて，「○年□組」，「○年△組」のように，教育上，制度化された特定の集団に所属する。一方で，学級には，休み時間を共に過ごしたり，教室移動を共に行ったりする，いわゆる「仲良しグループ」や「いつものメンバー」のような集団も存在する。

　心理学における集団の考え方では，前者は，「フォーマル集団」，後者は「インフォーマル集団」として説明できる。学級は，教育制度上，フォーマル集団として，捉えることができるが，学級内では，インフォーマル集団が内在する特徴を有する。

② 学級担任の役割

　インフォーマル集団の主導者として，各学級に「学級担任」が割りあてられることも学級集団の特徴の1つである。一般的に，小学校では，一人の教員が一学級を担任し，その学級の多くの授業を担当する学級担任制を採用している。中学校以降では，各学級に学級担任は配属されるが，授業の多くを分担して担当する教科担任制を採用していることが多い。

　学級担任は，日々の学習指導だけでなく，生徒指導や進路指導な

重要語句(フォーマル集団)：明確な枠組みや構造をもつ集団である。学級集団は，世代や居住地，適正規模などを踏まえて，教育目標を達成するために，編成されている。

重要語句(インフォーマル集団)：明確な枠組みや構造をもたない，構成員に委ねられた自由な関係に基づく集団である。

ど，多岐にわたって，児童生徒とかかわり合いながら指導する。よって，学級全体に与える影響は，他の構成員と比較すると大きい。学級集団の特徴や役割を考えるうえで，学級担任の影響力は無視できない。

(2) 学級の定義

学級とは，「教師と生徒群よりなる社会的集団の中において，教師との関係によって変化する心理学的集団である（園原・広田,1953, p.12）」と定義されている。なお，社会的集団とは，社会生活を営む上で，意図的に編成された集団に相当し，日本の学級集団は，確かな学力の育成だけではなく，クラスメイトとの共同生活を通して，協調性や思いやりなどの社会的な資質・能力の育成も視野に入れた教育活動が展開されている。

さらに，教師との関係や教師の指導行動により，児童生徒の関係性や学級内の雰囲気が変化することも想定されている。すなわち，教師の指導行動や振る舞いで，学級集団の様相は異なってくる。

(3) 学級の役割

児童生徒の学校生活において，学級はどのような役割を果たしているだろうか。例えば，「小学校学習指導要領 特別活動編（文部科学省, 2018）」では，学級は児童にとって，学校生活の基盤となること，学校生活の多くの時間を学級で過ごすため，他のクラスメイトや学級集団との関係が学校生活に大きな影響を与えることが記されている。

さらに，2022年度に改訂された「生徒指導提要（文部科学省, 2022）」の中では，お互いの個性を尊重し，相手の立場に立った考えや行動につながるような助け合いのできる「共感的な人間関係」を育むうえで，日々の学級経営が重要であることが指摘されている。また，安全・安心な環境下で教育が受けられるように，学級内の「安心・安全な風土の醸成」が欠かせないことも説明されている。

その他，児童生徒の心理社会的発達を促す観点からも学級集団におけるクラスメイトとの学習や共同生活の重要性がうかがえる。総じて，児童生徒にとって，自身の所属する学級は，学習活動の基盤となることに加えて，友人関係の形成や深化，社会性の学習機会の場としても機能することが想定できる。

重要語句（生徒指導提要）：生徒指導に関する学校・教職員向けの基本書である。2022年に，12年ぶりの改定が行われた。全Ⅱ部構成となっており，第Ⅰ部では，生徒指導の基本的な進め方として，生徒指導の基礎や生徒指導と教育課程，チーム学校による生徒指導体制についてまとめられている。第Ⅱ部では，いじめや暴力行為，不登校などの個別の課題に対する生徒指導についてまとめられている。

重要語句（学級経営）：教師にとって，学級経営の内容は多岐にわたるが，学級集団としての質の高まりや学級集団の構成員間のよりよい人間関係の構築や発展に寄与につながるような指導行動がその中核をなす（文部科学省, 2018）。学級経営によって，学級集団は単純に所属している集団から，児童生徒自身で自治したり，創造したりする集団に変わっていくことも指摘されており（弓削, 2024），学級集団において肝要な働きかけである。

(4) 学級集団の発達

　新たな学級集団が編成された年度当初は，慣れないクラスメイトとのかかわりに，緊張や不安を感じることも少なくないが，日々ともに過ごすことで，クラスメイトとの関係性や学級のまとまりも変わってくる。例えば，学校行事で協力した経験が集団のまとまりを高めたり，普段はあまり交流のなかったクラスメイトと席替えでたまたま近くになり，交流の回数が増えたりなど，学級集団の状態は一年を通して，変化し，集団全体として発達する。

　学級集団の発達については，一定の学級差はあるものの，共通する大まかな傾向も導出されている。弓削(2024)は，過去の学級集団発達に関する論考を統合し，おおむね，依存関係から反依存関係，最終的に相互依存関係へと発達することをまとめている(表8-1)。具体的には，(1)教師と児童生徒の関係，(2)児童生徒関係・集団，(3)学級生活における児童生徒の心情の各次元で，依存，反依存，相互依存の様相がどのように確認できるかを記述している。

　教師と児童生徒の関係は，上下関係にある教師への依存から徐々に，教師への反依存と自律が確立されていく。児童生徒関係・集団は，徐々に友人関係が形成されるものの，反依存段階では，小集団の分化や対立が生じる。しかしながら，徐々にリーダーを中心に，自律的な集団が形成され，学級集団の発達が進んでいく。学級集団の発達の様相に応じた教師の指導行動が重要になる。

表8-1　学級集団発達に関する諸理論と学級経営研究のまとめ(弓削，2024)

段階	依存	反依存	相互依存
教師と児童生徒の関係	上下関係にある教師への依存 不安解消のために権威の要請に依存	上下関係にある教師への依存と反依存 教師の要請に応える児童生徒(集団)と反発する児童生徒(集団)に分化	教師への反依存と自律　児童生徒集団の価値規範から教師を評価，尊敬の低下と不満
児童生徒関係・集団	平行的，友人関係の始まり 児童生徒の弱い結びつきや既存の結びつき，その後に，新たな友人関係を求める	同級生への依存，小集団分化と対立 共有価値にもとづく小集団に分化，小集団内に上下関係。教師依存集団と反発集団間で対立が生じる	児童生徒リーダーへの依存，相互依存 小集団間の対立と統合，児童生徒同士の相互依存，対等性，児童生徒集団による価値規範形成
学級生活における児童生徒の心情	不安 新しい集団で受け入れられる行動が不明確で不安	承認欲求，自尊心 教師または同級生に認められること，自尊心向上や維持に向かう	自律 集団内活動への積極的関与と役割遂行で自己を位置づけ

(5) 学級制度の転換期

① 小学校高学年における教科担任制の推進

近年，小学校段階を中心に学級制度は転機を迎えている。まず，2022年度から小学校の高学年で，教科担任制が始まった。導入の背景には，例えば，「中1ギャップ」の解消に代表される小学校から中学校への円滑な接続を図ることなどが挙げられる。指導形態やその推進は，各地域や学校の実情によって異なるが，従来，中学校以降で多く見受けられた教科担任制が，小学校高学年から推進されている。

② 少人数学級・教育の推進，外部人材の活用

2021年3月には，「公立義務教育諸学校の学級編制及び教職員定数の標準に関する法律の一部を改正する法律」が成立，公布され，少人数学級・教育が進んでいる。これまで，学級の人数（クラスサイズ）は，主に，学業成績にどのような影響を与えるのかに主眼を置いた研究が進められてきたが，近年では，学業成績だけではなく，学校生活全般とどのような関係にあるのかも研究されている。小学4年生から中学3年生を対象とした縦断調査（伊藤他，2017）の結果，学級の人数（クラスサイズ）が大きくなることで，児童生徒の学業成績や教師から得ることができたと認識するサポートの量が低下することに加えて，友人から得られるサポートや向社会的行動（思いやり行動）も低下したり，抑うつ傾向が高まったりすることが示された。このことより，クラスサイズも学級経営上，考慮すべき側面であるといえる。

その他，外部人材の活用についても明記されており，今後は，教師以外の大人が学校教育に携わる機会や頻度も従来と比較すると，増加すると予想される。小学校における教科担任制，学級の人数，外部人材の活用は，一例であるが，学級全体への指導体制が転換期にあることも踏まえて実際の指導にあたる必要もあるだろう。

2 学級における教師と子どもの関係

(1) 教師の勢力資源

「隣の人とペアになり，話し合ってみましょう」や「授業中は静かにしましょう」など，教師が児童生徒に指示を出す場面は多くある。これらの状況は，所定の教育目標の実現に向けて，教師が児童生徒を意識的に，その目標に方向づけている場面と解釈できる。このように，人が他者をある行動に方向づけるような影響力を捉える概念の1つ

豆知識（教科担任制）：学級担任ではない他の教員が当該の教科を専門的に担当する制度である。2022年度から小学校5，6年生を対象に，主に，外国語，理科，算数，体育の4科目について推進が進んでいる。

重要語句（中1ギャップ）：小学校から中学校の学校移行期において，不登校や問題行動のリスクが高まる現象である。

発展：2021年度から2025年度にかけて，同学年の児童で編成する場合の公立小学校の学級編成の標準は段階的に40名から35名に引き下げられていく。

豆知識：同学年の生徒で編成する場合の公立中学校の学級編成の標準は，40名だが，学級編成の弾力化を実施している自治体も数多く見受けられる。

重要語句（縦断調査）：同一の調査対象者に対して，複数回の回答を依頼する調査方法であり，個人内の変化や因果関係に迫るうえで，重要な調査の手法である。

に，「**勢力資源**」，すなわち，児童生徒から見た教師の勢力の背景要因に関する考え方がある。

教師の勢力資源として，田崎（1979）は，①親近・受容，②外見の良さ，③正当性，④明朗性の魅力，⑤罰，⑥熟練性，⑦同一化の7つを挙げている（表8-2）。学級集団では，これらの勢力資源が組み合わさりながら，児童生徒が教師の勢力を認知している。なお，小学校の段階では，他の段階と比較すると，「外見の良さ」を高く認知していることや，高校生の段階だと，「罰」を高く認知している傾向にあるなど，発達段階によって，勢力資源の認知が異なる。

重要語句（教師の勢力資源）：児童生徒から見た教師の勢力資源とは，なぜ教師の指示や指導に従ったり，受け入れたりするのか，その背景要因としてどのような勢力があるのかを説明した概念である。

表8-2　児童生徒が認知する教師の勢力の源泉

勢力源泉	内容・項目例
親近・受容	教師に対する心理的距離の近さや教師からの受容に基づく源泉 例：「よく話しかけてくれる」，「自分の存在を認めてくれる」
外見の良さ	教師の外見上の容姿や顕在的な魅力に基づく源泉 例：「スマートだから」，「センスがいいから」
正当性	教師の影響に対して疑念なく，受け入れることに基づく源泉 例：「先生の言うことは正しいと思うから」，「先生の言うことを聞くのは当然と思うから」
明朗性の魅力	教師の性格的な明るさや外向性に基づく源泉 例：「おもしろいから」，「陽気だから」，「明るいから」
罰	教師に対する恐怖などのネガティブ感情を含み，教師の影響に反した際の罰の予期や罰の回避に基づく源泉 例：「うらまれるのがこわいから」，「成績に響くから」
熟練性	教師の熟練性や経験の豊富さに依拠した魅力に基づく源泉 例：「興味ある話をしてくれるから」，「経験が豊富だから」
同一化	教師が自分にとって，好ましい者として位置づいており，同一化への志向性に基づく源泉 例：「先生のようになりたいから」，「自分が『こうありたい』と思う理想の人に似ているから」

田崎（1979）を参考に作成

(2)　教師のリーダーシップ

教師が学級集団に与える影響を捉える古典的な観点の1つに，「リーダーシップ」がある。教師のリーダーシップを学級集団への指導にあてはめると，教師が学級での学びあいの促進や居心地の良い学校生活が送ることのできる集団形成を目指して，指導する姿があてはまる。

① PM理論

リーダーシップの考え方を学級集団への指導に応用した研究として，三隅二不二を中心に基盤を構築した「PM理論（三隅，1964，1976）」に

重要語句（リーダーシップ）：「集団の目標の設定を促進し，その目標に向かって集団成員を動機づけ集団成員間の相互作用を強化し，集団凝集性を高め，集団資源を有効に用いるようにする集団状況的機能（三隅，1964, p.83）」と定義される。

人物紹介（三隅二不二）：三隅二不二（1924-2002）は、日本の心理学者で、リーダーシップをP機能とM機能から捉えるPM理論の礎を築いた。

重要語句（PM理論）：PM理論を基に、教師のリーダーシップを捉える場合、PとMの高低を組み合わせた4つの類型の特徴を比較することも多い。その4類型とは、P機能とM機能の双方が高いPM型、P機能は高いが、M機能は低いPm型、P機能は低いが、M機能は高いpM型、P機能、M機能の双方が低いpm型の4類型である（図8-1）。

基づく一連の研究がある。PM理論では、集団機能概念として、「P(performance)」と「M(maintenance)」を仮定し、各機能が集団におけるリーダーシップとしてどのように機能しているかを体系的に説明している（図8-1）。

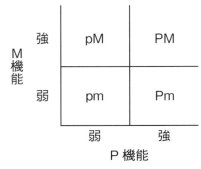

図8-1 P-M 4類型のパラダイム（三隅、1976を参考に作成）

- P(performance)機能　集団の目標達成の働きを促進し、強化するリーダーシップ機能に相当する。学級では、児童・生徒同士の充実した学びが促されるような学習課題を提示したり、学級のきまりについて丁寧に指導をしたりする行動が該当する。
- M(maintenance)機能　集団のまとまりや成員間の相互のかかわりを促し、調整していくようなリーダーシップ機能があてはまる。学級では、児童生徒の日々の様子を観察し、ちょっとした時間を活用して、コミュニケーションをとったり、児童生徒同士で葛藤やトラブルが起きた際には、調整したりする行動が該当する。

② 教師のリーダーシップが学級集団に与える影響

三隅他（1977）は、小学5、6年生を対象に、4類型の教師のリーダーシップ行動と学校生活との関係について調査している。その結果、教師がPM型のリーダーシップ行動をとっている場合、他のリーダーシップ行動をとっている場合よりも、学級連帯性（学級内の結びつきやつながり）や学習への意欲、さらには規律遵守の程度が高く、学校への不満が低いことを報告している。なお、同研究は、リーダーシップの類型として、PM型、pM型、Pm型、pm型の順で、学級連帯性や学習意欲が高く、子どもにとって、効果的なリーダーシップ行動であったこともあわせて報告している。

(3) 教師の指導行動

リーダーシップに限らず、教育場面での教師の指導性を網羅的に検討する試みも進んでいる。すなわち、リーダーシップのような目標達成や集団内の関係維持に焦点化した行動も内包した日常的な教師の指導行動について検討されている。**教師の指導行動**は、教師が学級集団全体や一人ひとりの児童生徒に影響を及ぼすような全般的な対人行動

に相当し，日々，教師が児童生徒にありとあらゆる面で行う具体的な教育的指導を包括的に捉える考え方である。弓削（2024）は，児童に対する教師の指導行動として，「課題志向」と「配慮志向」の二側面から整理している。

- **課題志向**　児童生徒を取り組むべき課題遂行や目標へ方向づける機能に相当する。教師が取り組む課題へ方向づけたり，統制したりする「**注意指示**」や教師の介入や補助なく，課題について自立的に取り組むことを求める「**突きつけ**」等の指導行動が該当する。
- **配慮志向**　児童生徒，一人ひとりの心情に配慮し，働きかける機能に相当する。具体的には，児童生徒の気持ちに寄り添った支援を行う「**受容**」や児童生徒の気持ちや強みを把握する「**理解**」等の指導行動が該当する。

ポイント：教師のリーダーシップのP機能，M機能，教師の指導行動の課題志向，配慮志向にそれぞれ合致すると考えられる児童生徒への教師のかかわり方について整理してみよう。

(4) 教師の認知的バイアス

教師が子どもに与える影響を理解する際に，教師自身が子どもに対して有する可能性のある認知的バイアス（偏り）を理解する必要がある。特に，教師が子どもを評価する際の認知的バイアスを理解することは，児童生徒を評価する際に重要なだけではなく，信頼関係を築いたり，学級経営を充実させたりするうえでも重要である。

① ハロー効果

ハロー効果とは，教師がある子どもを評価する際に，その評価する側面とは本来異なる特徴により，当該の評価に影響が生じる効果である。例えば，ある子どもの学習成績を評価する際に，その子どもが学級の係活動に積極的に取り組んでいるという，本来学習成績とは関係のないポジティブな特徴に影響され，その子どもの学習成績を実際よりも高く評価することが挙げられる。反対に，ある子どもが学級のきまりを順守しないなど，社会的望ましくない行動を多くとっている特徴に影響され，その子どもの学習成績を実際よりも低く評価することもハロー効果に相当する。このように，本来独立しているはずの他の印象的な特徴が影響し，評価の対象となる特徴の適切な評価が妨げられる恐れがある。

豆知識（ハロー効果）：ハロー効果は，「光背効果」や「後光効果」，「後背効果」と称されることがある。

ポイント：教育場面でハロー効果にあてはまると考えられる例を挙げてみよう。

② 教師期待効果

教師期待効果とは，教師が特定の子どもに対して，ある期待を抱いて接していると，実際にその期待に沿う方向でその子どもに変化が生じることを説明する効果である。例えば，教師がある特定の子どもに伸びしろがあり，今後，その子どもの学習成績が向上するだろうという期待を抱いていると，実際に，その子どもの学習成績やパフォーマン

豆知識（教師期待効果）：教師期待効果は，ギリシャ神話の登場人物になぞらえて「ピグマリオン効果（pygmalion effect）」や教師期待効果に関する実証的な研究知見を提供したローゼンタール（Rosenthal, R.）の名前を冠して「ローゼンタール効果（rosenthal effect）」と称されることがある。

第8章　学級集団

スが向上するような，期待に沿った変化がみられる現象があてはまる。

　教師期待効果を世に知らしめしたのは，ローゼンタールとジェイコブソン（Jacobson, L.）の研究である。この研究では，まず，小学校入学前の幼稚園児と小学1年生から5年生の児童に知能検査を実施した。続けて，知能検査の結果であることは伏せ，当該の児童の担当教師に，この検査は，将来の成功を予測することのできる検査であり，検査で良好な成績を収めた児童は，将来的に能力が伸びる見込みがあるとの情報を告げた。ただし，そこで伝えられた検査および児童の成績の情報は，偽りであり，成績については，学級名簿から無作為に選出された児童の名前を告げたに過ぎなかった。しかしながら，その半年後，同じ児童たちに再度，検査を実施すると，能力が伸びると告げられた児童たちのほうが，何も告げられなかった児童たちよりも知能指数が伸びていた（Rosenthal & Jacobson, 1968）。特に，後の研究では，低学年の児童で教師期待効果が生じやすいことが示されている。このように，教師が子どもに抱く期待や考え方が子どもにさまざまな形で影響する可能性がある。

③　学級における子ども同士の関係

(1) 学級の友人関係・仲間関係

　発達に伴い，養育者や教師など周囲の大人だけでなく，共に過ごす**友人関係**や**仲間関係**も変化する。特に，中学校段階では，学級担任の影響力も小学校と比較すると相対的に弱まり，学校生活における友人や仲間との関係性の重要性が増してくる。

　その中でも，同じクラスの友人や仲間は，生活を共にする時間も長く，学校生活に与える影響は大きい。厚生労働省（2014）の調査でも児童生徒が普段，一緒によく遊ぶ友だちの種類として，「同じクラスの子」と回答する割合が，小学5，6年生で85.0％，中学生で71.6％と，他の種類の友だちと，比較して最も高い。学級の友人関係や仲間関係について理解を深めることで，教師の指導行動もより効果的なものになると考えられる。

(2) 友人関係・仲間関係の発達

① ギャング・グループ，チャム・グループ，ピア・グループ

　仲間関係は，(1)小学校高学年頃にみられる仲間同士の外面的な同

発展（教師期待効果）：その後の研究では，教師期待効果が生じる背景として，教師自身が抱いた期待に沿った望ましい行動を子どもに対して，暗に行っていることが影響していることも報告されている。また，教師のネガティブな期待が子どものネガティブな変化につながる「ゴーレム効果」にも注意が必要である。

重要語句（仲間関係）：友人関係の中でも年齢が近く，お互いの興味・関心が類似し，一緒に過ごす時間が長い関係にある者同士は，仲間関係とも称される。

一行動による一体感や凝集性を特徴とする「ギャング・グループ」、(2)中学生頃にみられる内面的な類似性に基づく一体感や凝集性を特徴とする「チャム・グループ」、(3)高校生以上でチャム・グループとしての関係に加えてみられる内面的・外面的にお互いを認めあうことを特徴とする「ピア・グループ」と発達する。なお、「チャム・グループ」においては、内面的な類似性に基づく一体感や凝集性が重視されるため、周囲と同じであることへの圧力、いわゆる「ピア・プレッシャー（同調圧力）」が過度に作用することもある。一定の個人差はあるものの、各発達段階で特徴的な友人関係・仲間関係のあり方がみられることは、学級集団を構成する児童生徒同士の関係性について理解を深めるうえでも有用である。

② 仲間関係の発達の変容

近年では、従来みられていた仲間関係の発達的特徴に変容が生じている。例えば、(1)ギャング・グループの消失、(2)チャム・グループの肥大化、(3)ピア・グループの遷延化などが挙げられる。

(3) 友人関係・仲間関係と学校生活

① 小学生における友人関係・仲間関係と学級適応

個人にとって、心の拠りどころとなる友人関係や仲間関係が、子どもの学校生活を支える基盤となることは、これまで数多くの研究で報告されている。江村・大久保(2012)は、小学生の学級適応感と友人関係、教師との関係、学業との関連を検討している。分析の結果、学校の特徴によって学級適応感と関連する要因の強さは異なっていたが、友人関係は、学校の特徴にかかわらず、学級適応感を支えていたことが示されている。

② 中学生における友人関係・仲間関係と学校適応

中学生を対象とした研究として、石本(2010)は、中学生における友人関係に関する居場所感と適応の関係について検討している。その結果、友人関係における居場所感の中でも、自分自身が自然体で存在することができることに相当する「友人本来感」が中学生の男子では、心理的適応の一側面である「自己受容」と、中学生の女子では、心理的適応の一側面である「充実感」や「学校生活享受感」と、それぞれ関連することを報告している。よって、児童生徒にとって、友人関係・仲間関係は、学級適応感や学校生活享受感など、個人の学校生活を支える重要な要因として位置づけられる。

ポイント：ピア・プレッシャー（同調圧力）が過度に作用している場面として考えられる状況を挙げてみよう。

豆知識(ギャング・グループの消失) 小学校高学年において、放課後の多忙化や屋外での遊びの頻度が減少することで、相互作用が減少し、ギャング・グループが消失していることが指摘されている(保坂, 2010)。

豆知識(チャム・グループの肥大化)：ギャング・グループの消失に起因し、チャム・グループが肥大化している。ギャング・グループを十分に経験せずに、チャム・グループを形成しているため、従来のチャム・グループと比べて極めて薄められた関係性であることも指摘されている(保坂, 2010)。

豆知識(ピア・グループの遷延化)：ピア・グループの形成が困難化し、従来高校生以降の発達段階で見受けられたピア・グループがみられず、薄められたチャム・グループの特徴が見受けられることが指摘されている(保坂, 2010)。

発展(学級適応感)：個人と学級の適合の程度

(4) 学級集団におけるいじめ問題

　一方で，友人や仲間との関係は，児童生徒にとって，困難を生じさせることもある。その代表的な問題の1つとして，「いじめ」がある。いじめとは，「児童生徒に対して，当該児童生徒が在籍する学校に在籍している等当該児童生徒と一定の人的関係のある他の児童生徒が行う心理的又は物理的な影響を与える行為（インターネットを通じて行われるものも含む。）であって，当該行為の対象となった児童生徒が心身の苦痛を感じているもの。」と定義されている（文部科学省,2013）。

　いじめの認知件数は，近年，増加傾向にあるが，特に小学校でその傾向が顕著である（文部科学省,2023）。さらに，児童生徒間の関係性に起因していじめが生じることや学級集団は少なくとも1年ほどは，固定されたメンバーで過ごすという閉鎖性を勘案すると，学級集団におけるいじめ問題の未然防止や対応について理解する必要がある。

① いじめ問題と学校適応

　日本の学級内において人気を集めている児童生徒の学校適応は，いじめ加害によって支えられている可能性がある。渡辺（2019）は，いじめ加害者は，いじめることが当人の利得（ポジティブな結果）につながると認識している可能性を指摘し，その背景には，学級内で自分自身の立場を認めさせたいという動機があることやそうした動機を扇動するような学級内の社会的な階層関係（地位関係）の存在を指摘している。

　このように，一見，学級で伸び伸びと過ごしているように見受けられる児童生徒がいたとしても，その児童生徒の学校生活は，いじめ加害によって支えられている可能性もある。学級における友人関係・仲間関係の負の側面として，いじめ問題を多面的に捉える見方・考え方が重要になる。

② いじめ被害の様相

　いじめ被害の様相はさまざまである。文部科学省（2023）によると，いじめの認知件数のうち，「冷やかしやからかい，悪口や脅し文句，嫌なことを言われる。」が小学校で56.4％，中学校で62.0％，「軽くぶつかられたり，遊ぶふりをして叩かれたり，蹴られたりする。」が小学校で25.7％，中学校で14.3％を占めており，いじめの認知件数に占める割合としては上位にあげられる。ただし，「パソコンや携帯電話等で，ひぼう・中傷や嫌なことをされる。」の割合は，小学校では1.8％であるものの，中学校では10.2％となっている。インターネットを介して行われる，いわゆる「ネットいじめ」は，中学生以降では，決して珍しいタイプのいじめの形態ではないことがうかがえる。

③ いじめの構造

　いじめ問題を構造として捉える際に，「いじめ集団の四層構造モデ

を捉える概念の1つである。「居心地の良さの感覚（「このクラスにいると落ち着く」等）」，「被信頼・受容感（「このクラスでは先生や友だちから認められている」等）」，「充実感（「このクラスにいると何かができてうれしいと思うことがある」等）」の三側面から構成されている。学級適応感は，回答者自身と自身が所属する学級環境との適合の度合いを内的に尋ねている点に特徴がある。

発展（学校生活享受感）：学校生活全般におけるポジティブな認識の程度を表す概念（古市・玉木，1994）に相当し，日本の学校適応に関する研究では，度々，指標となることがある。

豆知識（学級集団の閉鎖性といじめ）：日本の学級集団は，所属するメンバーが一定期間固定されることで，閉鎖集団（メンバーの構成が固定され，外に閉じている集団）になりやすく，その中で，児童生徒一人ひとりの欲求不満が高まると，他の児童生徒への攻撃行動などにつながり，いじめを構造的に誘発しやすいことも指摘されている（河村，2019）。

ル」が日本では，参照されることが多い（図8-2）。このモデルで，いじめは，「加害者（いじめる側）」と「被害者（いじめられる側）」という二者関係ではなく，いじめをはやしたて面白がってみているような「観衆」，いじめの存在は認識しているが，見て見ぬふりをする「傍観者」といった周囲の子どもたちも含めて，いじめが学級集団全体の中で生起していることを説明している。

　具体的には，「観衆」は，自分で直接的にいじめに加担しないが，いじめを面白がったり，はやしたてたりすることで，いじめを深刻化させる存在である。「傍観者」は，いじめを見ながらも知らぬふりを装っている子どもたちであり，いじめの黙認や支持する存在として位置づけられる。ただし，「傍観者」の中に，学級によっては，いじめを抑止する働きかけを見せる「仲裁者」が現れる。具体的には，いじめに否定的な反応を示し，いじめを抑止しようとする存在であるが，いじめの新たなターゲットとなる可能性もあるため，傍観者として振舞わざるを得ないこと多々もある。厚生労働省（2014）の調査でも，クラスの誰かが他の子をいじめているのを見たときの反応として，「『やめろ！』と言って止めようとする」と回答した児童生徒は，小学5，6年生で23.3％，中学生では11.3％と，限定的であることが報告されている。いじめ問題は，加害者・被害者の二者関係だけではなく，周囲の影響も含めて包括的に捉える視座が求められる。

豆知識（いじめ集団の四層構造モデル）：図8-2では，「被害者」と「加害者」の間に「被害・加害者」が位置しているが，この層は，いじめの加害・被害を両方経験している層に相当する。森田・清永（1994）では，学級集団に存在しているいじめ被害への恐怖や不安感情を抱いている層に相当するため，「被害者」層の一つのサブタイプに位置づけられることが説明されている。

重要語句（いじめ防止対策推進法）：学校の教職員は，(1)いじめの未然防止，(2)早期発見，(3)適切かつ迅速な対処を行うことが責務であることが記されており，いじめの未然防止を第一に，それぞれの段階に沿った対応が求められている。

重要語句（学校いじめ防止基本方針）：学校としてのいじめ対策の具体的な目標を設定し，どのような取り組みを推進するのかを策定したものである。ホームページで公表している学校も多いため，関心のある方は，実際の学校いじめ防止基本方針を参照されたい。

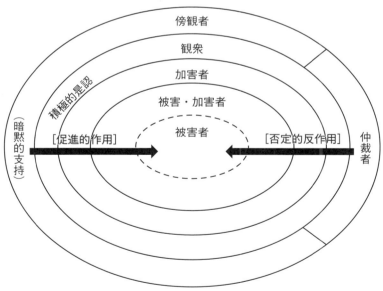

図8-2　いじめ集団の構造（森田・清永，1994を参考に作成）

④　いじめ問題への対策

　いじめ問題への対策は，2013年に，「いじめ防止対策推進法」が施行されて以降，各学校で「**学校いじめ防止基本方針**」を策定することが義

重要語句(重層的支援構造)：重層的支援構造とは，生徒指導上の課題について，対象となる児童生徒，課題の喫緊性，時間軸の高低から整理した枠組みである(第10章を参照)。

ポイント：いじめ問題への対策として，考えられる指導や援助を，重層的支援構造の枠組みから整理してみましょう。

人物紹介(モレノ)：モレノ(Moreno, J. L., 1892-1974)は，集団成員間の心理的関係性や集団の構造について先駆的に研究を進めた人物である。

務づけられるなど，進んでいる。さらに，生徒指導提要(文部科学省，2022)では，いじめに関する生徒指導の**重層的支援構造**が示されており，参考になる。

　最後に学級におけるいじめ加害行動の未然防止・低減を図るうえで，手掛かりになる研究として，外山・湯(2020)を紹介する。この研究では，小学生高学年の児童を対象に，いじめ加害行動(「たたく・蹴る」，「暴言を吐く」，「仲間外れにする」等)を減らすための要因として，個人内の要因として「いじめ観」と「罪悪感の予期(上記のいじめ加害行動を自分がとった際に，罪悪感を抱く程度)」，学級要因として，「学級の質(雰囲気)」に着目して，調査を行っている。研究の結果，いじめ観の中でも，「いじめは，どんなわけがあってもゆるされない」等のいじめを根源的に認めない，排除するような「いじめ否定」の考え方が高い児童ほど，いじめ加害行動が抑制されていた。よって，個人内の要因としては「いじめを許さない」等のいじめを根本的に否定するような価値観の醸成や指導がまず，重要になる。学級要因としては，友人との関係性や学級全体の良好な雰囲気，学級内で認めてもらっている雰囲気が高いといじめ加害行動が抑制されていた。また，個人の「いじめ否定」の程度だけではなく，いじめ否定雰囲気の高い学級に所属しているほど，いじめ加害行動が抑制されることも示された。なお，学級集団の良好な学級でいじめ加害行動を多くとっている児童は，その行動が長期化しやすいため注意が必要であることも指摘されている。学級の質(雰囲気)は，教師のリーダーシップや指導行動とも関連するため，いじめ加害行動の未然防止・低減につながる学級集団の形成や学級経営が教師には求められる。

④ 学級集団内の人間関係のとらえ方

(1) ソシオメトリックテスト

　学級集団内の人間関係の様相を捉えるために，主に，質問紙(アンケート調査)(第1章を参照)による手法がいくつか開発されている。まず，学級内の成員の好みや嫌悪を直接的に測定するテストとして，モレノ(Moreno, J. L.)が考案した「ソシオメトリックテスト」がある。ソシオメトリックテストでは，児童生徒に，クラスで「一緒によく遊ぶ友だち」等を直接的にアンケートで尋ねることで，どの児童生徒が周囲から選択(支持)されているか，あるいは排斥されているかを把握することができる。得られた情報は，「ソシオマトリックス」と呼ばれる一覧表にまとめたり，ソシオマトリックスの情報を視覚的に明示する

「ソシオグラム」と呼ばれる図を作成したりすることで，学級集団内の人間関係を把握することができる。

(2) ゲスフーテスト

ソシオメトリックテストと類似したテストとして「ゲスフーテスト」がある。このテストは，児童生徒にいくつかの質問文（「学級で困っている子を積極的に助けてあげる人は誰ですか」，「係活動に責任をもって取り組んでいる人は誰ですか」等）を与え，その質問に合致する学級内の特定の個人を列挙させる手法である。この手法は，他の児童生徒から見た対象となる子どもの性格や行動特性を基に，学級の人間関係を把握できる手法である。

(3) ソシオメトリックテスト，ゲスフーテストの留意点

ソシオメトリックテスト，ゲスフーテストともに，児童生徒に特定の他者を指名させたり，評定させたりすることで，児童生徒の直接的な声を基に，人間関係を描くことができる。よって，学級集団内の人間関係を捉える際に，有用な手法として紹介されてきた。しかしながら，これらの手法を用いる際の児童生徒の心理的負担や倫理的な観点から，近年，日本の学級集団内の人間関係を把握する際に，使用されることは限定的である。さらに，特定のクラスメイトへの好悪を尋ねることで，その後の行動に影響があることも危惧されている。具体的には，排斥的に位置づけたクラスメイトを実際に攻撃，排斥する危険性がある。よって，学級の特定の個人を指名したり，想起させたりする手法は，運用に極めて留意が必要であるとともに，積極的な理由がない限り日本での使用は慎重を期する必要がある。

(4) 楽しい学校生活を送るためのアンケート（Q-U：QUESTIONNAIRE-UTILITES）

楽しい学校生活を送るためのアンケート（Q-U）は，「学級生活満足度尺度（いごこちのよいクラスにするためのアンケート）」と「学校生活意欲尺度（やる気のあるクラスをつくるためのアンケート）の二部構成となっており（河村，2006），児童生徒の学校生活の満足感を調べる際に活用されている。以下，学級集団内の人間関係のあり方と関係する学級生活満足度について説明する。学級生活満足度は，主に，学級内の対人的側面から学校生活の満足度を捉える尺度で，「承認」と「被侵害」

豆知識（学校生活意欲尺度）：学校生活意欲尺度は，児童生徒の学校生活における意欲を測定する尺度である。例えば，中学生では，友人との関係，学習意欲，教師との関係，学級との関係，進路意識の5つの領域の意欲を測定する。学校生活意欲尺度は，児童生徒理解や児童生徒がどの領域に意欲的に取り組んでいるかを把握し，今後，どの領域を重点的に指導すべきかを吟味する際に活用できるツールである。

から捉えることができる。

- **承認** 「私はクラスの中で存在感があると思う」等，学校の同級生や先生から承認されている程度を表す。
- **被侵害** 「クラスの人から無視されるようなことがある」等，周囲からのからかいや排斥，不適応感を抱いている程度を表す。

① 個人のアセスメント

承認得点，被侵害得点の高低で分割した「**学級生活満足群**」，「**侵害行為認知群**」，「**非承認群**」，「**学級生活不満足群**」の4群のいずれに，位置するかで，個人の学級生活の満足度を把握できる。なお，学級生活不満足群の中でも不登校になる可能性やいじめ被害経験，学校不適応傾向が極めて高い「**要支援群**」は，早急に個別の指導が求められるため，指導にあたり留意すべきである（図8-3）。

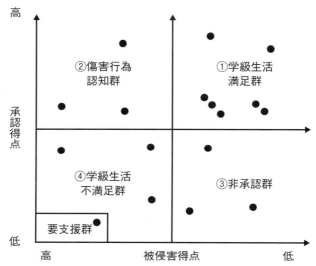

図8-3 学級生活満足度尺度を用いた子どもの類型化（河村，2010を参考に作成）

- **学級生活満足群（図3-①）** 学級生活・活動に意欲的に取り組むとともに，不適応感やトラブルは少ない群
- **侵害行為認知群（図3-②）** 学級内で認められいるという自己認知は高いが，学級内で活動する際に，自己中心的なかかわりによって対人的トラブルが生じる，自分自身に対してネガティブなとらえ方をする傾向も高い群
- **非承認群（図3-③）** 学級内で認められることが少なく，自主的に活動することも少ないが，学級不適応感やいじめ被害，トラブルも少ない群
- **学級生活不満足群（図3-④）** 学級内の居場所が見いだせていなかったり，いじめ被害を経験していたりする恐れがあり，不適

応になっている可能性の高い群

② 学級全体のアセスメント

　学級全体の得点状況をプロットし，学級の成熟度や学級集団の雰囲気がどのような傾向にあるのか統合的に検討することも可能である。教師の視点から解釈すると，承認得点の分布(縦軸)は，学級集団内の**親和的な人間関係の確立(リレーション)**，被侵害得点の分布(横軸)は，学級集団内の**ルールの共有(ルール)**を反映しており，上述の4つの群のどの位置にプロットが集中・分布しているかによって，学級の状態をアセスメントできる。

- **満足型**　親和的な人間関係の確立とルールの共有が統合され，学級生活満足群に凝集している学級
- **管理型**　ルールに比重が偏って学級が成立しているため，学級生活満足群，非承認群に中心的に位置している学級
- **なれあい型**　親和的な人間関係の形成に比重が偏って学級が成立しており，学級生活満足群，傷害行為認知群に中心的に分布している学級
- **拡散型**　学級内の親和的人間関係の確立，ルールの共有がともに成立しておらず，まとまりがなく，学級崩壊の傾向が高い学級
- **荒れ始め型**　ルール，親和的な人間関係のいずれの崩壊が連鎖的に学級に影響し，学級生活満足群と学級生活不満足群に二分するような状況にある学級
- **崩壊型**　ルール，親和的な人間関係が崩壊しており，学級生活不満足群に多く位置し，学級崩壊の状態にある学級

5　学級風土

(1) 学級風土とは

① 支持的風土・防衛的風土

　学級集団では，「居心地がよく，温かい雰囲気」，「何となくうまくいかずに，ギスギスした雰囲気」など，さまざまな雰囲気が醸し出されている。**学級風土**とは，教師と児童生徒の関係，児童生徒同士の関係，などに導出される雰囲気を含む学級全体のもつ雰囲気と説明され，児童生徒は，意識している，していないにかかわらず，学級風土の影響を大きく受ける。

　河村(2019)は，「**支持的風土**」と「**防衛的風土**」の二側面から学級風土を説明している(表8-3)。日々の教育活動においては，支持的風土を

有する学級集団の中で学んだり，生活したりすることで，教育活動において学級集団が求められる役割が遂行できることが期待できる。

② 心理的安全性

学級の支持的風土と類似する概念として，注目を集めている集団内の風土を捉える概念の1つに，「心理的安全性」がある（Edmondson, 2018 野津訳2021）。心理的安全性は，企業のチームワークや組織風土の良好さを捉える考え方として，端緒を発した概念であるが，近年，学校組織全体や学級集団など，学校教育場面に応用する考え方や研究が増えている。

特に，心理的安全性を左右する要因として，「リーダーシップ（第2節を参照）」の重要性が指摘されている。よって，学級集団における心理的安全性を考える際には，教師自身の教育実践や指導行動が学級の心理的安全性を促進したり，支えたりする働きかけになっているか，振り返る必要がある。

> **発展（心理的安全性）**：心理的安全性とは，組織のメンバー（学級集団では，児童生徒）が気後れすることなく，自身の意見を述べることができ，自分らしくいられる風土のことである。

表8-3　支持的風土と防衛的風土（河村, 2019）

支持的風土の特徴	防衛的風土の特徴
①級友との間に信頼感がある	①級友との間に不信感がある
②率直にものが言える雰囲気がある	②攻撃的でとげとげしい雰囲気がある
③組織として寛容さがあり相互扶助がみられる	③組織として統制と服従が強調されている
④他の集団に対して敵意が少ない	④戦闘的で地位や権力への関心が強い
⑤目的追究に対して自発性が尊重される	⑤目的追究に操作と策略が多い
⑥学級活動に積極的な参加がみられ，自発的に仕事をする	⑥小グループ間に対立，競争関係がある
⑦多様な自己評価が行われる	⑦保守的で他律性が強い
⑧協同と調和が尊重される	
⑨創造的な思考と自律性が尊重される	

(2) 学級風土質問紙（Classroom Climate Inventory；CCI）

学級風土を複数の側面から捉えた一連の研究として，伊藤・松井（2001）と伊藤・宇佐美（2017）を紹介する（表8-4）。伊藤・松井（2001）は，海外の複数の学級風土に関する研究もレビューしたうえで，学級風土を多面的に捉えることのできる「**学級風土質問紙（Classroom Climate Inventory；CCI）**」の開発を試みている。一連の研究で構成された尺度は，クラスメイト間の関係性を問う風土の側面だけではなく，学級全体の学習や目標追求に向かう姿勢，学級内の指示・統制に関する多様な領域もカバーしている。その後，項目表現や尺度全体の課題を踏まえて，伊藤・宇佐美（2017）は，新版中学生用学級風土尺度

（新版CCI）も開発している。学級風土質問紙は，児童生徒が認知する教室の学級風土を多面的に，測定することができるため，教師の学級経営の在り方について省察する際に有用なツールとなりえる。特に，新版CCIは，従来のCCIと比較し，下位尺度の細分化・明瞭化がなされており，学級風土を詳細にアセスメントすることができる。

表8-4　学級風土質問紙の構造

Mossの領域	学級風土質問紙（伊藤・松井, 2001）	新版学級風土質問紙（伊藤・宇佐美, 2017）	新版学級風土質問紙の項目例
関係性	学級活動への関与：学級活動への関心や取り組みに関する風土	学級活動への取組み　　学級活動への関心	行事などのクラス活動に一生懸命取りくむ　　誰もがクラス全体へのことを考えている
	生徒間の親しさ：クラスメイト相互の親密さに関する風土	仲の良さ　　男女の仲の良さ　　協力	このクラスはみんな仲が良い　　男子と女子は仲が良い　　このクラスではお互いにとても親切だ
	学級内の不和：学級内でのトラブルや分裂・分断に関する風土	トラブル　　グループ化	重苦しい雰囲気になることがある　　クラスがバラバラになる雰囲気がある
	学級への満足感：学級生活の楽しさや満足感に関する風土	学級への満足感	このクラスは，心から楽しめる
	自然な自己開示：クラス内で安心して自ら自己開示を志向する風土	生徒間の自己開示　　教師への自己開示	個人的な問題を安心して話せる　　先生が側にいても遠慮なく話せる
個人発達と目標志向	学習への志向性：授業・学習に関する風土	学習への志向性	授業中よく集中している
組織の維持と変化	規律正しさ：学級のきまりを順守したり，教師の指示に沿った行動をとったりすることへの風土	規律正しさ	このクラスは，おちついて静かだ
	学級内の公平さ：クラス内で意思決定を試みる際の階層性のなさに関する風土	リーダー	何かを決めるときに強い力を持つ人がいる

伊藤・松井(2001)，伊藤・宇佐美(2017)を参考に作成

(3) 学級の目標構造

児童生徒の学習面に特化した学級風土を捉える概念も紹介する。学習者の目標を捉える考え方として，**達成目標理論**がある（第6章を参照）。この達成目標理論で仮定されている**熟達目標**と**遂行目標**を学級レベルで適用した概念として，「**学級の目標構造**」がある。これは，学級の中で，学習に関するどのような目標が大切にされ，日々のメッセージとして，児童生徒が認識しているかを表す概念といえる。具体的には，学習内容の理解や深化を強調するような「**熟達目標構造**（「わたしのクラスでは，まちがいや失敗も，勉強のうちと考えられています」等）」，有能な学習成績やパフォーマンスの高さを強調するような「**遂行目標構造**（「わたしのクラスでは，テストの点数だけが成績になります」等）」の2つの目標構造（三木・山内，2005）に基づく研究が見受けられる。三木・山内（2005）は，教室の熟達目標構造は，個人の熟達目標と関連することで，学習場面での深い処理方略につながり，最終的に成績の自己認知を高める流れを報告している。学級の目標構造は学習意欲や学習方略等の学習に関する指標と学級集団との関係を吟味する際には有用な概念だと考えられる。

(4) 学級の社会的目標構造

学級の目標構造は，学業的達成目標を左右する要因として，学習動機づけ研究の流れから概念化されたが，近年，学業に限定されない教室の目標，いわゆる，「**学級の社会的目標構造**」に関する検討も進められている。学級内で，「友だちにやさしくしましょう」や「係活動は，責任をもって取り組みましょう」など，学習以外の目標や理想像が掲げられることは，決して珍しいことではない。そこで，大谷他（2016）では，日本の学級で強調される社会的目標の程度に相当する社会的目標構造について調査している。その結果，日本の学級の社会的目標構造は，「**向社会的目標構造**（「このクラスでは，相手の気持ちを考えることが大事にされています」等）」と「**規範遵守目標構造**（「このクラスでは，ルールやきまりを守ることができないのは，はずかしいことだとされています」等）」の2つの目標構造から捉えることができることを示している。

学級の社会的目標構造と学級におけるクラスメイトへの向社会的行動の関係を扱った研究として山本他（2021）では，小学生，中学生を対象に，学級の社会的目標構造が，友人と関わる動機づけを介して，クラスメイトへの向社会的行動と関連する流れについて検討している。

重要語句（学級の目標構造）：児童生徒が学級内でどの程度，熟達目標，遂行目標が重要視され，強調されていると認識しているかを表す概念である。

分析の結果，小学生，中学生ともに，向社会的目標構造を高く認知しているほど，クラスメイトと関わる際に，一緒にいることの楽しさや面白さなどの「内発」やクラスメイトと関わる重要性や価値を抱く「同一化」などの自律性の高い動機づけに支えられ，その結果，向社会的行動が促進されるという結果を示している。一方で，規範遵守目標構造を高く認知しているほど，自律性の低い「外的」な動機づけにつながり，向社会的行動が促進されるという結果も示されている。これは，同様の向社会的行動であってもその背後に，生起している動機づけは異なっているため，発達段階も踏まえて，学級での社会的目標の提示や強調のバランスに，気を留める必要があることを示唆しているといえる。特に，学級の向社会的目標構造に支えられた自律的な動機づけに基づく向社会的行動がお互いに生起することで，共感的な人間関係の構築や安心・安全な学級風土の醸成に寄与すると考えられる。

発展（向社会的目標構造と学校段階）：中学生では見られなかった結果として，小学生では，向社会的目標構造は，外的動機づけを介して，向社会的行動とも関連している。この結果について，山本他（2021）は，向社会的目標に関する指導が徐々に，児童に内在化されていくことで，他律的な外的動機づけが減少した可能性を指摘している。

Column　学級の社会的目標構造と学習動機づけ

　学級集団内で思いやりやルールの遵守などを強調する程度である，「学級の社会的目標構造」は，クラスメイトへの向社会的行動と関係している(山本他, 2021)ことは，説明してきた。さらに，近年の研究では，児童生徒の学習動機づけ(大谷他, 2016)や近年の教育場面で重視されている「協同学習(学び合い)」(岡田・大谷, 2017)等，日々の学習への取り組みや学習動機づけとも関連していることが報告されている。

　まず，大谷他(2016)は，小学生を対象に，学級における社会的目標構造(向社会的目標構造，規範遵守目標構造)が友人との学習を介して，学習動機づけと関連する流れを調査している。分析の結果，学級内で，思いやりや気遣いと関連する行動を重要視するような「向社会的目標構造」が高い学級に在籍している学級ほど，友人との学びあいが促され，その結果，学習への内発的動機づけや自己効力感が高まることが示されたことを報告している。

　また，社会的目標構造と「協同学習」との関係について扱った研究として，岡田・大谷(2017)が挙げられる。岡田・大谷(2017)は，小学生における学級の社会的目標構造の認知が協同学習への学習動機づけを介して，実際の友人との学習活動とどのように関連しているのかを調査している。なお，協同学習への学習動機づけは，「自己決定理論(第6章を参照)」に基づき，協同学習への内発的動機づけ，同一化的調整，取り入れ的調整，外的調整の4側面から捉えて検討している。分析の結果，学級の向社会的目標構造の認知の高さが，「友だちと一緒に学ぶのは，自分にとって大事なことだから」等の項目から構成される「同一化的調整」の高さにつながることで，協同的な学習活動が促されるという流れが確認できたことを報告している。

　このように，学級の社会的目標構造に関する先行研究では，学級の社会的目標構造が学習動機づけや友人との学び合いと関係することが示されている。特に，「向社会的目標構造」は，自律性の高い学習動機づけや自己効力感の向上とつながることから，日々の学習場面においても重要な役割を果たしているといえるだろう。その他，河村(2010)も英米と比較した際の現行の日本の学級集団の特性は，日々の学校生活の共同体の側面を有しつつも，学習集団としての機能があることを指摘している。こうした指摘や社会的目標構造と学習動機づけに関する研究の結果も踏まえると，日本の学校教育において，学級集団と学習の在り方は，密接にかかわっており，学級集団と学習とのつながりを意識した学級経営や教師の指導行動が求められる。

演習問題

A群の問いに対する回答を，B群から1つ選びなさい。

[A群]
1. 休み時間を一緒に過ごすなど，明確な枠組みをもたずに，子ども同士の自由な関係の構築や発展に委ねられている集団のことを（　①　）という。
2. 生徒指導提要では，お互いの個性を尊重し，相手の立場に立った考えや行動につながるような助け合いのできる「（　②　）」を育むうえで，日々の学級経営が重要だと明記されている。
3. （　③　）とは，小学校から中学校への移行期において，不登校や問題行動が増加する傾向を表す用語である。
4. （　④　）とは，集団のまとまりや集団成員間の関係性を調整するようなリーダーシップ機能に相当する。
5. 共通の遊びなど，仲間同士の外面的な同一行動による一体感・凝集性を特徴とする仲間関係は，（　⑤　）と称される。
6. 文部科学省(2013)で，いじめは，「児童生徒に対して，当該児童生徒が在籍する学校に在籍している等当該児童生徒と一定の（　⑥　）のある他の児童生徒が行う心理的又は物理的な影響を与える行為（インターネットを通じて行われるものも含む。）であって，当該行為の対象となった児童生徒が心身の苦痛を感じているもの。」と定義されている。
7. 「いじめ集団の四層構造モデル」における「（　⑦　）」とは，自分で直接的にいじめに加わることはしないが，いじめを面白がったり，はやしたてたりすることで，いじめを深刻化させる存在である。
8. （　⑧　）とは，クラスの中で「好きな子」等を直接的に尋ねることで，どの児童生徒が周囲から選択，排斥されているかを明示することで，学級内の人間関係を把握する方法である。
9. 学級生活満足度は，同級生や先生から認められていると認識している程度を表す「（　⑨　）」と，周囲からのからかいや排斥，不適応感を表す「被侵害」の2つの軸で，個人の学級生活の状況や満足度を把握することができる。

[B群]
フォーマル集団，インフォーマル集団，共感的な人間関係，中1ギャップ，P(performance)機能，M(maintenance)機能，ギャング・グループ，ピア・グループ，人間関係，人的関係，傍観者，観衆，仲裁者，ソシオメトリックテスト，承認，学級風土

【ディスカッションをしてみよう】
1. 学級内の「安心・安全な風土の醸成」のために，どのような指導行動が効果的か，話し合ってみましょう。
2. 仲間関係の発達の特徴を踏まえて，児童生徒の仲間関係・友人関係について指導する際には，どのような注意や工夫が必要なのか，話し合ってみましょう。
3. 学級集団の状態をアセスメントして得られた情報の活用方法について意見を出し合ってみましょう。

【演習問題の答え】
①インフォーマル集団　②共感的な人間関係　③中1ギャップ　④M(maintenance)機能
⑤ギャング・グループ　⑥人的関係　⑦観衆　⑧ソシオメトリックテスト　⑨承認

【引用文献】

Edmondson, A. C.(2018). *The fearless organization: Creating psychological safety in the workplace for learning, innovation, and growth.* Wiley.(エイミー・C・エドモンドソン．野津 智子(訳)(2021). 恐れのない組織――「心理的安全性」が学習・イノベーション・成長をもたらす――　英治出版)

江村 早紀・大久保 智生(2012). 小学校における児童の学級への適応感と学校生活との関連――小学生用学級適応感尺度の作成と学級別の検討――　発達心理学研究, *23*(3), 241-251.

古市 裕一・玉木 弘之(1994). 学校生活の楽しさとその規定要因　岡山大学教育学部研究集録, *96*, 105-113.

保坂 亨(2010). いま,思春期を問い直す―グレーゾーンに立つ子どもたち――　東京大学出版会

石本 雄真(2010). 青年期の居場所感が心理的適応,学校適応に与える影響　発達心理学研究, *21*(3), 278-286.

伊藤 亜矢子・松井 仁(2001). 学級風土質問紙の作成　教育心理学研究, *49*(4), 449-457.

伊藤 亜矢子・宇佐美 慧(2017). 新版中学生用学級風土尺度(Classroom Climate Inventory; CCI)の作成　教育心理学研究, *65*(1), 91-105.

伊藤 大幸・浜田 恵・村山 恭朗・髙柳 伸哉・野村 和代・明翫 光宜・辻井 正次(2017). クラスサイズと学業成績および情緒的・行動的問題の因果関係――自然実験デザインとマルチレベルモデルによる検証――　教育心理学研究, *65*(4), 451-465.

河村 茂雄(2006). 学級集団づくりのためのQ-U入門――「楽しい学校生活を送るためのアンケート」活用ガイド――　図書文化社

河村 茂雄(2010). 日本の学級集団と学級経営―集団の教育力を生かす学校システムの原理と展望――　図書文化社

河村 茂雄(2019). 学級集団づくり　河村 茂雄・武蔵 由佳編著　教育心理学の理論と実際　図書文化社　pp.162-176.

厚生労働省(2014). 平成26年度 全国家庭児童調査結果の概要　厚生労働省　Retrieved September 27, 2024 from https://www.mhlw.go.jp/content/11920000/2kekkagaiyou.pdf

三木 かおり・山内 弘継(2005). 教室の目標構造の知覚,個人の達成目標志向,学習方略の関連性　心理学研究, *76*(3), 260-268.

三隅 二不二(1964). 教育と産業におけるリーダーシップの構造－機能に関する研究　教育心理学年報, *4*, 83-106.

三隅 二不二(1976). 情報科学講座　グループ・ダイナミクス　共立出版

三隅 二不二・吉崎 静夫・篠原しのぶ(1977). 教師のリーダーシップ行動測定尺度の作成とその妥当性の研究　教育心理学研究, *25*(3), 157-166.

文部科学省(2013). いじめ防止対策推進法(平成25年9月28日)　文部科学省　Retrieved September 23, 2024 from https://www.mext.go.jp/a_menu/shotou/seitoshidou/1406848.htm

文部科学省(2018). 小学校学習指導要領解説　特別活動編(平成29年告示)　東洋館出版社

文部科学省(2022). 生徒指導提要(令和4年12月)　東洋館出版社

文部科学省(2023). 令和4年度 児童生徒の問題行動・不登校等生徒指導上の諸課題に関する調査結果について　文部科学省　Retrieved September 23, 2024 from https://www.mext.go.jp/content/20231004-mxt_jidou01-100002753_1.pdf

森田 洋司・清永 賢二(1994). 新訂版　いじめ――教室の病い――　金子書房

大谷 和大・岡田 涼・中谷 素之・伊藤 崇達(2016). 学級における社会的目標構造と学習動機づけの関連―友人との相互学習を媒介したモデルの検討――　教育心理学研究, *64*(4), 477-491.

岡田 涼・大谷 和大(2017). 児童における社会的目標構造の認知と協同的な学習活動――動機づけを介する過程の検討――　パーソナリティ研究, *25*(3), 248-251.

Rosenthal, R., & Jacobson, L.(1968). *Pygmalion in the classroom: Teacher expectation and pupils' intellectual development.* Holt, Rinehart & Winston.

園原 太郎・広田 君美(1953). 学級社会の成立　波多野 完治編　学級社会の心理　金子書房, pp.1-62.

田崎 敏昭(1979). 児童・生徒による教師の勢力源泉の認知　実験社会心理学研究, *18*(2), 129-138.

外山 美樹・湯 立(2020). 小学生のいじめ加害行動を低減する要因の検討―個人要因と学級要因に着目して――　教育心理学研究, *68*(3), 295-310.

渡辺 弥生(2019). 感情の正体――発達心理学で気持ちをマネジメントする――　ちくま新書

山本 琢俟・河村 茂雄・上淵 寿(2021). 学級の社会的目標構造とクラスメイトへの自律的な向社会的行動との関連――小中学生の差異に着目して――　教育心理学研究, *69*(1), 52-63.

弓削 洋子(2024). 第7章　学級集団と教師の学級経営　弓削 洋子・越 良子編著　学級経営の心理学――子どもと教師

がともに成長するために——　ナカニシヤ出版　pp.93-106.

第 8 章　学級集団

第9章 教育評価

① 教育評価とは

(1) 教育評価の目的

　教育評価は，教育がうまくいっているかどうかを把握し，そこで明らかになった実態を踏まえて教育を改善していく営みと定義される（西岡他，2022）。教育にかかわる評価と聞くと，成績をつけて子どもに自分の位置を把握させたり，フィードバックを与えてやる気にさせたりと子どもに焦点が当てられているものだとイメージする人も多いのではないだろうか。しかしながら，教育評価は子どものためだけではなく，教師や学校にとっても重要である。橋本（1976）は評価の目的を①指導のため，②学習のため，③管理のため，④研究のためといった4つの側面に分けている。また，西岡他（2022）では⑤**アカウンタビリティ**のデータ提供のためという目的も挙げられている。

① 指導のための評価
　評価を行うことにより教師は学習者の学習状況を把握し，授業計画や指導方法の決定や改善にいかしていくことができる。また，評価を通して自分の指導が上手くいっているのかを振り返ることもできる。

② 学習のための評価
　学習者である子どもたちは評価の情報がフィードバックされることにより，自分が理解できているところや，つまずいているところを知ることができる。そして，その情報を踏まえて自身の得意や不得意を理解し，学習計画にいかすことができる。

③ 管理のための評価
　学習者である子どもたちが進学や転校をする際に，状況を証明するために用いることができる。また，クラス編成や選抜のために評価の情報を用いるなど，管理者側にとって有益な資料となる。

④ 研究のための評価
　学校の教育目標や指導計画，指導方法の検証のための資料となる。この評価をいかして，学校のカリキュラムの改善などにつなげることができる。

豆知識（教育評価）：教育評価と同様に「学習評価」も子どもたちの学習状況を評価するものを表す言葉として使用される。近年では，学習評価は教育評価の基盤として位置づけられることがある。学習評価というと学習をしている子どもに焦点が当てられる事があるが，教育する側の問題にも目線を向ける必要がある。

重要用語（アカウンタビリティ）：アカウンタビリティは説明責任のことである。アカウンタビリティの特徴として制度的，外的な要請に基づき，行為の委託者を対象とし，行為の正当性を得るために，エビデンスに依拠して行為の責任を果たすことなどがある。

⑤ アカウンタビリティのデータ提供のための評価

近年では，地域や保護者から学習活動に対して説明を求められる機会が増えている。学校教育がしっかりと教育効果をあげることができているのかについて説明責任を果たすためにも，教育評価を行うことは重要となる。

(2) 教育評価の変遷

教育評価(evaluation)は1930年代にアメリカのタイラーが提唱した考えであり，**教育測定**(measurement)への批判として生まれた。教育測定としては，**ソーンダイク**(第3章を参照)が統計的な方法や数量化の方法を援用して，人間の心や教育効果を測定する客観テストを展開した。そしてこの流れを受けて，教育問題への対応のために，数量化や客観性を強調し教育の効果を測定する教育測定運動が広まった。これに対してタイラーは教育評価を提唱し，教育目的の実現のために，数量的に測りにくいが，目指したい学習成果も含む形で評価対象を拡張し，数量化にとどまらない評価方法の工夫を促した(石井，2024)。教育評価はエバリュエーション(evaluation)，教育測定はメジャーメント(measurement)という言葉が当てられているが，「メジャーメント」は物理的な長さや重さを測定する際に使う言葉であり，「エバリュエーション」は性能や品質などを評価する際に使う言葉である。この言葉のニュアンスからも，評価に対する考え方の違いがうかがえるだろう。また，近年では**アセスメント**(assessment)という言葉が用いられる場合もある。アセスメントは多角的な視点から子どもや保護者などの多様な資料をもとに評価をすることというニュアンスが含まれる場合がある。ただし，単なるエバリュエーションの言い換えで明確な区別がされていない場合もあるため，どのような意味で使用されているのかは注意すべきである。

② 評価の種類

評価といってもその方法はさまざまである。例えば，何を基準に評価をするのかによっても変わってくる。ここでは，**相対評価**と**絶対評価**(戦前の絶対評価，目標に準拠した評価，個人内評価)について触れる。

人物紹介(タイラー)：1902-1994 タイラー (Tyler, R. W.)はアメリカの教育学者。カリキュラム編成の原理であるタイラー原理を提唱するなど，現在の教育学にも強い影響を与えた人物である。

豆知識(アセスメント)：近年注目されている真正の評価は英語ではauthentic assessmentとされ，アセスメントという単語が使用されている。

(1) 相対評価

相対評価は所属集団を基準として相対的な位置をもとに評価をする方法である。相対評価は正規分布(図9-1)を基準にして子どもたちの位置をみとる。そして，5段階(1が低い評価〜5が高い評価)で評価を行う場合は，下から7%の子どもは1をつける，次の24%の子どもは2をつける，次の38%の子どもは3をつける，次の24%は4をつける，次の7%(上位7%)は5をつける，といったように評価が行われる。

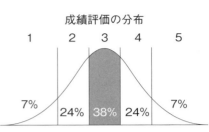

図9-1 正規分布と相対評価

重要語句(正規分布)：データが平均の付近に集積するような分布である。この分布の特徴として平均値・最頻・中央値がすべて一致すること，平均値を中心にして左右対称の形をしていることなどがあげられる。

(2) 絶対評価

相対評価の対になる評価として絶対評価があげられる。しかしながら，西岡他(2022)では絶対評価という言葉が用いられるときに区別すべき3つの評価が混同されていると述べられている(図9-2)。ここでは3つの違いに触れつつ，絶対評価を整理していく。

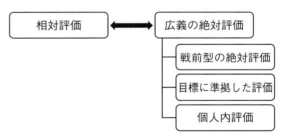

図9-2 絶対評価と相対評価(西岡他，2022を参考に作成)

豆知識(戦前の絶対評価)：戦前は評価の仕組みが不十分であり先生の主観で「お前は算術はできるが，態度が悪いから低い評価を与える」などと評価されることがあったと言われている。背景として，富国強兵の政策のもとで教師が絶対的な権力を有する存在であったことなどが挙げられる。また，戦前の絶対評価は認定評価と呼ばれることもある。

① 戦前型の絶対評価(狭義の絶対評価)

戦前における評価は教師の評価が絶対であるという意味で絶対評価と呼ばれた。絶対者としての評価者が暗黙裏に保持している評価基準をもとに評価が下されるという，文字通り「絶対」の意味を含んだ評価である。

② 目標に準拠した評価

一般的に学校教育の文脈で使用される絶対評価という言葉で想定されるのが，目標に準拠した評価に該当するものである。目標に準拠した評価では評価のための基準が設定され，その基準に達しているかが

重要語句(目標に準拠した評価)：日本で目標に準拠した評価が知られるようになったのは2001年の学習指導要録改定からである。この評価は「目標の押し付け」「目標つぶし」などという批判もあった。

評価される。例えば，大学の授業では59点以下が不可，60〜69点が可，70〜79点が良，80点以上が優などといった具合に評価が行われる。または，鉄棒で逆上がりができたら合格とするなどといったものもこれに該当する。

③ 個人内評価

個人内評価は子どもそれぞれの基準をもとに評価する方法である。相対評価のように他者と比べたり，目標に準拠した評価のように全体で統一した基準が設けられたりはせず，個々の進歩や状況をみとっていく。例えば，学期の始めは30点だった子どもが学期の終わりには50点取れたといった具合に過去の状況と比べた進捗や変化を評価する(**縦断的個人内評価**)。また，この子どもは国語の読み取りは苦手だが計算は得意であるといった具合に子ども個人の内での得意なものや苦手なものに着目することもある(**横断的個人内評価**)。例えば，発達検査であるWISC(第5章を参照)では，様々な領域の下位検査指標のバラツキを解釈し，個人の中で何が苦手で何が得意かを把握する(図9-3)。

豆知識(個人内評価)：「特別の教科 道徳」の評価においては「励ます個人内評価」が求められている。道徳は明確な基準が設けにくく，「Aさんは道徳の基準に達していない」などと評価することは望ましくない。そのため個人内評価で個人の変化をみとることが求められている。

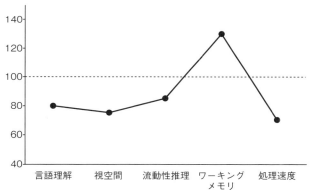

図9-3　WISCにおける個人内の得点の例

(3) 相対評価と目標に準拠した評価の特徴

相対評価か目標に準拠した評価かといった評価の方法によって，同じ点数を取ったとしても異なる評価となることがある。例えば，目標に準拠した評価では80点以上取れば5の評価がもらえるとする。この時，ある子どもが80点を取った場合，目標に準拠した評価では確実に5がもらえる。しかしながら相対評価では，80点以上とった人が他に多くいた場合には4や3などといった評価となってしまう場合がある。このような評価の違いについてどのような点に気をつけなければいけないだろうか。

なお，2001年度までは日本の学校では相対評価が取り入れられてい

た。しかしながらその問題点が指摘され，2002年度からは目標に準拠した評価が採用されている。ここでは，相対評価や目標に準拠した評価の特徴や課題について述べる。

① 相対評価の特徴と課題

相対評価は相対的な位置で評価されるため，評価する人の主観が入らない。その点では公平な評価といえるかもしれないが，自分より優れた人が一定数いれば評価が上がらないといった特徴がある。例えば，クラスみんなで勉強を頑張り，Aさんは努力前の20点から努力後には60点に点数が上がったとする。しかしながら，クラス全体が同じように成績を向上させていた場合には，Aさんの相対的な位置は変わらない(図9-4)。そのため，Aさんは頑張って点数を上げたにもかかわらず，努力後の評価に反映されないという事が起こり得る。また，教師がテストを作る際にみんなに良い点を取ってもらおうと全員が高い点数が取れるテストを作成した場合，高い点数を取ったとしても良い評価が得られない子どもが出てくる。そのため，テストを作るときには得点が偏らないような，個人差が明確になるものを作成する必要がある。

		Aさん	Bさん	Cさん	Dさん	Eさん
努力前	テスト	20	30	40	50	60
	相対評価	1	2	3	4	5
	目標に準拠した評価	1	2	3	4	5
努力後	テスト	60	70	80	90	100
	相対評価	1	2	3	4	5
	目標に準拠した評価	4	4	5	5	5

100点満点のテストで5段階評定を想定。
目標に準拠した評価は0~19点が1，20~39点が2，40~59点が3，60~79点が4，80~100点が5とする。

図9-4　相対評価と目標に準拠した評価の特徴

さらに，集団の違いも大きく影響する。全く同じテストの評価をする際，学力の高い子どもが多く在籍するA小学校では80点取ったとしても3の評価がつき，学力の低い子どもが多く在籍するB小学校では80点取れば5の評価がつくということもある。

上記のように子どもの努力が反映されなかったり，努力以外の要因で成績が変動してしまったりするため，相対評価は子どもの動機づけに悪い影響を与えてしまう恐れがある。

② 目標に準拠した評価の特徴と課題

目標に準拠した評価は頑張って基準に到達できれば良い評価が得られるため，努力が反映されやすい(図9-4)。例えば努力前のテストで20点だったAさんは，努力後に60点を取り，求められる基準を超えることで，他の子どもの出来に関係なく前回よりも優れた評価が得られ

豆知識(相対評価)：相対評価ではクラスの誰かが下がらなければ上に行くことができない。そのため子どもたちの間に排他的な競争を生み，勉強は勝負であるという価値観を生んでしまう恐れがある。また，相対評価では教師の教育が上手くいったのかが見えにくいなどの問題もある。

豆知識(オール3事件)：1972年に公立中学校の教師が全員に3の評定をつけた。当時は相対評価が行われており，内申点が不利になると考えた保護者がクレームを入れるなど，世間を騒がせる出来事となった。この出来事をきっかけに，到達度評価そして目標に準拠した評価へとつながったとされる。

る。また，同じ集団の他者の出来によって影響を受けにくいため，自分は何ができていて，何ができていないのかを把握しやすい。

しかしながら，評価が評価者の主観に依存してしまう可能性がある。例えば，大学の講義で同じような出席率，テストの点数であったとしても，A先生とB先生で異なった評価が行われるかもしれない。目標基準が定められていても，評価者がどの基準に達していたのか正確に判断できない場合には，**信頼性**のある評価とは言い難い。このようなことを防ぐために，評価基準を明確にするとともに，可能であれば複数名で評価を行うなどの工夫が必要である。

重要語句（信頼性）：測定の結果がどれだけ安定しているのかにかかわる概念である。人によって評価が異なるような場合は信頼性が低いといえる。

③ いつ，誰が評価するか

(1) 診断的評価，形成的評価，総括的評価

相対評価のもとでは，評価はすべての学習活動が終了してから相対的な位置によって評価が行われる。しかしながら，目標に準拠した評価を進めるうえで，最後に評価をするだけでは子どもたちの学びを保証するためには不十分である。例えば，授業を行う前に子どもの様子を把握したり，途中で上手くいっているのかを確認し，必要に応じて授業の方針を修正したりする必要がある。ブルームらは評価の機能について3つの区分を示した（表9-1）。

表9-1 評価の時期や目的

評価	時期	目的
診断的評価	学習指導を行う前	・基礎学力の確認 ・困難となる点の把握 ・学習態度や特性の理解
形成的評価	授業過程の途中	・習得状況の確認 ・指導計画の修正
総括的評価	学習の最終段階	・最終的な到達度の確認 ・計画の反省や改善 ・通知表などの記録の作成

人物紹介（ブルーム）：1913-1999　ブルーム（Bloom, B.S.）はアメリカの教育学者である。教育目標の分類学および完全習得学習で有名である。

① 診断的評価

診断的評価は，教師が学習指導を行う前に実施する評価である。授業を始めるにあたって子どもたちを適切に位置づけたり，学習にあたって困難になる点を発見したりするために行われる。その範囲は，学習状況から子どもたちの資質能力，パーソナリティなども含む。

例えば，三角形の面積を求める学習をするにあたって掛け算や割り

重要語句（診断的評価）：診断的評価は学習の前に行う評価である。評価の方法としてはレディネステスト，標準テスト，質問紙によるテスト，面接や観察などが考えられる。

算を理解していることが求められる。仮に理解していなければ，補充学習を行ったりする必要がある。また，学習状況は良好であっても算数が好きあるいは嫌いなどの，学ぶ教科に対する態度も授業の計画の参考になる。外国語活動を行う場合には外向性のようなパーソナリティを把握しておくことで，授業の進行の手助けになるかもしれない。また，クラス分けやグループ形成などを行う際にも，診断的な評価の内容が参考になる。

② 形成的評価

形成的評価は授業過程の途中で行われる評価である。途中で評価をすることで，学習者がどこまで理解できているのかを把握し，まだ習得できていない部分はどこなのかを明らかにする。そして教師は，その状況に合わせて授業の計画や方法を修正していく。そのため，学習のための評価と特徴づけられる。

形成的評価のために，教師は子どもたちを注意深く観察したり，質問を投げかけたり，ノートやワークシートを点検したり，小テストを実施したりする。このような評価を通して，教師は個々のつまずきの箇所やその原因，乗り越えるための支援を考える。また，教師だけが把握するだけでなく，子ども自身が自分のつまずきについて理解することも重要である。このような評価を通したフィードバックを重ねることで，子どものメタ認知（第2章を参照）を育むことも必要である。

③ 総括的評価

総括的評価では単元末や学期末や年度末などの学習の最終段階で学習の到達状況を把握する。そのため，学習の評価と特徴づけられる。評価をすることで子ども自身が学習成果を知るとともに，教師自身も自分の指導を反省する機会として活用できるという役割がある。また，この評価の結果が通知表や指導要録へ記録されることが多い。

(2) 他者評価・自己評価・相互評価

評価を行うのは教師だけではない。時には子どもが自ら自分の評価をしたり，お互いに評価をし合ったりする場合もある。ここでは，誰が評価をするのかに着目し，①他者評価，②自己評価，③相互評価についてみていく。

① 他者評価

評価をする人と評価をされる人が異なる場合には他者評価とよぶ。学校では教師が子どもを評価する場合などが該当する。評価といわれると，この他者評価が想像されやすいが，他者評価だけではなく，他の評価との組み合わせでみとっていくことも重要である。

発展(つまずき)：子どもがつまずいたときに「つまずきをなくす」ことを目指す授業は必ずしも望ましいとはいえない。子どもはつまずきの天才であり，つまずきから学ぶことも多い。そのため「つまずきを教師と子どもたちが共に生かす授業（田中，2017）」を目指すことが望ましい。

豆知識(他者評価)：例えば，子どもの学習成果について，教師による他者評価と本人による自己評価を行い，評価が一致しない子どもに対しては個別に話を聞いたりすると新しい発見があるかもしれない。

② 自己評価

　評価をする人と評価をされる人が同一である場合には**自己評価**と呼ぶ。子ども自身が自分の学習成果を評価する場合などが該当する。授業の最後に「楽しかったか」などを子ども自身に評価するように求めたり，ただ感想を書くのみにとどまる実践があるが，それでは自己評価の意義を十分に果たしていない。自己評価にあたっては，子どもが自分は何を理解していて，何を理解できていないかを把握することが重要である。そしてその理解をもとに，自分の学習を調整していくことが望まれる。そのような理解を促すように，「感想を書きましょう」で終わらせるのではなく，「今日の学習でわかったところやわからなかったところを説明しましょう」のような問いかけをすることが大切である。

③ 相互評価

　学習者同士が互いに評価をし合う方法を**相互評価**とよぶ。子ども同士がお互いの評価をする場合がこれに該当する。相互評価は多くの評価者からフィードバックを受けることができたり，他者を評価することによって評価する側も新たな学びが生まれたり，自分を見つめ直すきっかけになったりと子どもにとってもメリットがある。ただし，他者を適切に評価することが難しかったり，欠点ばかりを指摘してしまったりすることもある。そのため適切な評価を行えるように教師側の工夫が必要である。

④ 真正の評価

　評価はしばしば多肢選択や記述による期末テストの点数や実技テストの結果によって行われる。このような内容は断片的な知識や技能を獲得しているかどうかは反映しているかもしれないが，子どもたちに真に身に着けてほしい力を評価できているだろうか。そんな中で，「真正の評価」の考えが注目を集めている。**ウィギンズ**が提唱した「真正の評価」は従来の標準テストを批判する文脈で生まれた考え方である。「真正の評価」について西岡他（2022）は「テストのための特別に設定された状況ではなく，現実の状況を模写したりシュミレーションしたりしながら評価することの重要性を強調する立場」と説明している。

　ある例を考えると，野球のバッティングセンターで練習を繰り返し，機械の球を上手く打つことができても，実際の試合で活躍できるとは限らない。試合で活躍できるかは，実際の試合というリアルな文脈の中で育まれていく。学習活動も同様で，どれだけ計算ドリルで足し算や引き算ができたとしても，実際の買い物でお金の計算ができなければ，身に付けさせたい学習内容が身に着いたとはいえないだろ

発展（フィードバック）：どのようなフィードバックを受けることで動機づけが高まるかは個人の特性によって異なる。制御焦点理論という理論に基づくと，成功を目指すタイプの学習者にはポジティブなフィードバックを，失敗の回避を目指す学習者にはネガティブなフィードバックを与えることで動機づけの向上がみられる可能性がある。

重要語句（真正の評価）：テストのためのテストともいわれるような標準テストを批判する文脈で使用され，学習者が知識を現実の世界でいかに応用するかをみようという考えである。オーセンティックな評価（authentic assessment）とも呼ばれる。

人物紹介（ウィギンズ）：1950- ウィギンズ（Wiggins. G.）はアメリカの教育学者である。真正の評価の概念を提唱し，現在の教育評価やカリキュラム論に強い影響を与えている。

う。身に付けさせたい内容を評価するには、計算ドリルから評価するのではなく、現実の状況での振る舞いを評価する必要がある。そこで、リアルな場面における学習者のパフォーマンスを評価する「パフォーマンス評価」や、蓄積されたポートフォリオを通して評価を行う「ポートフォリオ評価法」が注目されている。なお、他にも多様な評価の方法があるが(図9-5)、ここではパフォーマンス評価とポートフォリオ評価法を中心に取り上げる。

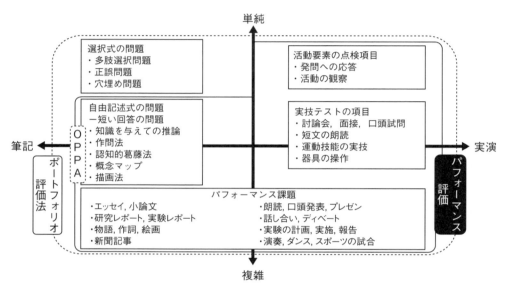

図9-5　多様な評価の方法(西岡・石井(2019)を参考に作成)

重要語句(パフォーマンス評価)：従来の評価の多くはペーパーテストによって評価される知識や技能の量的な部分を断片的に把握するものであった。それに対してパフォーマンス評価は知識や技能の質を総合的に把握することに重点が置かれる。

ポイント：中央教育審議会の答申には最新の教育の動向が載っている。最新の答申などもみてみよう。

(1) パフォーマンス評価

2016年12月の中央教育審議会答申では「資質・能力のバランスのとれた学習評価を行っていくためには、指導と評価の一体化を図る中で、論述やレポートの作成、発表、グループでの話し合い、作品の制作等といった多様な活動に取り組ませるパフォーマンス評価などを取り入れ、ペーパーテストの結果にとどまらない、多面的・多角的な評価を行っていくことが必要である」と述べられており、本邦の教育現場においてもパフォーマンス評価を取り入れていくことが求められている。パフォーマンス評価では、実際の生活や社会の中で遭遇するような問題場面を設定し、その場面での思考の過程が評価される。そのために、実際の社会に即した場面でさまざまな知識やスキルを総合して使うことが求められるような**パフォーマンス課題**が使用される。プレゼンテーションや演技などの実演を求めるものから、レポートや論文、作品づくりなどの制作も含まれる。例えば**表9-2**は西岡・石井(2019)に記載されている課題を参考に作成した例である。このうち①

表9-2 パフォーマンス課題ではない課題とパフォーマンス課題の例

①	次の文の空欄に適切な言葉を書きなさい。 （　　　　　）はサンフランシスコ近郊の都市であり、コンピュータ関連産業の中心である。
②	アメリカの工業は、どのような特徴があるでしょうか。地図帳の統計資料やウェブサイトを参考に工業製品の種類や輸出量を調べて、まとめなさい。
③	あなたはとある自動車会社の海外事業展開部のチームのメンバーである。あなたが所属する会社では、電気自動車の生産、販売において海外進出することを計画している。そして、あなたのチームではどこの国に事業展開していくのか提案することとなった。進出する国や地域の産業、経済、住みやすさ、日本とのかかわりなどの視点から会社の利益のみならず、進出する相手国の持続的な発展可能性もふまえて提案書を作成しなさい。
④	あなたの居住する地域の人々がより幸せに暮らせるようにするための企画を考える。地域の特色や課題についてフィールドワークで調査をしたうえで、グループで企画を考えて提案しなさい。

西岡・石井(2019)を参考に作成

と②は知識や技能の獲得をみとるものである。一方で③や④は現実の場面に即した問題について、複数の知識やスキルを統合して問題解決することが求められる。そのような意味で、これらはパフォーマンス課題とみなすことができる。

しかしながら、このようなパフォーマンス課題は○や×で採点することができず、評価をすることが難しい。そこでルーブリックと呼ばれる評価基準表が用いられる。ルーブリックは成果物をレベル別に分類し、レベルごとの特徴をみとっていく。表9-3は大学生のプレゼンテーションを評価するルーブリックの例である。それぞれの観点について、どのような状況であれば評価の基準に達するのかが示されている。このようなルーブリックを用いることで、パフォーマンス課題の評価がしやすくなる。

(2) ポートフォリオ評価法

ポートフォリオ評価法は学習の成果や学習過程における制作物をファイルなどに蓄積し、それをもとに行う評価方法である。例えば、子どもが書いた感想を毎時間ファイルに蓄積していき、最後の授業で

重要語句(パフォーマンス課題)：パフォーマンス課題は現実的な状況のなかで、児童生徒が様々な知識や技能を総合して取り組むことが求められる学習課題を指す。架空の状況を活用した良い課題をつくるためには、目的と役割り(Goal & Role)、相手(Audience)、状況(Situation)、完成作品(Product)や実演(Performance)、スタンダード(Standards)が大事であり、その頭文字をとってGRASPSが重要であると言われる。

ポイント：表9-2の課題を達成するためにはどのような授業を行えばよいか考えてみよう。①や②はつめ込み型の授業で回答できるようになるだろうが、③や④はつめ込み型の授業では回答できるようにはならないだろう。

豆知識(ルーブリック)：ルーブリックをつくる際には様々な工夫が必要である。一人で作成するのではなく、複数名で話し合いながら作成することでより妥当なルーブリックの作成へとつながる。

ポイント：良いルーブリックや悪いルーブリッ

表9-3　プレゼンテーションを評価するルーブリックの例

観点	説明	4	3	2	1
主張・論点の提示	主張や論点を明確にしたうえで，テーマに沿う形で提示しており，伝えたい内容の要点をまとめているか。	主張や論点を明確にテーマに沿う形で十分に提示しており，伝えたい内容の要点を過不足なくまとめている。	主張や論点を明確にテーマに沿う形で提示しており，伝えたい内容の要点をまとめられている。	主張や論点とテーマとの関連が認められるが，伝えたい内容の要点のまとめが不十分である。	主張や論点をテーマに沿わない形で提示している。
プレゼンテーション全体の構成	プレゼンテーション全体を通して，筋道の立った順序で話しているか。	プレゼンテーション全体を通して，筋道の立った順序で明確に話している。	プレゼンテーション全体を通して，筋道の立った順序で話している。	プレゼンテーション全体を通して，部分的に筋道の立った順序で話している。	プレゼンテーション全体を通して，筋道の立っていない順序で話している。

関西大学　教育推進部 教育開発支援センター（2016）を参考に作成

それを参照しながら振り返り活動を行ったりする。ポートフォリオ評価法が注目される理由として，学習過程に対する評価が重要視されること，学習過程を自ら管理することで学習が自分のものであるという自律性の回復につながること，学習の過程を示す資料によってメタ認知を促すことなどが挙げられる（西岡他，2022）。

　また，堀（2019）は教育現場で使用しやすくするために，**一枚ポートフォリオ**（OPPA: One Page Portfolio Assessment）の使用を提唱している。OPPAでは，1枚のシートに学習の履歴を記録していき，それをもとに学期や単元の最後に子どもたちが自己評価を行ったり，教師がそれをみて授業改善を行ったりする。1枚にまとめることで，振り返りがしやすくなる（図9-6）。加えて，近年ではGIGAスクール構想のもと，タブレットなどを活用した授業が行われている。そこで，感想をタブレット上で打ち込んだものを記録したり，成果物を写真に収めたものを記録したりと新しい形での蓄積が行われている。

（3）逆向き設計論

　パフォーマンス課題をカリキュラムに位置づけるにあたり，ウィギンズとマクタイ（McTighe，J.）は逆向き設計論を提唱している。この考えでは，カリキュラムの設定を行う際に「求められる結果（目標）」，「承認できる証拠（評価方法）」，「学習経験と指導（授業の進め方）」を三位一体で考えるものである（西岡・石井，2019）。ここでは，教育の結

クの特徴について考えてみよう

重要語句（ポートフォリオ評価法）：ポートフォリオとは作品や記録などを蓄積していくものを意味する。ファイルに蓄積することが多いが，学校の掲示として壁に貼り付けて蓄積をしたりすることもできる。

豆知識（学習過程の評価）：褒める効果を検証した研究でも，結果だけでなく学習過程を褒めることが，学習者の動機づけに対して有効であることが知られている。

重要語句（一枚ポートフォリオ）：一枚ポートフォリオは1枚のシートに学習の記録を蓄積して

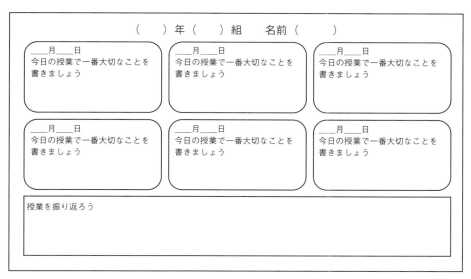

図9-6 一枚ポートフォリオの例

果から遡って教育を設計すること，しばしば最後に考えられがちな評価方法を指導の前に構想しておくことを提案している。そのような意味で「逆向き」な設計と呼ばれる。この設計の優れている点は，評価基準だけではなく評価方法まで明確にさせておこうとする点である。

逆向き設計論では図9-7のような3段階を想定している。まず子どもがどのような姿になってほしいかを明確にし，どのように評価するのかを考える。そして，そのために必要な指導を計画するという流れである。必ずしもこの順番で考える必要はないが，この3段階を対応させながら考えることが求められる（奥村・西岡, 2020）。このような子どものゴールの姿からカリキュラムを考えていくことも，子どもの

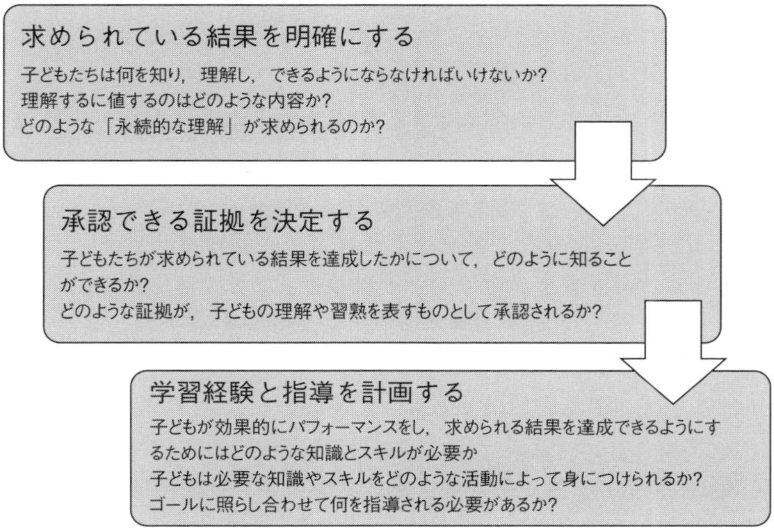

いき，最後に振り返りを行う方法である。1枚にまとまっているので，振り返りがしやすい。また教師が子どもの様子を把握するために参照するときにもシンプルでわかりやすい。

発展（eポートフォリオ）：近年では一人一台端末の恩恵を受け，ポートフォリオをデジタル化することができるようになった。eポートフォリオはデジタル化されたポートフォリオである。データ化することで，検索が簡単に行えたり，クラウド上で教師と子どもとの情報共有が簡単にできたりする。ただし，個人情報漏洩などのセキュリティ問題もあるため注意が必要である。

ポイント：従来のカリ

求められている結果を明確にする
子どもたちは何を知り，理解し，できるようにならなければいけないか？
理解するに値するのはどのような内容か？
どのような「永続的な理解」が求められるのか？

承認できる証拠を決定する
子どもたちが求められている結果を達成したかについて，どのように知ることができるか？
どのような証拠が，子どもの理解や習熟を表すものとして承認されるか？

学習経験と指導を計画する
子どもが効果的にパフォーマンスをし，求められる結果を達成できるようにするためにはどのような知識とスキルが必要か
子どもは必要な知識やスキルをどのような活動によって身につけられるか？
ゴールに照らし合わせて何を指導される必要があるか？

図9-7 逆向き設計の段階（奥村・西岡（2020）を参考に作成）

キュラム設計と逆向き設計を比較してみよう。

豆知識（ゴール・フリー評価）：これらの評価は目標ありきで考えられるが，目標がないことで，目標にない副次的な効果や思わぬ効果が発見できることもある。そのためスクリヴァン (Scriven. M.) はゴール・フリー評価（目標にとらわれない評価）の必要性を説いた。

豆知識（信頼性）：心理尺度における信頼性の検証としてはクロンバックのαが指標として用いられる。クロンバックのαは測定の内的一貫性を表す指標の一つである。

資質能力の向上のためにも有益となるだろう。

 新しい時代に求められるコンピテンシーの評価

(1) 21世紀型コンピテンシー

　急速に変化する世の中で，子どもたちに求められるスキルも変わってきている（第1章を参照）。例えば，「何を知っているか」ではなく「何ができるか」が求められたり，ICTを活用するスキルが必須になったりしている。それに伴い，評価を行うべき内容も変わってくる。特に，21世紀のグローバルな知識経済の中で成功するために必要な知識やスキル，態度を **21世紀型コンピテンシー** とよぶ。21世紀型コンピテンシーは様々な枠組みのものが想定されているが，経済協力開発機構（OECD）(2023 西村訳2024) は表9-4のような6つのカテゴリに分けている。

　表9-4のような内容を眺めると，これらは評価が困難であるということは容易に想像できるだろう。そこに立ち向かうべく，21世紀型コンピテンシーを評価するための新しい枠組みの検討が進んでいる。また近年では **非認知能力**（第1章のコラムを参照）も注目を集め，こちらを測定・評価する試みもされている。これらについて，まだ十分に妥当な評価方法が確立されているとは言い難いが，これからの教育にかかわるものは，上記のような新しい時代に求められる能力の評価にも対応していくことが求められるだろう。

表9-4　21世紀型コンピテンシーのカテゴリ

カテゴリ	内容
認知的	問題解決，批判的思考，創造的思考など
対人的	コミュニケーション，協同など
個人内的	根気，適応性，柔軟性など
メタ認知的	**自己調整学習**，メタ認知など
公民制と市民性	異文化間のコミュニケーションなど
ICTとデジタル	デジタルリテラシー，メディアリテラシーなど

経済協力開発機構（OECD）(2023 西村訳2024) を参考に作成

 妥当性と信頼性

　評価にかかわるテストをつくるときに，どのようなテストが良いあ

るいは悪いといえるだろうか。例えば，算数の足し算の概念の獲得をみたいのに，掛け算の問題を出した場合には本当に評価したい力をみとることができていないだろう。また，Aくんが1回目は10点だったが2回目は80点，3回目は50点をとるなど，毎回のテストごとに同じ子どもの点数が大きく変動するようなテストは良いテストとはいえないだろう。評価が適切に行われているかをみとるためには，みたい力を測れていること(妥当性)と複数回のテストで安定した結果が得られること(信頼性)が重要な要素となる。

(1) 妥当性

妥当性は評価したいものを正しく評価できているのかといった概念である。例えば，算数の足し算の概念の獲得を評価するときに，正しく足し算の力が測定できるようなテストとなっているかにかかわる。図9-8でいうと，みたいもの(的の中心)を正しく射抜けているかといった形で表される。妥当性については，①基準関連妥当性，②構成概念妥当性，③内容的妥当性が代表的なものである。

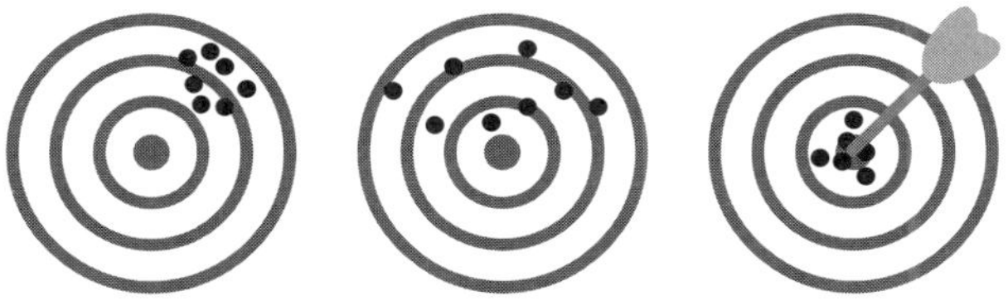

妥当性:低い×　　妥当性:低い×　　妥当性:高い◎
信頼性:高い◎　　信頼性:低い×　　信頼性:高い◎

図9-8　妥当性と信頼性

① 基準関連妥当性
　基準関連妥当性は，テストの結果が他の基準とどの程度関連しているのかにかかわる妥当性である。
② 構成概念妥当性
　構成概念妥当性は，テストの内容が評価しようとしているものの構成概念(内的な構造)を正しく反映できているかにかかわる妥当性である。
③ 内容的妥当性
　内容的妥当性はそのテストの項目が評価しようとしている内容を網羅できているかにかかわる妥当性である。

> **豆知識(信頼性)**：心理尺度における信頼性の検証としてはクロンバックのαが指標として用いられる。クロンバックのαは測定の内的一貫性を表す指標の一つである。
>
> **豆知識(信頼性の検証)**：信頼性を検証する方法としては再検査法、折半法、平行検査法などが挙げられる。

(2) 信頼性

　信頼性は、測定の結果がどれだけ安定しているのかにかかわる概念である。例えば、同じ個人が同じ能力を評価しようとしているテストを複数回受けた時に、毎回結果が異なっているようであればそのテストの信頼性は低いといえるだろう。また、採点の一貫性を問う信頼性もある。同じパフォーマンス課題を複数名で評価する際に、評価者ごとに異なる評価が下されていた場合には評価者間の信頼性が低いといえる。さらに、同じ個人が評価をする場合にも、類似したものに対して毎回大きく異なる評価をしている場合には個人内の信頼性が低いといえる。

　信頼性の高いテストは、繰り返し測定をした際にある程度安定した結果が得られ、かつ評価者間や評価者内でも一貫した結果が得られるものだといえる。図9-8でいうと、同じ場所にまとまって矢があたっているかといった形で表現されている。

(3) 統合的な妥当性概念となる構成概念妥当性

　従来は先述の3つの**妥当性**(基準関連妥当性・構成概念妥当性・内容的妥当性)が重要視されてきたが、近年では**構成概念妥当性**に収束するような考え方が注目されている(Mesick, 1995; 村山, 2012)。妥当性を3つのタイプに分けて考えることの懸念点として、3つの妥当性を表面的にでも検討すれば妥当性の検証ができたように印象づけられてしまうこと、本来は3つの妥当性は重なる部分があるが、分けて考えることでその関係性に目が向けられなくなること、この3つのタイプが本当に必要十分な妥当性の側面であるかはわからないことなどが挙げられる。

　そこでメシックは構成概念妥当性こそが妥当性そのものだと考え、構成概念妥当性を支えるために必要な証拠を探っていくことを提案している。そうすることで、3つの種類以外の妥当性を支える証拠にも目を向けることができたり、妥当性を支える証拠の間の関係性や背後にある心理プロセスも着目しやすくなったりする。また、この考えの中では信頼性も構成概念妥当性を支える1つの要素(**一般化可能性の側面の証拠**)であると考えられている。今後は妥当性の考え方として、3つの妥当性の考えではなく、単一的な(構成概念)妥当性の考えが主流となっていくと思われる(図9-9)。

> **発展**：村山(2012)は妥当性に関しては妥当性が「ある・ない」の2値的に判断されるべきではなく、程度の問題としてとらえ、「××の傾向を測定するものとして、〇〇尺度のテストの得点の妥当性を△△程度確かめることができた」などと表現することがより適切だと述べている。

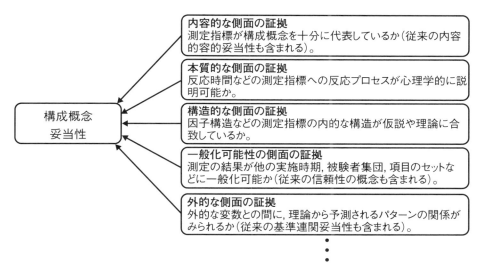

上記のものは一例であり，構成概念妥当性の検証のための必要十分条件ではない。
図9-9 単一的な構成概念妥当性（村山（2012）を参考に作成）

7 数量化された得点の解釈

(1) 平均値と標準偏差

　期末テストの結果はたいていの場合は数値で表現される。その結果から評価をする場合があるが，解釈において重要な点がある。例えば，Aさんの算数のテストが60点，国語のテストが70点だった場合，Aさんは国語の方が得意だといえるだろうか。答えはノーであり，これだけの情報だけではわからない。例えば，クラスの平均値の情報も必要であろう。では，クラスの平均点が算数も国語もともに50点だった場合はどうだろうか。この場合でもAさんは国語の方が得意とは言い切れない。もう少し詳しく知るためには，バラツキの程度である**標準偏差**の情報も必要となる。

　例えば，平均値は同じで50点であるものの算数はクラスの中でも得点のバラツキが小さく標準偏差が5であり，国語はクラスの中でも得点のバラツキが大きく標準偏差が20であったとする。このような得点を想定し，正規分布を仮定したものが図9-10である。図をみると，算数は平均値付近に集中しているのに対して，国語は全体にばらついている。このときに，算数はAさんの得点の60点よりも高い点数をとっている人は少ないが，国語はAさんの得点の70点よりも高い点数をとった人が比較的多くいる。そう考えると，Aさんは国語よりも数学の方が相対的に優れた位置にいると考えられる。このように集団のバラツキも考慮したうえで，得点を解釈することが望まれる。

重要語句（標準偏差）：標準偏差は平均値からのバラツキ具合を表す指標の一つである。以下の式で求められる。なお，σは標準偏差，nはデータの数，x_kは個人のデータ，$\bar{x}$は集団の平均値を表す。

$$\sigma = \sqrt{\frac{1}{n}\sum_{k=1}^{n}(x_k - \bar{x})^2}$$

ポイント：このときの偏差値を求めると，算数が偏差値70，国語が偏差値60となる。

重要語句(偏差値):
偏差値はデータの値を平均50、標準偏差10に標準化した値である。「(個人の得点-平均点)÷標準偏差×10+50」という式で計算することが可能である。

(2) 偏差値

なお、受験などでよく聞く**偏差値**はこのような平均値と標準偏差を用いて集団における相対的な位置を表したものである。偏差値は、平均が50点、標準偏差が10点になるように得点を**標準化**している。こうすることで、異なる科目であっても、同一集団内の相対的な位置で比較ができるようになる。

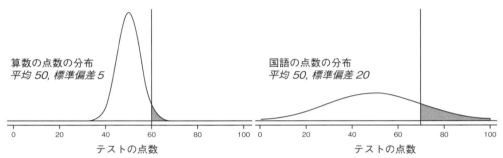

算数のグレーの箇所は60点以上の人の割合を、国語のグレーの箇所は70点以上の人の割合を示す。
図9-10　平均50標準偏差5(算数)と平均50標準偏差20(国語)の分布

重要語句(標準化):
データを特定の平均と標準偏差を持つように変換することを標準化と呼ぶ。

発展(z得点):平均が0、標準偏差が1になるように標準化した値をz得点と呼ぶ。z得点は、「(個人の得点-平均点)÷標準偏差」という式で計算することが可能である。なお、z得点を10倍し、50を足したものが偏差値となる。

Column　道徳の評価

　学習指導要領の改定に伴い，小学校では2018年度から中学校では2019年度から道徳が「特別の教科　道徳」となり，道徳の評価が始まった。これまでの道徳は教科という位置づけではなかったため，教科書はなく評価も行われていなかった。しかしながら，いじめ問題など急速に変化する社会に対応するため「特別の教科　道徳」がスタートし，道徳の検定教科書ができるとともに，道徳の評価が行われることとなった。ただし，他の教科のように1～5などと数字で評価してしまうと，1がついた子どもには「あなたは道徳的ではありません」というメッセージを伝えてしまうことになる。そもそも人の道徳性を評価できるのかという問題もある。そのため，道徳の評価は数字で評価するのではなく，記述式で行われることとなった。「学習指導要領解説　特別の教科道徳編」では，「(中略)他の児童との比較による評価ではなく，児童がいかに成長したかを積極的に受け止めて認め，励ます個人内評価として記述式で行うことが求められる」と記載されている。要するに，他の人と比べて良いか悪いかではなく，授業を重ねたことによる子どもの変化を受け入れ，考え方がどのように変化していったのかをみとっていくことが必要である(図9-11)。

　一方で，このような評価には頭を悩ませている先生も多い。教師は他の仕事もあり，一人ひとりの評価の記述

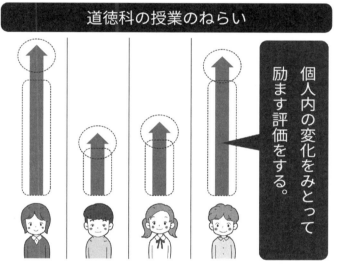

図9-11　個人内評価のイメージ

を0から考えることは時間的にも難しい。そこで，パフォーマンス評価やポートフォリオ評価法を取り入れていく事が推奨される。毎回の授業の最後にパフォーマンス課題(学んだことや感想の記述など)を設定し，ルーブリックをもとに教師および子ども自身が評価したものを蓄積していく。そこから子どもたちの変化をみたり，特によく考えることができていた授業をみつけ評価の記述にいかすことができる。また，子どもが書いた内容はポートフォリオとして蓄積し，最後の授業で子ども自身がそれを見返しながらふり返り活動を行う。教師は子どもが書いたふり返りを参照することで，評価の記述が書きやすくなるだろう。その際に，1枚にまとめる一枚ポートフォリオを使ったり，ICTを活用してタブレットやクラウド上に蓄積したりすると振り返りがしやすかったり，教師が参照しやすかったりして便利である。

演習問題

A群の問いに対する回答を，B群から1つ選びなさい。

[A群]
1. 橋本(1976)は評価の目的を（ ① ）のため，学習のため，管理のため，研究のために分類した。
2. 教育測定はメジャーメントと言われるのに対して，タイラーらの主張する教育評価は（ ② ）といわれる。
3. 広義の絶対評価のうち評価のための基準が設定され，その基準に達しているかで評価されるものを（ ③ ）という。
4. 誰が評価をするかについて，評価をする人と評価をされる人が同一である場合には（ ④ ）という。
5. テストのための特別に設定された状況ではなく，現実の状況を模写したりシュミレーションしたりしながら評価することの重要性を強調する立場から行われる評価を（ ⑤ ）という。
6. パフォーマンス課題は○や×で採点することができず，評価をすることが難しいため，（ ⑥ ）と呼ばれる評価基準表が用いられる。
7. 学習の成果や学習過程における制作物をファイルなどに蓄積し，それをもとに行う評価方法を（ ⑦ ）という
8. ウィギンズとマクタイが提唱した教育の結果から遡って教育を設計することを（ ⑧ ）という。
9. メシックは妥当性について（ ⑨ ）妥当性に収束するという考え方を提唱している。
10. データの値を平均50，標準偏差10に標準化し，全体の中でどれくらいの位置にいるのかを表した値を（ ⑩ ）という。

[B群]
相対評価，真正の評価，パフォーマンス評価，逆向き設計，指導，偏差値，信頼性，目標に準拠した評価，構成概念，個人内評価，ルーブリック，21世紀型コンピテンシー，ポートフォリオ評価法，自己評価，相互評価，エバリュエーション，メタ認知，アセスメント

【ディスカッションをしてみよう】
1. 自分はこれまで誰から，どのタイミングで，どのような評価を受けてきたのか話し合ってみましょう。
2. 良い評価／悪い評価とはどのようなものか，話し合ってみましょう。
3. 真正の評価を行うためのパフォーマンス課題として，どのようなものが考えられるか，話し合ってみましょう。

【演習問題の答え】
①指導　②エバリュエーション　③目標に準拠した評価　④自己評価　⑤真正の評価　⑥ルーブリック　⑦ポートフォリオ評価　⑧逆向き設計　⑨構成概念　⑩偏差値

【引用文献】

Foster, N. and M. Piacentini(eds.)(2023). *Innovating Assessments to Measure and Support Complex Skills*, OECD Publishing, Paris.
　(経済協力開発機構(OECD), 西村美由起訳(2024). 21世紀型コンピテンシーの次世代評価　教育評価——測定の革新に向けて—— 明石書店)
橋本重治(1976). 教育評価法総説　金子書房
堀 哲夫(2019). 新訂 一枚ポートフォリオ評価OPPA 東洋館出版社
石井英真(2024). 教育「評価」概念再考——系譜の整理から関係論的拡張へ——, 教育方法の探究, 27, 1-10.
関西大学 教育推進部 教育開発支援センター(2016). ルーブリックの使い方ガイド　関西大学　Retrieved October 1, 2024, from https://www.kansai-u.ac.jp/ap/activity/images/rublic_guide_faculty.pdf
Messick, S.(1995). Validity of psychological assessment: Validation of inferences from persons' responses and performances as scientific inquiry into score meaning. *American Psychologist, 50*(9), 741-749.
村山 航(2012). 妥当性概念の歴史的変遷と心理測定学的観点からの考察. 教育心理学年報, 51, 118-130.
西岡加名恵・石井英真(2019). 教科の「深い学び」を実現するパフォーマンス評価——「見方・考え方」をどう育てるか—— 日本標準.
西岡加名恵・石井英真・田中耕治(2022). 新しい教育評価入門——人を育てる評価のために 増補版—— 有斐閣.
奥村好美・西岡加名恵(2020).「逆向き設計」実践ガイドブック——『理解をもたらすカリキュラム設計』を読む・活かす・共有する—— 日本標準
田中耕治(2017). 教育評価研究の回顧と展望 日本標準

第10章 発達障害と特別支援

1 発達障害への理解

　近年の考え方として，**発達障害**は，生まれつき脳機能の偏りをもつ状態の総称とされている（岩波，2021）。その本質は，障害ではなく脳の特性であり，生涯変わることはないことから，治すべきものではないと考えられている。国連総会で採択され，日本も締結している障害者権利条約において，障害とは個人の特徴とそれを取り巻く環境の相互作用によってもたらされる（障害は個人ではなく社会が作り出している）とする「社会モデル」の考え方が提唱されている（外務省，2024）。現在の発達障害支援もこれに基づき，社会が個人を受け入れる環境を作っていくこと（環境調整）が推奨され，個人は自らを受け入れてくれる環境を選択し，その環境に適応していくために支援を受けられるという社会システムが整備されてきている。

ポイント：発達障害に対して必要なのは「治療」ではなく「対応」である。

(1) 脳機能の発達の偏り

　発達障害には遺伝の要素が大きく関与していることが明らかにされているが，必ずしもすべてが遺伝的要因で説明されているわけではない。例えば，妊娠中の出血や妊娠糖尿病，父母の年齢が高いこと，第1子であること等，周産期（妊娠22週から出生後7日未満）や新生児期（生後4週間まで）における問題によって中枢神経の器質的ないし機能的障害が生じることも，発達障害の原因として考えられている（Sadock, et al., 2015）。いずれが原因であったとしても，脳機能の発達に偏りが生じ，それによって注意や思考，感情のコントロールといったさまざまな実行機能，社会性やコミュニケーションといった社会機能に得手・不得手の偏りがみられるのが発達障害である。

(2) 特性の濃淡と重複

　発達障害には複数の種類があり，それらがもつ特性には程度の個人差がある（濃淡）。ある個人がもっている特性の程度が，発達障害の診

断がつくかどうかの境界付近である場合に、濃淡になぞらえて「グレーゾーン」と表現されることがある。また、この濃淡は、環境の変化や成長に伴って変化し得るものとされる。発達障害の一種である自閉スペクトラム症（ASD）における「スペクトラム（spectrum）」という用語は、ある特性をもった個人が障害とされるか、健常とされるかの境界は曖昧であり、ひとつなぎに連続しているということを意味している。したがって、その個人が発達障害の特性をもっていたとしても、「身を置く環境」と「得られる支援」によって、健常となることもあれば、障害となることもあると考えることができる。

さらに、複数の特性が重なり合うと、それぞれの種類に関して一般的とされている状態とは異なる様相を呈するようになる（図10-1）。例えば、「ASDとADHD」、「ASDとDCD」といったように、一人の個人が複数の特性を併せもっている場合、困難が重なって、より深刻な不適応に陥ることもあれば、2つの対照的な特性が相殺し合って、むしろ適応を維持できる場合もある。また、同じ「ASDとADHD」の重複がみられる個人の間でも、どちらの特性が色濃く表れているかによって、その様子には大きな個人差がみられる。どの特性が際立っており、どの特性と重複しており、それぞれの濃淡はどうかによって、一人ひとり異なった様相を呈するという点は、発達障害の1つの特徴といえる（各々の発達障害特性の特徴については次節を参照）。

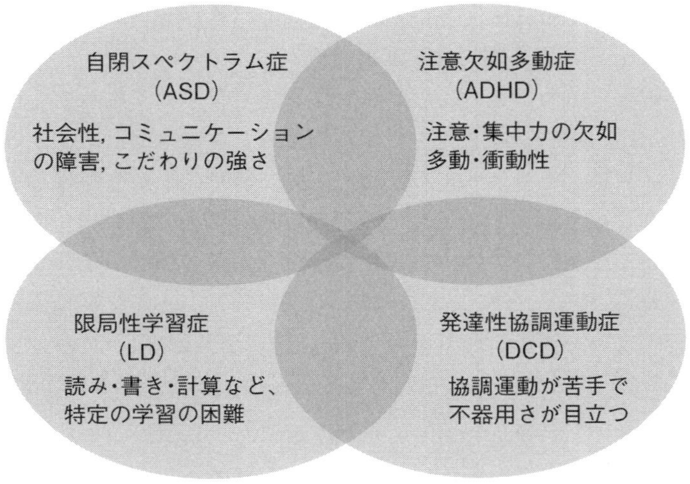

重要語句（スペクトラム）：光をプリズムに当てると波長によって虹色に光の色調が分布する状態を指し、発達障害においては、健常と障害の境界は曖昧でひとつながりに連続していること（連続体）を意味している。

ポイント：発達障害が「障害」になるかどうかは、環境と支援次第である。

```
自閉スペクトラム症（ASD）
社会性、コミュニケーションの障害、こだわりの強さ

注意欠如多動症（ADHD）
注意・集中力の欠如
多動・衝動性

限局性学習症（LD）
読み・書き・計算など、特定の学習の困難

発達性協調運動症（DCD）
協調運動が苦手で不器用さが目立つ
```

図10-1　発達障害特性の重複

(3) 二次障害の発生

発達障害とされる人は、その特性をもつことによって日々生じる生活・学業・職業・対人関係上の困難（一次障害）に対する反応として、

重要語句（二次障害）：最初の障害から派生して、別の障害が生じること。発達障害の二次障害としては、うつ病や不安症が多い。

心身の症状や問題行動を呈し，やがて**二次障害**として，不安症（社交不安症，全般不安症等）や抑うつ症（うつ病等）を発症することも多い。例えば，繰り返し生じる問題やトラブルが，発達障害の特性によるものであるということを周囲の他者から理解されず，「やる気がなく，努力をしない」，「わがままだ」等と，否定的な印象をもたれたり，指摘を受けたりすることがある。こうしたことが日々繰り返されることによって，自己評価が低下し続け，自信を喪失したり，他者や社会に対して不満や怒りを抱いたりする場合もある。情緒不安定となり，疲弊することで，社会生活を回避するようになる場合もある。そのため，発達障害の支援においては，二次障害の軽減や予防を図り，それによって全般的な適応の改善を目指すことが方針となる場合も多い。

② 発達障害の種類と診断

アメリカ精神医学会による「精神疾患の診断・統計マニュアル」，DSM-5-TR（Diagnostic and Statistical Manual of Mental Disorders, Fifth Edition, text revision）において，発達障害は神経発達症群とされ，その中に，知的発達症，コミュニケーション症，自閉スペクトラム症，注意欠如多動症，限局性学習症，運動症，他の神経発達症が分類され，それぞれに診断基準が定められている（American Psychiatric Association, 2022 高橋・大野監訳 2023）。

発達障害の診断においては，日常生活や社会生活に制限を受けているか（困りごとがあるかどうか）が重視され，診断基準として定められている。仮に，ある個人が不注意と多動・衝動性という特性をもっていたとしても，本人が生活している環境，所属している集団や組織，担っている役割や仕事の内容等によって，問題が生じるか否かは異なり，それも，本人や家族等周囲にいる他者の主観によって左右される。そのため，同じ状態であったとしても，発達障害と診断される場合もあれば，診断されない場合もあるというのが実際であるといえる。

(1) 知的発達症（知的能力障害）

知的発達症（知的能力障害）は，「発達期に発症し，概念的，社会的，および実用的な領域における知的機能と適応機能両面の欠陥を含む障害」と定義されている。

知的発達症の重症度は，DSM-Ⅳ-TR（American Psychiatric Association, 2000 高橋・大野・染谷訳 2002）の診断基準が用いられて

重要語句(DSM)：アメリカ精神医学会が作成する公式の精神疾患診断，統計マニュアル。精神障害診断のガイドラインとして用いられる診断分類。

豆知識：DSMやICDの病名や用語におけるdisorderは，以前は「障害」と邦訳されていたが，2013年のDSM-5への改定以降は，「症」と表現されている。発達障害は神経発達症とされ，注意欠如多動症，自閉スペクトラム症と，いずれも「障害」ではなく「症」と表現されている。

豆知識：軽度発達障害という用語は，発達障害の中で知的能力障害が伴わないか，軽度である場合に用いられてきたが，発達障害の症状が軽いとの誤解を招く可能性があることから，文部科学省においては2007年3月15日以降，使用しないこととなっている。

いた2012年以前には，個別の知能検査によって測定される知能指数（IQ；第5章を参照）に基づいて評価が行われてきた（軽度：IQ=50-55からおよそ70／中等度：IQ=35-40から50-55／重度：IQ=20-25から35-40／最重度：IQ=20-25以下）。しかし，実際的な支援に結びつかないという問題も指摘されていたことから，DSM-5（American Psychiatric Association, 2013 高橋・大野監訳 2014）以降の重症度評価は，概念的領域（概念を理解する能力），社会的領域（社会的コミュニケーションの能力），実用的領域（日常生活に必要なあらゆる行動，意思決定を行う能力）という3つの領域における適応機能の水準と必要な支援の量による基準に基づいてなされている。

(2) コミュニケーション症

コミュニケーション症には，言語の習得や使用が困難で，効果的なコミュニケーションや社会参加，学業成績，職業能力の機能に制限がある言語症，語音の産出（構音）に困難がある語音症，流暢な音節の表出が困難な児童期発症流暢症（吃音），社会的状況において適切な挨拶や非言語的合図の使用や理解が困難な社会的（語用論的）コミュニケーション症等が含まれる（図10-2）。

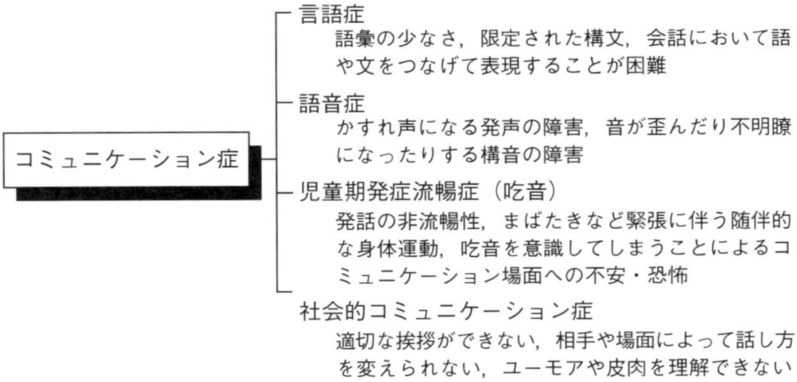

コミュニケーション症
- 言語症
  語彙の少なさ，限定された構文，会話において語や文をつなげて表現することが困難
- 語音症
  かすれ声になる発声の障害，音が歪んだり不明瞭になったりする構音の障害
- 児童期発症流暢症（吃音）
  発話の非流暢性，まばたきなど緊張に伴う随伴的な身体運動，吃音を意識してしまうことによるコミュニケーション場面への不安・恐怖
- 社会的コミュニケーション症
  適切な挨拶ができない，相手や場面によって話し方を変えられない，ユーモアや皮肉を理解できない

図10-2 コミュニケーション症の種類

(3) 自閉スペクトラム症

自閉スペクトラム症（Autism Spectrum Disorder：ASD）は，社会的コミュニケーションの困難と，限定された反復的行動（こだわりの強さ）という2つの典型的特徴が，発達期早期より存在する発達障害である。かつては広汎性発達障害（Pervasive Developmental Disorder：

発展：DSM-Ⅳ-TR以前のASDは，広汎性発達障害（PDD）とされ，自閉性障害，アスペルガー症候群，レット症候群，小児期崩壊性障害に分類されていた。DSM-5へ改訂された際に，現在のASDに統一され，社会的コミュニケーションの困難と限定された反復的行動（こだわりの強さ）という2つの特徴で定義されることになった。

人物紹介（カナー）：カナー（Leo Kanner, 1894-1981）は，アメリカの精神科医で，引きこもり，同一性への固執，反響言語等を特徴とする症例を早期幼児自閉症として発表した。

PDD)とされ，カナー，アスペルガー，ウィングといった研究者（医師）の症例報告や研究発表を背景に変遷を辿った末に，現在のASDという名称に至った。社会的コミュニケーション（および対人的相互反応）の困難の特徴としては，相手の感情を理解することが難しい，暗黙の了解が理解できない，視線を合わせる，身振り・手振り等の非言語的コミュニケーションが不自然である，想像上の遊びを他者と一緒にできない，対人関係を構築・維持することが困難であるといった例が挙げられる。限定された反復的な行動（興味，活動）の特徴としては，おもちゃを一列に並べたり，物を叩き続けたりする等の単調な常同的運動，反響言語，独特な言い回し，同じ言葉の繰り返し，儀式のような挨拶，毎日同じ道を通りたがる，同じ食べ物を食べたがるといった習慣への固執（変化に苦痛を感じる），柔軟性に欠ける思考様式，好きなことへの没頭，一般的とはいえない物に対する強い愛着，感覚刺激に対する過敏もしくは鈍感さ等の例がある。特に，幼少期には，**反響言語やクレーン現象**がみられる。低年齢では感覚の異常，極端な偏食，睡眠障害等の問題を呈するが，年齢を重ねるとともに，こだわりや強迫行動，自傷あるいは他害行為等の問題が目立つようになる。

(4) 注意欠如多動症

注意欠如多動症（Attention-Deficit/Hyperactivities Disorder：ADHD）とは，不注意と多動-衝動性の特徴が，発達期早期より存在する発達障害である。不注意の例としては，細かい作業に集中できないためミスが多い，話を集中して聞くことができず，指示を覚えていないため，うっかりミスや忘れ物が多い，物事に集中して取り組むことができず，すぐに別のことをしてしまう，順序立てて考え，行動することができないため，課題を終わらせることができないといったエピソードがある。多動-衝動性の例としては，落ち着きがなく，手足をそわそわと動かす，じっと座っていられず動き回る，思いついたことをその場の状況等考慮せず行動に移してしまう，相手の話を最後まで黙って聞けない，自分だけが一方的に話し過ぎてしまう，順番を待つことができない，その場にそぐわない無遠慮で突飛な言動をとってしまうといったエピソードがある。不注意と多動-衝動性が共にみられる場合と，不注意が優勢あるいは多動-衝動性が優勢にみられる場合がある。ADHDの特性にうまく適応できないまま，年齢を重ねると，反抗挑戦性，敵意・攻撃性の問題を伴うようになる場合もある。ADHDは，診断と治療のガイドラインが示されており（齊藤・飯田，2022），行動上の問題が比較的重度である場合には，ADHD治療薬による薬物療法と心理社会的支援が並行して行われることも一般的である。

人物紹介（アスペルガー）：アスペルガー（Hans Asperger, 1906-1980）は，オーストリアの小児科医で，後にアスペルガー症候群と呼ばれるASDの最初の定義（特徴）を発表した。

人物紹介（ウィング）：ウィング（Lorna Wing, 1928-2014）は，イギリスの精神科医で，ASDと定型発達のスペクトラム（連続体）の考え方を提唱した。

重要語句（反響言語）：相手の話しかけや質問をそのまま繰り返したり，過去に聞いた言葉やフレーズを状況に関係なく話したりする現象。

重要語句（クレーン現象）：幼児が他者の手を使って要求を表現する行動。例えば，外に出たいけれど自分では鍵を開けることができない子どもが，大人の手を引っ張り，鍵穴に近づけ，ドアを開ける催促するような行為を指す。

発展：ADHD治療薬には，メチルフェニデート塩酸塩（リタリン，コンサータ），アトモキセチン塩酸塩（ストラテラ），グアンファシン塩酸塩（インチュニブ）がある。

(5) 限局性学習症

　限局性学習症(Specific Learning Disorder)は，全般的な知的発達に遅れはみられないものの，読字，綴り字，書字表出，数字の概念や計算の習得に困難がみられ，学業または職業，日常生活の活動に支障をきたしている状態を示す発達障害である。一般的に**学習障害**(Learning Disabilities：LD)と呼ばれることが多い。学習の困難は人によってそれぞれであるため，LDの様相は多様である。文部科学省によるLDの心理・教育学的定義に基づくLDの様相を図10-3に示す(文部科学省，1999)。

重要語句(ディスレクシア)：読字障害と書字障害を示す学習障害を指す概念。日本では発達性読み書き障害とされる。

重要語句(LD)：学習障害。「読む」，「書く」，「計算する」等，学習に関連する特定の能力に困難がある障害。

学習症（学習障害）
- 聞くことの困難
  話し言葉（聴覚情報）の理解に問題があり，集団場面での説明や指示の理解に困る
- 話すことの困難
  思いや考えをうまく言葉に置き換えられなかったり，他者にうまく伝えられなかったりする
- 読むことの困難（読字障害）
  文字や文章を読むことが難しく，読んだ文章の内容を理解することができない
- 書くことの困難（書字表出障害）
  視覚（目）と運動（手）の協応や手先の精巧さの問題から，文字を書くことや文章を綴ることが難しい
- 計算の困難（算数障害）
  九九を覚えられない，繰り上がりや小数点，分数の計算が理解できない
- 数学的推論の困難
  図形の展開図や位取り，時間，場所の認識が弱く，状況判断がうまくできない

図10-3　学習症(学習障害)の多様な様相

(6) 運動症

　DSM-5-TRにおいては，**発達性協調運動症**(developmental coordination disorder：DCD)，**常同運動症**(stereotypic movement disorder)，**チック症**(tic disorder)が運動症として位置づけられている。

　発達性協調運動症とは，脳性麻痺等による障害ではなく，協調運動技能の獲得や遂行が，年齢等から期待される水準を大きく下回る場合を指す。幼い子どもでは，座る，立つ等の日常動作，着衣のボタンがかけられない，靴紐が結べないといったことがある。成長すると，自転車に乗れなかったり，体操や球技等のあらゆる運動が困難であったりするといった様子がみられる。過去には，単なる不器用とされるこ

発展：DCDに対する支援として，(1)身体の位置づけ，(2)実行への注意，(3)動きを感じる，(4)動きのイメージ，(5)動きの覚え方，(6)手順の覚え方，(7)リラックス，(8)知識の補足，(9)活動・環境の明確化／修正の9つから成る有効なアプローチが提案されている。

重要語句(観察法):
支援の対象者を客観的に観察し、その言動や態度を記録していく方法。心理アセスメントにおける観察法には、主に自然観察法と構造的観察法の2種類がある。

重要語句(面接法):
支援の対象者本人、または保護者、学校の教員等と面接をすることで、主訴や経緯といった言語的情報、話し方、応答、表情、姿勢、体の動きといった非言語的情報を収集していく方法。

人物紹介(ビネー):
ビネー(Alfred Binet, 1857-1911)は、フランスの心理学者で、知能検査の創案者として知られ、シモンと共に発表したビネー・シモン知能尺度は、現在も使用されるビネー式知能検査の基となっている。

人物紹介(ゲゼル):ゲゼル(Arnold Lucius Gesell, 1880-1961)は、アメリカの心理学者、小児科医で子どもの発達研究の先駆者である。成熟優位説を発表し、子どもの発達は、種々の内的な成熟のプロセスによって段階的に進むと主張した。

とが多かったが、近年では、DCDに対する支援の必要性が認識されている(厚生労働省, 2022)。

常同運動症では、手を震わせたり、身体を揺すったりする等、目的がなく反復的で駆り立てられるような運動行動を繰り返す様子がみられる。

チック症では、思わず起こってしまう素早い身体の動きやまばたき等の運動チックや、咳払い、鼻すすり、発声等の音声チックがみられる。それらが軽快せず、首を激しく振る、顔や顎を叩く、座っているときや歩いているときに跳び上がる、腕を自分の体幹に叩きつける、地面を強く踏みつける(運動チック)、甲高い声や大きなうなり声を出す、単語を言う(音声チック)等、より目立ったチック症状となって1年以上持続し、日常生活に支障をきたしている状態になるとトゥレット症と診断される。

③ 発達障害の心理アセスメント

心理アセスメントとは、心理的支援を必要としている対象者の問題(主訴)や、その原因、背景に関する情報を系統的に収集し、多面的に分析することで仮説を生成し、その仮説を踏まえて、問題を解決するための具体的な方法を検討し、支援方針を決定するプロセスである(第7章を参照)。アセスメントのプロセスには、多くの情報を包括的に考慮し、個々の特性やニーズを理解することも含まれる。

心理アセスメントの方法としては、主に**観察法**, **面接法**, **心理検査法**がある。ここでは発達障害の心理検査として用いられる、発達検査、知能検査、発達障害の診断に関わる検査について取りあげる。表10-1, 表10-2, 表10-3に、各検査種別における代表的な心理検査の例を示す。

(1) 発達検査

生活動作や運動、適応行動、認知、社会性等の発達領域を幅広く検査することで全般的な発達の水準を把握するのが**発達検査**である。検査時点での発達年齢と生活年齢における差を確認することができる。代表的な検査として、ビネーやゲゼルの発達理論や検査課題をもとに考案され、京都市児童院(現、京都市児童福祉センター)を中心に開発された新版K式発達検査2020等がある。

(2) 知能検査

　精神年齢や知能指数（IQ），偏差知能指数（DIQ）等，主に認知面の発達の水準や偏りの特徴を把握するのが**知能検査**である（第5章を参照）。代表的な検査として，ウェクスラー式知能検査（幼児用はWPPSI，児童用はWISC，成人用はWAIS），ビネー式知能検査（田中ビネーⅥ）がある。

表10-1　発達検査の例

検査名	対象	形式	実施
津守・稲毛式乳幼児精神発達検査	0歳～7歳	質問紙式	容易
遠城寺式乳幼児分析的発達検査	0歳～4歳7ヶ月	対面式	
デンバー式発達スクリーニング	0歳～6歳		
Bayley-Ⅲ 乳幼児発達検査	0歳～42ヶ月15日		複雑
新版K式発達検査	0歳～成人		
Vineland-Ⅱ 適応行動尺度	0歳～92歳11ヶ月		

医学通信社（2024）を参考に作成

表10-2　知能検査の例

検査名	対象	形式	実施
田中ビネー知能検査Ⅵ	2歳～成人	対面式	複雑
改定版鈴木ビネー式知能検査	2歳0ヶ月～18歳11ヶ月		
WPPSI-Ⅲ 知能検査	2歳6ヶ月～7歳3ヶ月		
WISC-Ⅴ 知能検査	6歳～16歳11ヶ月		極めて複雑
WAIS-Ⅳ 知能検査	16歳～90歳11ヶ月		

医学通信社（2024）を参考に作成

表10-3　発達障害の特性や症状等診断に関する検査の例

検査名	対象	形式	実施
AQ（自閉症スペクトラム指数）	児童用（6歳～15歳）	質問紙式	容易
	成人用（16歳以上）		
ADOS-2（自閉スペクトラム症診断半構造化面接）	1歳～成人	対面式	極めて複雑
CAADID（成人ADHD診断半構造化面接）	18歳以上		
CARS2 小児自閉症評定尺度	2歳以上の小児		
DN-CAS 認知評価システム	5歳～17歳11ヶ月		
KABC-Ⅱ（心理・教育アセスメントバッテリー）	2歳6ヶ月～18歳11ヶ月		
MSPA（発達障害の要支援度評価尺度）	就学前～成人		
PARS-TR（親面接式自閉スペクトラム症評定尺度）	3歳～成人		

医学通信社（2024）を参考に作成
注）ADOS-2およびCAADIDは保険適用外の心理検査である

人物紹介（ウェクスラー）：ウェクスラー（David Wechsler, 1896-1981）は，ルーマニア生まれのアメリカの心理学者であり，現在，幅広い領域で使用されているウェクスラー式知能検査の開発者として知られている。

(3) 発達障害の特性や症状等診断に関する検査

ASDやADHD等の発達障害の特性の有無や程度を把握するスクリーニングテストや，精神科医による医学的診断の際にも心理検査が用いられる。質問紙や半構造化面接（第1章を参照）等の形式によって実施されるこれらの心理検査は，各発達障害の診断基準に定められた症状や特性があることを示す項目によって構成され，該当する項目数が基準を上回るか否かにより評価・判定がなされる。

4 発達障害に対する支援

アメリカ心理学会の臨床児童青年心理学会（第53部会）は，子どもの精神疾患を対象とした治療の効果について発表しており，その中でADHDおよびASDに対する支援については，認知行動療法における行動療法のアプローチ（技法）の有効性が示されている。日本では，厚生労働省が発達障害者および家族等支援事業を推進しており，当事者（本人）の適応力向上を支援するソーシャルスキル・トレーニングや，家族の対応力向上を支援するペアレント・トレーニングの普及が進められている。

(1) 推奨される支援方法

① 応用行動分析（Applied Behavior Analysis: ABA）

応用行動分析は，人間の行動を変容させることを目的とする分析・介入方法である（第3章を参照）。まず，問題行動が起きるときというのは，どのような状況となっているのか（Antecedent），そして，その行動（Behavior）が起きた後にはどのような結果（Consequence）となっているのかについて情報を集めることで，問題行動の前後の状況と，その行動の目的（本人にとってのメリット等）を明らかにする（ABC分析；図10-4）。これをもとに介入を行うが，問題行動そのものを変えようとするのではなく，前後の状況を操作する（状況と結果を変える）ことで，結果的に問題行動の改善を試みる。結果に対する操作としては，望ましい行動が現れたときには報酬を与えること（褒める等）で，その行動の増加を図り（強化），望ましくない行動（問題行動）が現れたときには，報酬を与えないこと（無視をする等）で，その行動の減少を図る（弱化）。

重要語句（スクリーニングテスト）：隠れた障害や障害の前段階の状態にある者を見つけ出し，早期治療につなげることで，障害発生および障害の悪化を防ぐための検査。

発展：ADHDやASDに対する効果が研究によって確認されている心理支援方法には行動療法のアプローチが多く，それらはいずれも応用行動分析の考え方が取り入れられている。

重要語句（ABC分析）：問題行動を「先行事象（Antecedent）―行動（Behavior）―結果（Consequence）」に分けて捉えること。これに基づいて支援方法が検討されることから，応用行動分析の基本となる。

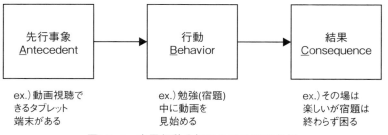

図10-4 応用行動分析におけるABC分析

② ソーシャルスキル・トレーニング(Social Skills Training: SST)

　ソーシャルスキル・トレーニングとは，適切な対人行動やコミュニケーションスキルの獲得を通じて，その人の社会適応(社会生活，対人関係)の改善を図っていく介入方法である。獲得を目指すソーシャルスキルとしては，適切な挨拶，相手の話の聞き方や質問の仕方，温かな印象を与える言葉がけ，仲間・集団への入り方，上手な頼み方や断り方等，必要に応じて自由に設定される。基本的な練習のセッションとしては，(1)具体的なスキルの課題と場面の設定，(2)予行演習としてのロールプレイ，(3)良い点と改善点のフィードバック，(4)改善点を踏まえたロールプレイ(モデリングとリハーサル)，(5)ホームワークの設定と実践といった流れで行われる。

③ 行動的ペアレント・トレーニング

　発達障害の子どもをもつ親を対象とする**行動的ペアレント・トレーニング**は，子どもの親が，応用行動分析の考え方と子どもの問題行動への適切な対処方法を学ぶ，家族支援の方法である。親が子どもに対する効果的な対応の仕方を学ぶことは，親自身の不安や負担の軽減につながり，それが子どもの情緒や行動にも影響して，親子関係に良い変化を起こすことにもつながる。トレーニングの内容としては，(1)子どもの行動を分類する(増やしたい行動，減らしたい行動，やめさせたい行動)，(2)応用行動分析の基本を学ぶ，(3)褒めることを習慣にする，(4)不適切な行動に注目せず小さな良い変化を待つ，(5)効果的な指示の出し方，(6)上手な手助けを工夫する，(7)適切な制限(罰)の与え方といった課題がプログラムに盛り込まれる(中田, 2023)。

重要語句(SST)：困難を抱えている社会的状況において求められるソーシャルスキル(社会技能，コミュニケーション技術)に着目し，不十分なスキルを獲得・向上させることによって困難の解決を図る心理社会的療法。

(2) 環境調整

　発達障害に対する支援の基本的な方針は，「治療すること」ではなく，「対応すること」であり，生まれもった脳の特性によって生じる困りごとへの対応として効果的なのは，**環境調整**(環境を変えること)である。生活や学業に使用する道具を変えることも環境調整の一環であ

り，負担の軽減につながる。学習における読み書きの困難には，筆記ではなくタイピングを練習し，手書きのノートではなくノートパソコン等の電子端末の使用許可を求めるほうが合理的といえる。どうしてもなくし物が防げない場合には，考え方を変え，（文房具等の消耗品であれば）なくなることを前提に，買い置きをすることで，物をなくすたびに探したり，叱られたりするストレスから解放されることが期待される。

ポイント：環境調整は即効性が高い発達障害への対応といえる。

重要語句（療育）：治療的な要素を持たせた教育を指す。通常の保育や教育とは違い，障害のある子ども向けに特別に設定された教育的なプログラム。自治体が運営する児童発達支援センターのほか，民間の教室等がある。

重要語句（発達障害者支援法）：発達障害の早期発見や発達支援について定めた法律。発達障害者支援センターの設置についても規定する。2005年4月施行。2016年に改正され，「発達障害者の支援は，社会的障壁の除去に資することを旨と（する）」等の基本理念が追加された。

(3) 発達障害の支援施設

発達障害の早期発見と，発達障害者の自立・社会参加のための生活全般に渡る支援を行うことは，国と地方公共団体の責務とされており，行政によるさまざまな支援施設が設置されている（表10-4）。発達障害者支援センターは，**発達障害者支援法**に基づいて設置されており，発達障害児（者）への支援を総合的に行うことを目的として，都道府県・指定都市，または，都道府県知事等が指定した社会福祉法人，特定非営利活動法人等が運営している。

表10-4　発達障害児・者の支援施設

施設	支援内容
発達障害者支援センター	医療，福祉，保健，教育，就労等，総合的な発達障害者支援を提供する機関。利用できる支援の案内や，希望する支援を受けられる施設の紹介のほか，日常生活や労働に関する困り事や日常生活を過ごすうえでの相談支援も受けられる。
児童発達支援センター	主に18歳未満の発達障害児を対象とした支援施設。福祉型医療型の2種類に分かれており，発達障害を持つ子どもが健やかに社会生活を送れるようになるための知識やスキルを獲得するための訓練等が行われる。
障害者就業・生活センター	18歳以上の障害者に対する就労や生活の支援を提供する支援施設。発達障害に限らず，身体，知的，精神等，全ての障害者が支援対象となる。障害の内容に応じて障害者が無理なく就労できるよう，仕事の紹介や就労・地域生活に関する相談支援等も提供している。
相談支援事業所	障害者のさまざまな相談に対して専門的知識を持つ相談支援専門員が支援を提供する施設。支援の内容は多岐に渡るが，福祉サービスの利用援助や就労・生活に関する助言や指導が主な支援となっており，専門機関を紹介したり，ピアカウンセリングを提供している事業所もある。

(4) 発達障害の支援制度

発達障害のある人は障害者手帳を取得することで障害者総合支援法の対象となり，さまざまな支援を受けることができる。障害者手帳には，(1)身体障害者手帳，(2)療育手帳，(3)精神障害者保健福祉手帳がある。療育手帳は，知的障害のある人が対象となる。知的障害のない発達障害者が取得できるのは精神障害者保健福祉手帳であり，これは精神障害のために長期にわたり日常生活や社会生活への制約がある人が対象とされ，発達障害もその対象となる。

① 子どもの発達に関する支援

児童福祉法に基づき，日常生活における基本的な動作の指導や生活機能の向上のための支援を行う福祉サービスが障害児通所支援である。対象者の年齢や状況に応じてサービスの区分があり，施設への通所等によって必要な支援を受けることができる（表10-5）。

表10-5 児童福祉法に基づく障害児通所支援等

制度	支援内容
児童発達支援（療育）	未就学児の障害児に，日常生活における基本的な生活動作の指導，知識・技能獲得の支援，集団生活への適応訓練等の療育的支援を行う。
医療型児童発達支援	身体障害がある障害児に，理学療法や運動療法等の医学的管理下での機能訓練と，児童発達支援で行われる適応訓練，自立支援を行う。
放課後等デイサービス	就学中の障害児に，授業の終了後または夏休み等の休校日に，生活能力向上のために必要な訓練，社会との交流の促進等の療育的支援を行う。
居宅訪問型児童発達支援	重度の障害などにより，通所型の療育的支援を受けることが難しい障害児に対して，居宅を訪問し，日常生活における基本的な動作等の療育的支援を行う。
保育所等訪問支援	保育園や幼稚園，学校等に支援者が訪問し，支援者間で情報共有や支援方法についての助言等を行う。

② 大人の就労に関する支援

障害者雇用は，障害のある人が地域や社会の一員として，障害がない人とともに働く制度である。障害者雇用促進法により，企業は障害者手帳をもつ身体障害者，知的障害者，精神障害者を一定割合以上雇用することが義務づけられている。

また，障害のある人が障害者就労施設で働く制度を**福祉的就労**という。これは障害者総合支援法によって定められた障害福祉サービスにおける就労支援の利用であり，障害の特性や症状に合わせて，必要な支援を受けながら働くことができる。福祉的就労には，就労継続支援

重要語句（療育手帳）：障害者手帳の一種で，児童相談所等で知的障害があると認定されると，都道府県知事や市長等から交付され，さまざまな支援策の対象となる。認定基準や運用方法は，自治体によって違いがある。

重要語句（精神障害者保健福祉手帳）：障害者手帳の一種で，精神障害があると認定されると，都道府県知事や市長等から交付され，さまざまな支援策の対象となる。発達障害を含め，精神疾患のために長期にわたり生活制約のある人が対象。

重要語句（児童福祉法）：保育，母子保護，児童虐待防止対策等の児童に関わる福祉を担当する公的機関の組織や，各種施設および事業に関する基本原則を定めた法律。

A型，B型および地域活動支援センターがある（表10-6）。

表10-6　福祉的就労の種類

施設種別	雇用契約	報酬	対象者	仕事・作業の内容
就労継続支援A型事業所	あり	最低賃金以上の給与	原則18〜65歳の障害のある人	飲食店での調理や接客，データ入力，商品の梱包，Webデザインなど
就労継続支援B型事業所	なし	工賃	障害のある人	パンや菓子類の製造，農作業，手工芸，データ入力など
地域活動支援センター	なし	工賃（支払われない場合もある）	センターのある市区町村に住む障害のある人	手工芸，制作物の販売など

5　特別支援教育

(1) 特別支援教育とは

　特別支援教育とは，障害のある幼児・児童・生徒の自立や社会参加に向けた主体的な取り組みを支援するという視点に立ち，幼児・児童・生徒一人ひとりの教育的ニーズを把握し，その持てる力を高め，生活や学習上の困難を改善または克服するため，適切な指導および必要な支援を行うことを目的とする教育である（文部科学省，2003）。特別支援教育に関わる法令には，学校教育法，学校教育法施行令，学校教育法施行規則等があり，文部科学省が告示する特別支援学校や小学校，中学校等の学習指導要領にも，特別支援に関する指導内容が定められている。

① 国際生活機能分類(International Classification of Functioning, Disability and Health : ICF)

　特別支援教育の現場では，教職員や関係者が子どもを多面的かつ総合的に理解し，共通認識を伴った協働のもとに適切な指導，支援を行うことにつながる等の利点から，**世界保健機関(WHO)** による**国際生活機能分類(ICF；** World Health Organization, 2001 障害者福祉研究会編 2002) が活用されている（徳永，2010）。ICFは，人間の健康状態や心身の機能，環境による影響の評価を，アルファベットと数字で表す世界共通の分類方式である。2001年に，WHO総会において採択され，2007年には児童版であるICF-CY (Children and Youth Version) も公表されている。
　ICFでは，障害の状態像を「心身機能・身体構造」，「活動」，「参加」と

重要語句(ICF)：国際生活機能分類。国際障害分類(ICIDH)の改訂版としてWHOが採択した医療基準。相互影響関係にある健康状態，心身機能，障害の状態を独立項目として分類し，当事者の視点による生活の包括的・中立的記述を可能にすることを目的としている。

重要語句(WHO)：世界保健機関。国際連合の専門機関(国際連合機関)の1つであり，人間の健康を基本的人権の1つと捉え，その達成を目的として設立された機関。

いう3つの次元から捉えるが，これは，障害とは個人レベルの問題ではなく，他者や社会との関係を含めての問題であるという考え方を示している(図10-5)。活動は，課題や行為の個人による遂行(できること，できないこと)を示し，参加は，生活・人生場面への関わりで，他者や社会との関係における実行状況(できていること，できていないこと)を示す。個人でできること・できないこと(活動)と他者や社会との関係の中でできていること・できていないこと(参加)は必ずしも一致しない。例えば，一人で車椅子を操作することができても，自宅周辺の道が移動するのに危険であったりすると，外出できない場合がある一方，一人で車椅子を操作できなくても，介助してくれる人がいれば外出できる場合もある。ICFは，こうした生活におけるできることとできないことは，個人因子と環境因子の関連によって変わり得るものであること，それ故，個人に必要な合理的配慮の提供が極めて重要であることを示している。

ポイント：発達障害は個人ではなく社会の問題であるともいえる。

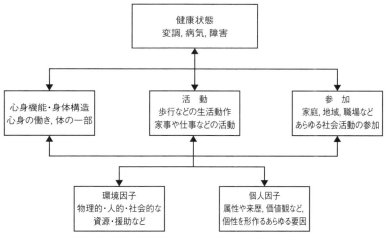

図10-5　ICF(国際生活機能分類)における障害のとらえ方

② 合理的配慮

　合理的配慮は，障害者が他の者と平等であることを基本として，すべての人権および基本的自由を享有し，行使することを確保するための必要かつ適当な変更および調整であり，特定の場合において必要とされるものである。例えば，学校現場であれば，障害のある子どもと障害のない子ども，それぞれが授業内容を理解し，学習に参加している充実感や達成感を得ながら，充実した時間を過ごしつつ，生きる力を身につけていけるかどうかが本質的な視点となる。そのため，障害の有無にかかわらず，より多くの子どもが利用できる設計・デザインによる環境整備を行うユニバーサルデザインの考え方が重視されている。表10-7に初等・中等教育における合理的配慮の観点と具体例を示す(文部科学省，2012a)。

重要語句(合理的配慮)：社会的障壁を取り除くための対応。障害者からの意思の表明に基づいて，個別に提供される。2016年に施行された「障害者差別解消法」のなかにも組み込まれている概念。

重要語句(ユニバーサルデザイン)：文化，言語，国籍，年齢，性別，能力などの個人の違いにかかわらず，出来るだけ多くの人々が利用できることを目指した建築，設備・製品・情報などの設計(デザイン)，または，それを実現するための過程(プロセス)のことを指す。

表10-7　学校教育における合理的配慮の観点とその内容

観点		内容（具体例）
教育内容	学習上または生活上の困難を改善・克服するための配慮	個性や障害の特性に応じて，必要な知識，技能，態度，習慣を身につけられるよう支援すること。
	学習内容の変更・調整	認知の特性，身体の動き等に応じて，具体の学習活動の内容や量，評価の方法等を工夫したり，学習過程において人間関係を広げることや自己選択・自己判断の機会を増やしたりすること等。
教育方法	情報・コミュニケーションおよび教材の配慮	障害の状態等に応じた情報保障やコミュニケーションの方法について配慮すること，教材（ICTおよび補助用具を含む）を活用すること等。
	学習機会や体験の確保	学習機会や体験を確保する方法を工夫すること，入学試験やその他の試験において配慮すること等。
	心理面・健康面の配慮	学習に見通しがもてるようにしたり，周囲の状況を判断できるようにしたりすることや，学習内容・方法を柔軟に調整し，不安感や孤独感を解消し，自己肯定感を高めるように配慮すること等。
支援体制	専門性のある指導体制の整備	学校全体として専門性のある指導体制を確保することに努める。学校内外の関係者の共通理解を図るとともに，役割分担を行う。適切な人的配置（支援員等）を行う。
	幼児児童生徒，教職員，保護者，地域の理解啓発を図るための配慮	周囲の幼児児童生徒の理解啓発や保護者，地域に対しても理解啓発を図るための活動を行う。
	災害時等の支援体制の整備	危機の予測，避難方法，災害時の人的体制等，災害時体制マニュアルを整備する。
施設・設備	校内環境のバリアフリー化	スロープや手すり，エレベーター等について施設の整備を計画する際に配慮する。計画的にバリアフリー化を推進できるよう配慮する。
	発達，障害の状態および特性等に応じた指導ができる施設・設備の配慮	必要に応じて様々な教育機器等の導入や施設の整備を行う。わかりやすさ等に配慮を行うとともに，日照，室温，音の影響等に配慮する。
	災害時等への対応に必要な施設・設備の配慮	災害時等への対応のため，障害の状態等に応じた施設・設備を整備する。

文部科学省（2012a）を参考に作成

(2) 特別支援教育の体制

特別支援教育の支援体制整備は，校内委員会の設置や特別支援教育コーディネーターの配置といった体制のハード面と，個別の教育支援計画や個別の指導計画の作成と活用といったソフト面から推進されてきた。

① 特別支援教育の支援体制

学校を支援するために，都道府県ないし市区町村の自治体レベルで円滑に連携・協力し，相談をする体制が構築されている。文部科学省のガイドラインにおいて示されている支援体制の全体像を図10-6に示す（文部科学省，2004）。支援体制の構成要素としては，関係機関の連携ネットワークを構築する役割を担う**特別支援教育連携協議会**，教育委員会の職員，特別支援教育担当教員，通常の学級の担当教員，心理学の専門家，医師等で構成される専門家チーム，小・中学校等を訪問して授業の様子を観察したり，**特別支援教育コーディネーター**と情報を交換したりしながら，児童・生徒の実態を把握し，教員や保護者を支援する巡回相談員等がある。

これらにより，発達障害等の特別な教育的ニーズを示している児童・生徒の教育支援は，担任教師が抱え込むものではなく，小・中学校とそれを支える地域，もしくは都道府県レベルの広域特別支援教育連携協議会が連携，協力することで，学校と地域，校内外の関係者や関係機関が連携・協力しながら対応するものとなっている。教育支援体制の整備とは，教職員と保護者，学外の専門家が協働することによって，問題解決を図るシステムの基盤を作ることである。

② 小・中学校における校内支援体制

2017年に文部科学省が示した「発達障害を含む障害のある幼児・児童・生徒に対する教育支援体制整備ガイドライン」（文部科学省，2017）には，支援体制の構築において留意する点が示されている。幼稚園・小学校・中学校・高等学校等の校内支援体制の構成要素としては，(1)障害のある幼児・児童・生徒の実態と教育的ニーズを把握し，支援内容を検討する**校内委員会**の設置と活用，(2)特別支援教育コーディネーターの指名と校務分掌への位置づけ，(3)個別の教育支援計画の作成と活用，(4)**特別支援教育支援員**，スクールカウンセラー，スクールソーシャルワーカー等の教員以外の専門スタッフの活用等がある。

重要語句（特別支援教育連携協議会）：都道府県もしくは市区町村に設置され，教育，医療，保健，福祉，労働等の関係機関の連携を円滑にするためのネットワーク構築の役割を担う。

重要語句（特別支援教育コーディネーター）：校内委員会の企画・運営，学校内の関係者や関係機関との連絡・調整，保護者に対する学校の窓口等の役割を果たす教員。

ポイント：特別支援教育体制の支援の仕組みについて理解しよう！

重要語句（校内委員会）：校長，教頭，主幹教諭，学級担任，養護教諭，特別支援学級担任，通級担当教員等により構成され，障害のある幼児・児童・生徒の実態や教育的ニーズを把握し，支援内容を検討する。

重要語句（特別支援教育支援員）：特別な教育的ニーズのある幼児・児童・生徒の日常生活上の支援や学習支援，学習活動や教室間移動等の支援等の支援等を行う。

重要語句（スクールカウンセラー）：児童・生徒，保護者，教員に対するカウンセリン

グ，児童・生徒に対するストレス対処方法，教員に対する児童・生徒への対応等についての教育・研修プログラムを実施する。

重要語句（スクールソーシャルワーカー）：問題のある児童・生徒の家庭・友人関係・地域等の環境に関する情報収集，関係機関等とのネットワークの構築・連携・調整を担う。また，学校内におけるチーム体制の構築・支援，教職員への研修等の役割も担う。

発展：文部科学省（2022）の調査によると，通常学級で学習面又は行動面で著しい困難を示す児童・生徒の割合は8.8%であり，この中に発達障害の子どもたちも多く含まれると考えられている。

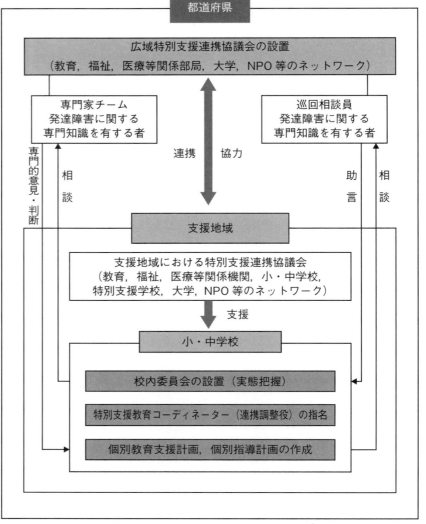

図10-6　特別支援教育の支援体制の全体構造（文部科学省（2004）を参考に作成）

(3) インクルーシブ教育

インクルーシブ教育とは，障害のある者と障害のない者が共に学ぶ仕組みであり，人間の多様性の尊重し，障害者が身体的・精神的能力等を可能な限り発達させ，自由で効果的な社会参加を可能にすることを目的としている。

2012年に文部科学省が示した「共生社会の形成に向けたインクルーシブ教育システム構築のための特別支援教育の推進（報告）」では，インクルーシブ教育システムについて，「同じ場で共に学ぶことを追求するとともに，個別の教育的ニーズのある幼児・児童・生徒に対し

て，自立と社会参加を見据えて，その時点で教育的ニーズに最も的確に応える指導を提供できる，多様で柔軟な仕組みを整備することが重要である」と指摘しており，図10-7に示すインクルーシブ教育システムを提唱している（文部科学省，2012b）。これは，通常学級（最下段）から訪問学級（最上段）までの制度を階層的に示したものであり，上段に行くほど児童・生徒の特別な教育的ニーズが大きくなる。通常学級で学ぶことを視野に置きながらも，必要なときにはより上段の制度を活用し，必要がなくなれば，通常学級で対応するといったように，柔軟に活用していくことで，多様な幼児・児童・生徒の教育的ニーズに対応できるようにすることが意図されている。各制度による特別支援の概要を表10-8に示す。

ポイント：インクルーシブ教育システムの支援の仕組みについて理解しよう！

重要語句（特別支援学校）：障害のある子どものための学校。小中学校等に準ずる教育のほか，「自立活動」が行われるのが特徴。

重要語句（特別支援学級）：小中学校等に設置された軽度の障害がある児童のための少人数の学級。

重要語句（通級指導）：障害に応じた特別な指導を，通常学級に在籍しながら受けること。障害に応じた指導を受ける場は「通級指導教室」とよばれる。

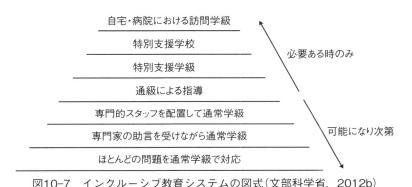

図10-7　インクルーシブ教育システムの図式（文部科学省，2012b）

表10-8　義務教育における特別支援教育の制度

制度	支援の概要
訪問学級（訪問教育）	通学して教育を受けることが困難な児童・生徒に対して，教員が家庭，児童福祉施設，医療機関等を訪問して行う教育。障害の重い児童・生徒や病気療養中，入院中の児童・生徒が対象となる。
特別支援学校	障害のある幼児・児童・生徒が，幼稚園，小学校，中学校，高等学校に準ずる教育を受けること，学習上または生活上の困難を克服し，自立を図ることを目的とした学校。
特別支援学級	小学校，中学校，義務教育学校，高等学校および中等教育学校において，教育上特別な支援を必要とする児童および生徒のために置くことができる学級。
通級指導	通常の学級での学習に加えて，またはその一部に替えて，障害の状態に応じた特別な指導を受けることができる特別支援教育の制度。通級による指導は，通級指導教室で行われる。

Column 発達障害の「弱み」は「強み」になる？

　実行機能とは，複雑な課題の遂行に際し，思考や行動を制御する脳機能の総称であり，注意力や記憶力といった基礎的な処理機能と，感情コントロールや時間・計画の管理といった複雑な処理機能が，複合的・階層的に作用していると考えられている。ドーソンとグエア（Dawson & Guare, 2012）は，12の実行機能の要素を紹介しており（図10-8），その中でも，反応抑制，ワーキングメモリ，思考の柔軟性（シフティング）は，他の複数の機能とも関わる，基礎的で中核的な実行機能であるとしている（Lehto, et al., 2003; Miyake et al., 2000）。

　こうした実行機能が高い人は，自ら目標を見いだし，日々の課題を効率的にこなしていったり，長期的な取り組みを根気よく続けていくことができたりするため，目標達成あるいは夢の実現を成し遂げられる可能性が高まる。一方で，発達障害のある人の中には，実行機能がうまく働かないためにつまずきやすい人が多いとされている。近年，発達障害は，文字通り「障害」というよりも，脳機能の発達のアンバランス（＝得意・不得意の差がある）という特性であると認識されている。そのため，心理検査等を通じて自らの実行機能の得意・不得意を知ることで，自分なりの適応方略を講じていくことが可能となる。また，そもそも不得意なことが必ずしも短所であるとは限らず，実は長所でもあるということは少なくない。例えば，ADHDの特性である「不注意」や「集中困難」という短所は，「切り替えが早い」，「マルチタスクができる」という長所にもなり得る。ASDの特性である「切り替えられない」，「柔軟性がない」という短所も，見方を変えれば「徹底的にやる」，「ブレない」という長所になり得る。これは実行機能に限らず，対人関係においても同様で，ADHDの特性である「気まぐれ」，「思いつきで行動する」という短所は，「発想力が豊か」「行動力がある」という長所でもあり，ASDの特性である「人に合わせられない」，「融通が利かない」といった短所は「一人で居られる」，「秩序を守れる」という長所でもある。そのため，自分の短所を克服することばかりを考えるのではなく，短所を長所として捉え直し，それを活かした働き方，生き方を見いだそうとすることもまた大切といえるだろう。

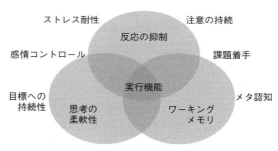

図10-8　12の実行機能要素

演習問題

A群の問いに対する回答を，B群から1つ選びなさい。

[A群]
1. 現在用いられている診断基準DSM-5-TRにおいて，社会的コミュニケーションの困難と限定された反復的行動という2つの特徴で定義される発達障害は（ ① ）とされている。
2. 発達障害をもつことによってうつ病を発症した場合，うつ病は（ ② ）障害である。
3. 明らかに発達障害の特性をもっているが，幼少期も現在もそれによって日常生活や社会生活で困ることはほとんどない場合，発達障害と（ ③ ）可能性が高い。
4. 現在，知的発達症(知的能力障害)の重症度評価は，（ ④ ）に基づいて行われる。
5. 精神的な努力を要する課題を嫌々やったり，先延ばししたりするのは，ADHDにおける（ ⑤ ）のエピソードである。
6. （ ⑥ ）は児童用の知能検査である。
7. ADHDやASDなどの発達障害の支援に有効であることが研究により確認されているのは認知行動療法における（ ⑦ ）的アプローチである。
8. ASDに対する支援は（ ⑧ ）が中心となる。
9. WHOの国際生活機能分類(ICF)によって障害の状態を捉える際，一人で自由に車椅子を操作することはできるが，自宅周辺の道が危険で外出できない場合，（ ⑨ ）に制限があると捉える。
10. 特別支援教育において，通常の学級での学習に加えて，またはその一部に替えて，障害の状態に応じた特別な指導を受ける制度は（ ⑩ ）である。

[B群]
自閉スペクトラム症，広汎性発達障害，一次，二次，診断される，診断されない，
IQの数値，必要な支援の量，不注意，多動・衝動性，WAIS，WISC，認知療法，行動療法，
薬物療法，環境調整，「活動」，「参加」，特別支援学級，通級による指導

【ディスカッションをしてみよう】

1. 発達障害とうつ病の支援における共通点と相違点を整理してみましょう。
2. ADHDの特性として不注意と多動・衝動性が目立つ人には，仕事をしていくうえでどのような「強み」と「弱み」があるか話し合ってみましょう。
3. ASDの特性をもち，コミュニケーションが極端に苦手である人が，現在所属している集団に参加し続けることを望んでいる場合，周囲の人はどのような配慮することが望ましいか意見を出し合ってみましょう。

【演習問題の答え】

①自閉スペクトラム症　②二次　③診断されない　④必要な支援の量
⑤不注意　⑥WISC　⑦行動療法　⑧環境調整　⑨「参加」
⑩通級による指導

【引用文献】

American Psychiatric Association (2000). *Quick reference to the diagnostic criteria from DSM-Ⅳ-TR*. American Psychiatric Association.
　（アメリカ精神医学会　高橋 三郎・大野 裕・染谷 俊幸（訳）(2002). DSM-Ⅳ-TR精神疾患の分類と診断の手引　医学書院）

American Psychiatric Association (2013). *Diagnostic and statistical manual of mental disorders: DSM-5*. American Psychiatric Association.
　（アメリカ精神医学会　高橋 三郎・大野 裕（監訳）染谷 俊幸・神庭 重信・尾崎 紀夫・三村 將・村井 俊哉（訳）(2014). DSM-5精神疾患の診断・統計マニュアル　医学書院）

American Psychiatric Association (2022). *Diagnostic and statistical manual of mental disorders: DSM-5-TR*. American Psychiatric Association.
　（アメリカ精神医学会　高橋 三郎・大野 裕（監訳）染谷 俊幸・神庭 重信・尾崎 紀夫・三村 將・村井 俊哉・中尾 智博（訳）(2023). DSM-5-TR精神疾患の診断・統計マニュアル　医学書院）

Dawson, P. & Guare, R. (2012). *Coaching students with executive skills deficits*. Guilford Press.

医学通信社（2024）．診療点数早見表　2024年度版──[医科]2024年改定準拠の診療報酬点数表──　医学通信社

岩波 明 (2017). 発達障害　文春新書

岩波 明 (2021). 発達障害という才能　SB新書

外務省（2024）．障害者権利条約パンフレット 外務省　Retrieved October 24, 2024, from https://www.mofa.go.jp/mofaj/files/000069541.pdf

厚生労働省（2022）．DCD支援マニュアル　Retrieved November 7, 2024, from https://www.mhlw.go.jp/content/12200000/001122260.pdf

Lehto, J. E., Juujarvi, P., Kooistra, L., & Pulkkinen, L. (2003). Dimensions of executive functioning: Evidence from children. *British Journal of Development Psychology, 21* (1), 59-80.

Miyake, A., Friedman, N. P., Emerson, M. J., Witzki, A.H., Howerter, A., & Wager, T. D. (2000). The unity and diversity of executive functions and their contributions to complex Frontal Lobe tasks: a latent variable analysis. *Cognitive psychology, 41* (1), 49-100.

文部科学省（1999）．学習障害児に対する指導について（報告）Retrieved November 7, 2024, from https://www.mext.go.jp/a_menu/shotou/tokubetu/material/002.htm

文部科学省（2003）．今後の特別支援教育の在り方について（最終報告）Retrieved November 7, 2024, from https://www.mext.go.jp/b_menu/shingi/chousa/shotou/054/shiryo/attach/1361226.htm

文部科学省（2004）．小・中学校におけるLD（学習障害），ADHD（注意欠陥／多動性障害），高機能自閉症の児童生徒への教育支援体制の整備のためのガイドライン（試案）Retrieved November 7, 2024, from https://www.mext.go.jp/a_menu/shotou/tokubetu/material/1298161.htm

文部科学省（2012a）．合理的配慮等環境整備検討ワーキンググループ報告──学校における「合理的配慮」の観点──　Retrieved November 7, 2024, from https://www.mext.go.jp/b_menu/shingi/chukyo/chukyo3/046/attach/1316184.htm

文部科学省（2012b）．共生社会の形成に向けたインクルーシブ教育システム構築のための特別支援教育の推進（報告）参考資料4──日本の義務教育段階の多様な学びの場の連続性──　Retrieved November 7, 2024, from https://www.mext.go.jp/component/b_menu/shingi/toushin/__icsFiles/afieldfile/2012/07/23/1321672_1.pdf

文部科学省（2017）．発達障害を含む障害のある幼児児童生徒に対する教育支援体制整備ガイドライン──発達障害等の可能性の段階から，教育的ニーズに気付き，支え，つなぐために──　Retrieved November 7, 2024, from https://www.mext.go.jp/component/a_menu/education/micro_detail/__icsFiles/afieldfile/2017/10/13/1383809_1.pdf

文部科学省（2022）．通常学級に在籍する特別な教育的支援を必要とする児童生徒に関する調査結果（令和4年）について　Retrieved November 7, 2024, from https://www.mext.go.jp/content/20230524-mext-tokubetu01-000026255_01.pdf

中田 洋二郎（2023）．発達障害のペアレント・トレーニング簡易版──プログラムの進め方と運営のコツ──　中央法規出版

Sadock, B. J., Sadock, V. A., & Ruiz, P. (2015). *Kaplan & Sadock's synopsis of psychiatry: behavioral sciences/clinical psychiatry* (11th ed.). Wolters Kluwer.
　（サドック，B. J.，サドック，V. A., & ルイース，P. 井上 令一（監修）・四宮 滋子・田宮 聡（監訳）(2016). カプラン臨床精神医学テキスト──DSM-5診断基準の臨床への展開──　メディカル・サイエンス・インターナショナル）

斉藤 万比古・飯田 順三（2022）．注意欠如・多動症-ADHD-の診断・治療ガイドライン第5版　じほう

徳永 亜希雄（2010）．特別支援教育におけるICF及びICF-CY活用について考える　国立特別支援教育総合研究所「特別

支援教育におけるICF-CYの活用に関する実際的研究」研究成果報告書, 45-56.
World Health Organization (2001). *International classification of functioning, disability and health*. World Health Organization
(世界保健機関　障害者福祉研究会（編）(2002). 国際生活機能分類——国際障害分類改定版——　中央法規出版)

第11章 学習支援の理論と実践

1 就学前の支援（乳幼児）

この節では、就学前の乳幼児の発達（学習）支援を考えるうえで、まずどのような発達（学習）上の特徴があるかを検討する。次に、それをふまえて、実際的な支援方法について検討する。

(1) 乳幼児の発達（学習）支援の特徴

① 乳幼児健康診査における発達の目安

この時期の発達（学習）上の特徴を知るために、乳幼児健康診査（以下、健診とする）で重要とされている発達の目安や問診項目について検討する。表11-1は、1か月児、4か月児、1歳6か月児、3歳児、5歳児の各健診における発達の目安・ポイントである。なお、発達の区分や各発達段階の具体的な特徴については第2章を参照されたい。

1か月児健診では、体重増加や姿勢・他動運動の状態が確認されている。この中で、体重増加は子どもの哺乳力にもよるため、「お乳の飲みはいいですか」という問診項目がある。また、1か月児では原始反射が残っている時期であるため、神経系の異常を示す随意運動の明確な指標はないものの、発達の目安のうち①から③に問題があれば、今後のフォローアップの参考にする。さらに、姿勢・運動の発達にはさまざまな感覚が関わっているため、「手に触れたものをつかみますか」、「目つきや目の動きがおかしいことはありますか」、「大きい音にびっくりしますか」などの問診項目がある。

4か月児健診では、1か月児に比べ体重増加は減るものの、体格（身長や体重）の個人差が大きくなり、首の座りに伴い座位で操作することが増え、おもちゃを握るなどの随意運動が発達してくる。また、姿勢・運動の発達に関わる感覚について、「抱いたとき、反り返ったりつっぱったりして抱きにくいですか」などの問診項目がある。さらに、4か月児なりの感情表現や社会性の芽生えもみられ、「あやすと声を出して笑いますか」、「お母さんやお父さんの目を見つめますか」などの問診項目がある。

1歳6か月児健診では、意味のある単語（有意語）や理解など言語能力

発展（乳幼児健康診査）：1歳6か月児と3歳児健診は母子保健法12条において市町村に対する義務、その他の健診は同13条において任意と規定されており、いずれの健診も地方交付税措置がされている。また、2023（令和5）年度に、「こども未来戦略」方針に基づき、1か月児と5歳児健診の費用を助成するための補正予算案が可決され、2024（令和6）年度以降実施体制が整備されることになった。

表11-1　各健診の発達の目安・ポイント

健診	発達の目安・ポイント
1か月児健診	①体重増加は1日20〜50g。 ②仰臥位（ぎょうがい）では，四肢はやや屈曲してベッドとの間に少しすきまができる姿勢をとる。 ③四肢は他動運動に対して左右とも抵抗なく動かすことができる。 ④原始反射を認める。
4か月児健診	①体格の個人差が目立つようになる。 ②首が座り，おもちゃなどを自分で握るようになる。 ③あやし笑いなどの反応も出てきて，母子相互作用による愛着形成が進む。
1歳6か月児健診	①体重増加率が鈍化し，やや細身の体型となる。 ②上手に歩く。 ③意味のある単語が3語以上出る。 ④簡単な指示を理解できる。 ⑤食事にスプーンなどを用い自分で食べようとする。 ⑥興味をもったものを指さしで伝えることができる。
3歳児健診	①両足で跳んだり，階段を1人で上がったりすることができる。 ②きれいな○を描ける。 ③大小，長短，色がわかる。 ④3語文が出て，聞かれると自分の姓名が言える。 ⑤同年齢の子どもたちと遊ぶことができる。
5歳児健診	①片足立ち，けんけんができる。 ②じゃんけんで勝ち負けがわかる。 ③左と右の区別ができている。 ④子ども同士でルールのある遊びができる。 ⑤集団行動ができ，指示にしたがうことができる。

注1）福岡地区小児科医会乳幼児保健委員会（2019）を参考に作成。
注2）他動運動とは，他者などの外力によって特定の身体部位が動くことである。

の発達が初めて確認される。また，「指示を理解できる」や「指さしで伝える」という項目は対人意識などの社会性の確認でもあるとされる。以上の精神発達面に加えて，歩行や手先の器用さなどの運動発達面において，発達の遅れの有無がチェックされる。なお，この時期の言語理解や社会性の発達に重要な要素の1つに模倣があり，対応する問診項目には「まわりの人の身ぶりや手ぶりをまねしますか」がある。

　3歳児健診では，この時期の運動面の目安として「両足で跳ぶ」，「1人で階段を上がる」，「きれいな○を描ける」のような粗大・微細運動能力の発達が確認される。また，

２歳３月〜２歳６月

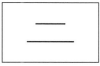
２歳６月〜２歳９月

図11-1　大小，長短の比較

「大小，長短」の比較（図11-1）や「自分の姓名」のように，大きさ・長さという初歩的な抽象概念や自己理解という知的・言語能力が確認されている。さらに，3語文が話せるようになるため，簡単な会話も可能になり，同時に社会性が発達し友だちとの遊びも可能になる。以上のように，運動面・精神発達面において重要な発達の目安がある一方で，個人差が大きくなるため，境界域の発達の遅れや自閉スペクトラム症（第10章を参照）などの神経発達症にも注意が必要である。これらの確認に関わる問診項目には，「自分の名前が言える」，「視線が合わない」，「少しもじっとしていない」など言語能力，社会性，興味・活動の偏り，行動（多動や衝動性など）・注意などに関する項目があり，また「かんしゃくがひどい」，「こわがったりおびえたりする」，「指しゃぶり」など情緒面や行動面の異常に関する項目もある。なお，注意欠如・多動症（第10章を参照）については，3歳児では健常児でもその傾向が出やすいために，確定診断はできないとされる。

5歳児健診では，発達の目安・ポイントをみると，3歳児健診で確認されていた粗大・微細運動能力，抽象概念を含む知的・言語能力，社会性が年齢相応に発達しているかが確認されていることがわかる。また，それまで気づかれにくかった神経発達症が5歳児健診までに，集団生活の場で保育士や教諭からの指摘により気づかれることが増える一方，保護者も他児との違いを見る機会が増えるため相談を行いやすくなる。5歳児健診は，1年後の就学時健診前の最後の健診であり，子どもの発達について保護者の気づきを深め，適切な対応や就学に向けての準備につなげるうえでとても意義深い健診である。

② 乳幼児の発達（学習）支援の観点

以上の検討より，乳幼児の発達（学習）支援において重要と考えられる観点について解説する。

感覚の統合　乳幼児期は，姿勢・運動などの身体的な発達に特徴づけられる時期である（第2章も併せて参照）。これらの身体的な発達は感覚の発達と関連があり，感覚の種類のうち**固有感覚と前庭覚**と触覚の3つは特に重要な基礎感覚といわれる。乳幼児期はこの基礎感覚を中心に，他の視覚・聴覚などの感覚刺激を十分に受けることで**感覚の統合**がなされ，姿勢，粗大・微細運動の発達が進み，さらに行動・注意，ことば，情緒，社会性の発達へとつながるといわれている。これらの流れは**発達の順序性**（第2章を参照）に即している。感覚の統合がうまくなされずに，落ち着きがない，視線が合いにくい，不器用である，などの不適応行動が起こるとされる（木村，2006）。

模倣　ピアジェの**認知発達理論**の感覚運動期から前操作期（第2章を参照）にかけて，運動・操作，表象，言葉，見立て・空想が発達するうえで，**模倣**は重要な要素の1つである。具体的には，1歳半頃から他者の動作をすぐにまねる**即時模倣**がみられ，やがて時間を空けてまねる

重要語句（固有感覚と前庭覚）：固有感覚とは，関節の動き，筋肉の張力など身体深部で感じる感覚。前庭覚とは，傾き，回転，加速度，重力などを感じる感覚。

重要語句（感覚の統合）：脳に流れ込んでくるさまざまな感覚情報を「交通整理する」脳の働きのこと。適応行動の形成に深く関わるといわれる。

延滞模倣がみられるようになる。これと並行して，見立て遊び（積木を車に見立てる）やごっこ遊び（ままごと）などの**象徴遊び**（模倣遊び）ができるようになる。これらの模倣や遊びは，操作・表象・言葉などの認知面だけでなく，社会性や感情の発達もうながすとされている（渡辺，2021）。このように，模倣は発達上の重要な要素の1つであり，**社会文化的アプローチ**の学習理論に立てば，模倣の力は環境の資源を活用できるかどうかにおいて極めて重要であるといえるだろう。

　三項関係と共同注意　乳幼児期の言葉の発達の基準について，1歳前後に初語，1歳6か月頃に有意語3語が1つの目安であるとされる。発語に関わる重要な現象に，言葉の代わりに子どもが対象に注意を向けていることを示す行動である指さしがある。指さしには段階があり，表11-2を見ると，言葉の発達に重要とされる**三項関係**や**共同注意**が徐々に発達していることがわかる。段階が上がるにつれて「対象」への意識・注目がはっきりしてくる（定位）と同時に，「誰か」への意識も，他者の存在への気づき（志向，自発）から「伝えたい」という意思（要求）や行為（叙述）の表われへと変化していく。

> **重要語句（社会文化的アプローチ）**：学習は社会文化的な状況や環境に依拠し行われるとする考え。この観点に立てば，学習は個人と資源の相互作用であり，状況内の資源の利用であると考えられる。ヴィゴツキーやワーチらによって新たな視点を持つ学習理論として提唱された。

> **重要語句（三項関係・共同注意）**：三項とは自分と他者と対象のこと。言葉が発達するために，対象を自分と他者が同時に注意を向けることが大切である。

表11-2　指さしの段階

志向	1歳までにみられる。他者が指さした方を見る／指さす。
自発（感動）	誰かといるときに自ら指さすが，伝える意思はない。
定位	一人でいるときに（誰かがいなくても），指と視線がぴったりと合う。
要求	要求を伝える意思はあるが，誰かを見るわけではない。
叙述	指さししながら，伝える意思の表現として，誰かを見る。
応答（可逆）	1歳6か月ごろ。誰かの声かけで，対象を見ながら指さす。（例：「ワンワンどれ？」に犬のイラストを指さす）

注1）新潟県福祉保健部・新潟県医師会（2014）などを参考に作成。
注2）志向の指さしは，共同注意関連の研究で「指さし追従（following a point）」と呼ばれることから「指向」の表記が用いられることがある。本書では，母子保健関連の文献で多く用いられている「志向」を採用した。

　社会性，行動・注意　子どもの何らかの行動面や情緒面の問題の背景に，社会性や行動（多動や衝動性など）・注意の課題がみられる場合がある。これらは，子どもの様子を注意深く観察することで推し量ることができる。例えば，子どもに指示や注意をしても言うことを聞かないときには，内容が理解できないのではなく，他者の「伝えますよ」という意図理解や自分に話しかけているという意識が十分でなかったり，他のことに気をとられ話し手に注意を向けられなかったりする場合がある。また，乱暴さや人見知りがみられるときには，対人意識の希薄さ（相手が痛がったり嫌がったりすることがわからない）や対人面の過敏さ（表情や雰囲気に敏感）があったり，ちょっとした刺激に反応しやすい衝動性の高さがみられたりする場合がある。このように同じ

行動や情緒であっても，その背景や理由は異なることが多いため，社会性や行動・注意の側面から検討することが重要である。

　就学後をみすえた支援と神経発達症　2024（令和6）年度からの5歳児健診の費用助成が決定されたことからわかるように，就学後の発達（学習）支援をみすえた健診の充実が図られている。その背景には，「5歳児健診では，集団生活を営むうえで必要な社会性の発達や自己統制などの行動面の発達を評価することが重要」という日本小児科医会（2024）の指摘がある。社会性や行動面の発達に関連して注視される疾患には，注意欠如・多動症，自閉スペクトラム症，知的発達症（軽度～境界域）の他，吃音，機能性構音障害，難聴などが挙げられている（第10章を参照）。これらは，就学後の特別支援学校・学級やことばの教室などの対象となる障害である。また，この時期は就学が間近な時期でもあることから，身体発育としての肥満や痩せへの留意，基本的生活習慣の安定の確認も重要とされている。

　以上のように，5歳児健診では，就学後の支援をみすえて，全体的な発達の様子とともに基本的な身体発育や生活習慣の安定，および神経発達症に関する確認が必要となる。ただし，神経発達症については，3歳児健診後は自治体の支援体制が地域の療育センターなどに絞られているのに対して，5歳児健診後は就学までの期間によって，療育センターにつながるのか教育委員会が管轄する就学相談につながるのかが不透明な場合がある。

③　乳幼児の発達（学習）支援に必要な他の要素

　乳幼児の発達（学習）支援を考える際には，養育者自身のことや子育ての様子について把握することも重要である。例えば，養育者が子どもとゆったりした気分で過ごせる時間があるかや，父親が育児に参画しているかをたずねるなどである。あるいは，地域の子育てサークルや支援機関についての情報をもっているかや，最近の重要なトピックである虐待防止や**子どもの権利擁護**の観点から，しつけの行き過ぎや子どもの放置はなかったかをたずねるなどである。さらに，情報化社会をふまえて，スマートフォンやインターネットの利用についてたずねるなども必要であろう。このように，運動や精神・神経発達以外のさまざまな観点の知見も身につけておきたい。

(2) 乳幼児の発達（学習）支援の方法

　ここでは，発達（学習）支援の実際的な工夫や留意点について解説する。具体的には，精神・神経発達上の課題として健診や**発達（知能）検査**（第10章を参照）でよく用いられる積み木・はめ板・模写と，言葉の遅れを取りあげる。また，落ち着きのなさなど行動・情緒面の支援に

発展（子どもの権利擁護）：児童が適切な養育を受け，健やかな成長・発達や自立などを保障される権利などを擁護するためのあり方を示した児童福祉法の用語。児童虐待防止を意図した理念であり，背景に子どもの権利に関する条約の批准（1994（平成6）年）がある。

ついても簡単に触れる。

① 身体操作に関する支援

大まかな発達の目安は(図11-2〜5)に示した。これらは「目で見て手で操作する」力を測るものであり、ピアジェの**認知発達理論**の**感覚運動期**から**前操作期**(第2章を参照)に該当する課題である。加えて、腕と手の調整機能、掌や指による把握状態(つかみ方)、さらに出題の言語理解や出題者の「やってごらん」という期待や意図の理解(対人意識などの社会性)が観察される。

積木・トラック(図11-2, 11-3)は、大人にすれば「積み上げる」ことは単純な動作に見えるものの、幼児は積むのを突然やめたり、トラックを横一列に並べたりすることがあるため、達成具合が発達の目安となる。また、うまくできない場合には、モデルを示すと子どもが課題の意味や積み方を理解し正解することがあるため、この時期は模倣のうながしが有効である。さらに、積み木をなめたり床に落としたり、対象を掌全体でつかんだりする場合には、感覚操作が年齢以前の段階であり、全体的な発達がゆっくりであることがうかがわれる(床に落とすことは、検査者への試し行動や気分による行動である場合もある)。

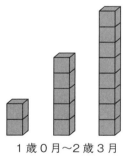

1歳0月〜2歳3月
図11-2　積木

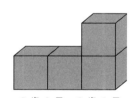

2歳6月〜2歳9月
図11-3　トラック

はめ板(図11-4)は、形の違いを表象として認識しているかが確認され、積木と同様にモデルを示すと正解できる場合が多い。また、最初はソーンダイクの**試行錯誤学習**

0歳11月〜1歳9月
図11-4　はめ板

(第3章を参照)がよくみられる。この試行錯誤は子どもにとって重要な学習の時間であり、そのうちに完了までの時間が短くなることがある。さらに、途中で一瞬手が止まり、その後速やかにはめられることもある。これはケーラーの**洞察学習**(第3章を参照)をしていると思われる。一方で、はめ板をカチカチと操作する感覚をいつまでも楽しむだけのこともあり、この場合は発達がゆっくりであることがうかがわれる。

模写(図11-5)では，子どもの「できる／できない」という認識は，積み木・はめ板よりもはっきりしているようである。よって，試行の前に「これ，できない」と言った

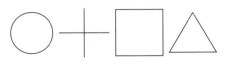

2歳9月〜5歳6月
図11-5　模写

り，描いた後に「まちがっちゃった」と言ったりすることがある。また，積み木やはめ板と違って，モデルを示してもうまくいかないことが多い。つまり，模写は見本の形(長さ，向き，傾きなど)に合わせて筆記道具を手と腕で細かく操作する必要があり，教えるには模倣のうながしでは限界があると考えられる。このような場合，理解しやすい方法を工夫する必要がある。例えば，「うすく描いたあとをなぞらせる」，「円の始点と終点が一致するように印をつける」，「『1，2，3，4』(辺の数)と声かけをしながら正方形を描かせる」，「3つの点をつなぐことで三角形を描く」などが考えられる。

　以上の検査の他にも，ひも通し・模様構成など「目で見て手で操作する」力を測る課題は多い。いずれも正解に導くには子どもの発達の慎重な見極めが重要になり，ヴィゴツキーの**発達の最近接領域**(第3章を参照)が参考になる。乳幼児の発達(学習)支援に関しては，この理論を十分に意識し，うながし方のアイデアを主体的に創出する力が支援者に求められている。

② 言語の遅れに関する支援

　言葉能力の発達には，1歳前後から3歳頃までの支援が重要である。ここではこの時期の言葉のうながし方としてよく言及されてきた6つの方法(表11-3)を紹介する(中川，2003)。

表11-3　言葉のうながし方の種類

ミラリング	子どもの行動をそのまままねる。
モニタリング	子どもの声や音をそのまままねる。
セルフトーク	大人が自分の行動や気もちを話す。
パラレルトーク	子どもの行動や気持ちを代弁する。
リフレクティング	子どもの言葉／文を多少直して返す。
エクスパンション	子どもの言葉／文を広げて返す。

　言葉をうながすには，大人が「いい見本，正しい手本」(中川，2003)を示して模倣をうながすことが重要である。その意味で，上記の6つの方法は子どもの模倣と言葉を段階的にうながす方法である。また，養育者は子どもの発語を直接うながしてしまう(「○○と言ってごらん」など)ことも多いため，これらの段階を明示的に教える必要がある。発音の不明瞭さについて，まず構音(口の構造や噛む・吹くなどの動き)や聞き取り(難聴，中耳炎をくり返すなど)に関する障害など

の確認が必要である。乳幼児の聴力検査には特別な方法や機器が必要な場合があるため，専門の医療機関でないと検査が受けられないことがある。

子どもの模倣の力が弱い場合，言葉のうながしが難しくなるものの，発達はゆっくりでもうながし方の段階に変わりはない（発達の順序性の原理）と考えられる。そのうえで，子どもの興味を積極的に活用したり，子どもの発声・発語のきっかけや目的を特定してその状況を意図的に設定したり，ごほうびを適切に与えたりすることで，**表11-3の言葉のうながし**が功を奏することもある。具体的には，より専門的な支援方法の知見を参照されたい（例えば，矢幡（2023））。

③ 行動・情緒面に関する支援

行動・情緒面の相談では，落ち着きがない，動きが多い，言うことを聞かない，集団行動が苦手，かんしゃくなどがある。これらについて，背景に神経発達症が想定されることが多いものの，行動・情緒面の問題があっても必ずしも神経発達症であるとは限らない。よって，例えば，感覚の特徴，愛着障害，感情コントロール，誤学習・未学習などの要因も考慮する必要があると思われる。

感覚の特徴について，まず感覚統合の確認が必要である。感覚統合に関して，**感覚プロファイル**（図11-6）では，感覚の特徴を刺激に対する閾値（いきち）の高低と反応（能動的・受容的）の2軸によってタイプ分けする（萩原他，2015）。このうち，探究型は積極的に感覚を増やす行動をとるため，過敏型は刺激に対して過剰に反応するため，回避型は刺激を避けるように決まった行動をとるため，落ち着きがないように受け取られることが多い。それぞれの対応のポイントは萩原他（2015）を参照されたい。**愛着障害**については，主に社会性や行動・情緒面の問題がみられるため，よく神経発達症と混同される。しかしながら，生得的か後天的か，または神経性か心因性かという大きな違いがあり，愛着障害は後天的／心因性である。また神経発達症とは対応法も異なるため，慎重に区別したい。愛着障害に対しては，子ども・養育者の双方に対して支援者による安全基地の確保や受容的な受け止めが基本である（岡田，2024）。感情コントロールについては，**脳の3層構造**（図11-7）が参考になる。激しいかんしゃくなどは辺縁系（心の脳）の暴走と考えられており，これを鎮めるために脳幹部（体の脳）と皮質（高度な脳）に働きかけることが重要である（大河原，2015）。具体的には，抱っこする，身体を軽くトントンとたたく（タッピング），子どもが感じている気持ちを大人が言語化することなどである。最後に誤学習とは，不適切な行動を適切である

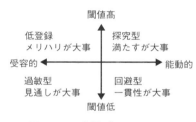

図11-6　感覚プロファイル

重要語句（愛着障害）：誕生後の養育者との不十分な愛着関係による社会性や行動・情緒面の障害。反応性愛着障害（養育者に対する抑制され情動的に引きこもった一貫した行動，および持続的な対人交流と情動の障害）と脱抑制性愛着障害（見慣れない大人に積極的に近づき交流する行動様式）がある。

と誤って学習することであり，未学習とは，適切な行動を学習していない（教えられていない）状態のことである。オペラント条件づけ理論を基盤とする**応用行動分析**（第10章を参照）では，不適切な行動の目的として，注目の獲得，ものや活動の獲得，逃避・回避，感覚刺激の4つを挙げている（小笠原・加藤，2019）。そのうえで，不適切な行動への対応として，子どもや支援者の主観や感情ではなく子どもの行動のみに着目し，それが起こる状況と行動した後の結果を分析し，介入の方法を検討することが重要である。応用行動分析は大人の望ましい行動（反応）を理論的に考えやすいという点で，有効な方法である。

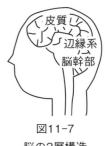

図11-7
脳の3層構造

② 就学後の支援（小学生から高校生までの時期）

　この節では，勉強が本格化する就学後の小学生から高校生の学習支援を考えるうえで，まずどのような重要な要素や特徴があるかを検討する。次に，それをふまえて，実際的な支援方法について検討する。

(1) 小学生から高校生に対する学習支援の特徴

① 実践研究におけるテーマの分析

　この時期の学習上の重要な要素や特徴を知るために，教育心理学における最近の学習支援に関わる**実践研究**について筆者が整理を行った。具体的な方法として，国立情報学研究所の文献検索データベースCiNiiを用いて，「学習，相談／援助／支援／カウンセリング，小学生／中学生／高校生」をキーワードとし，「2014年から2024年の期間」に刊行された文献を対象として検索を行った。その結果，実態把握や尺度作成や質問紙調査などを除き何らかの介入を伴う実践研究（文献数52）が収集されたため，各文献の対象および取りあげられているテーマを整理した。

　取りあげられていたテーマとしては，学習方略と神経発達症がほぼ同数で最も多く，その後は，情緒（無気力，不安，緊張など），**認知特性**（情報処理能力）の順であった。認知特性が神経発達症と強い関連があることを考慮すると，神経発達症を取りあげた実践研究が圧倒的に多いことがわかる。続いて，行動（日常的な学習行動，予習・復習など），学校生活適応（不登校，授業逸脱行動など），認知（学習観，自己効力感など）といったテーマがほぼ同数であった。また，ICT／ツー

重要語句（実践研究）：心理学における原著論文の種別の1つ。他の種別に，実証（調査・実験）研究，理論研究，展望（レビュー）論文，実践報告などがある。

重要語句（認知特性）：認知には，①知識を得る働きである知覚・記憶・推論・問題解決などの知的活動，②視覚・聴覚などの情報処理能力，③外界の情報に対する認識・思考・判断，などの意味がある。認知特性は②の意味である。

発展（環境的な困難）：学校における不登校・いじめ・不適応などの問題の背景に，貧困・虐待・ヤングケアラーなどの家庭や，母語・文化・習慣の違いなど，環境的な要因の指摘は多くなっている。また，学校・教育における支援の観点の1つとして環境の要素は以前から重要性が指摘されていた（石隈，1999）。

表11-4 学習支援の実践研究における対象とテーマの数

対象			テーマ										
小学生	中学生	高校生	学習方略	神経発達症	情緒	認知特性	行動	学校生活適応	認知	ツール/ICT	精神疾患	身体疾患	その他
18	23	15	32	30	23	19	13	12	12	9	5		12

ルの活用，身体／精神疾患の児童生徒への学習支援，家庭や外国籍など環境的な困難がある児童生徒への支援，コロナ禍の遠隔授業を扱った実践研究が少数ながらみられた（表11-4）。分類の結果により，認知特性と神経発達症，学習方略，無気力や不安などの情緒面というテーマが学習支援において重要なテーマであることがわかった。以下では，3つのテーマごとに解説する。

② 認知特性と神経発達症の支援

分類の結果，認知特性に関わる19の文献のうち，16の文献が神経発達症を取りあげていた。具体的には学習障害（LD）が13で最も多く，注意欠如・多動症（ADHD）が4，自閉スペクトラム症（ASD）が3，知的障害が1であった。扱われていた学習内容は，漢字・語彙が8，読み書きが6，英語（アルファベットの読み・識別や英単語の覚え方など）が5，算数・数学（図形認知や計算など）が3であった（その他が4）。これらはいずれも情報処理に関わる内容である。漢字を扱った研究の多くは，従来の学習量に頼る反復練習は効果がなく，書きに困難のある児童生徒の負担になっていることに注意喚起をしている。

では，認知特性を表す概念にはどのようなものがあるのだろうか。

表11-5 WISC-Vが測定している能力

主要指標	説明
FSIQ:Full Scale IQ	以下の5つの主要指標の合計から導き出される全体的な知能。
言語理解指標VCI:Verbal Comprehension Index	言語による概念形成，抽象的推理，単語知識，一般的事実に関する知識などの能力。
視空間指標VSI:Visual Spatial Index	非言語（図や絵や記号）による抽象的視覚刺激の分析・統合，視空間推理，心的回転，視覚ワーキングメモリー，部分と全体の関係の理解などの能力。
流動性推理指標FRI:Fluid Reasoning Index	非言語による流動性知能や帰納的推理や概念的思考，広範な視覚性知能，空間能力，同時処理などの能力。
ワーキングメモリー指標WMI:Working Memory Index	聴覚（言語）／視覚（非言語）情報の短期的な記銘・保持・想起・操作，一時貯蔵キャパシティー，情報の交換，心的操作，注意などの能力。
処理速度指標PSI:Processing Speed Index	非言語による短期記憶，手続き的および偶発的学習能力，視覚と運動の協応，注意，集中力などの能力。

上野他（2022）を参考に作成。

まず，知能検査としてよく使われるWISC-V（第5章を参照）を取りあげる（表11-5）。

また，WISC-Vにおける**主要指標**を用いて補助指標を算出することができる。言語理解と視空間と流動性推理の下位検査を用いて算出されるのが一般知的能力指標（GAI: General Ability Index）であり，ワーキングメモリーと処理速度の下位検査を用いて算出されるのが認知熟達度指標（CPI: Cognitive Proficiency Index）である。補助指標は日本ではまだなじみが少ないものの，海外では前版のWISC-Ⅳのときから臨床事例研究でよく用いられている。これら2つの補助指標は，GAIがいわゆる一般的な知能を，CPIが情報処理能力を表している。これらの補助指標を用いることで，一般的な知能と情報処理能力を区別したうえで学習支援の方法を検討することができる。

知能検査であるWISC-Vに対して，より詳細な情報処理能力を測定する検査として，**KABC-Ⅱ心理教育アセスメントバッテリー**や**DN-CAS認知評価システム**がある（第5章を参照）。これらが測定している主な指標は表11-6のとおりである。なお，KABC-Ⅱではこれらの指標を測

> 発展（主要指標）：WISC-Vで算出される指標（レベル）の1つ。表11-5のFSIQを除いて5つがある。ちなみに，前版のWISC-Ⅳでは，言語理解，知覚推理，ワーキングメモリー，処理速度の4つであった。

> 発展（補助指標）：WISC-Vで算出される指標（レベル）の1つ。GAIとCPIの他，量的推理，聴覚ワーキングメモリー，非言語性能力がある。

表11-6　KABC-ⅡとDN-CASが測定している主な能力

指標	説明
同時処理： Simultaneous	一度に与えられた多くの情報を，空間的・全体的に結合し，処理して課題を解決する能力。
継次処理： Sequential/Successive	情報を1つずつ時間的な順序で，連続的に処理する能力。
プランニング： Planning	提示された情報に対して，効果的な解決方法を決定したり，選択したりする認知プロセス。
学習： Learning	新奇な物事に対して視覚・聴覚情報をマッチングさせて，記憶したり覚えたりする能力。
注意： Attention	提示された情報に対して，不要なものには注意を向けず，必要なものに注意を向ける認知プロセス。

藤田他（2011），Naglieri（1999 前川他訳 2010）を参考に作成。

定する認知尺度の他に**習得尺度**（第5章を参照）がある。

以上の内容は，心理専門職以外にはなじみの薄い用語であるものの，学習支援に携わる場合にはこれらの基本的な知識をもっていることが望ましい。

③　学習方略の支援

学習方略は，伝統的に「学習の効果を高めることを目指して意図的に行う心的操作あるいは活動」（辰野，1997）と定義され，教育心理学における重要なトピックである。**系統的な学習方略研究**を経た結果，学習方略は図11-8で表されるように3つに大別されることが多い（藤田，2007；佐藤，1998）。

> 豆知識：系統的な学習方略研究には，人間の情報処理システムの理論やモデルに基づく認知心理学における研究や，1980年代から欧米を中心に研究された自己調整学習方略研究（例えば，Zimmerman, 1989）がある。

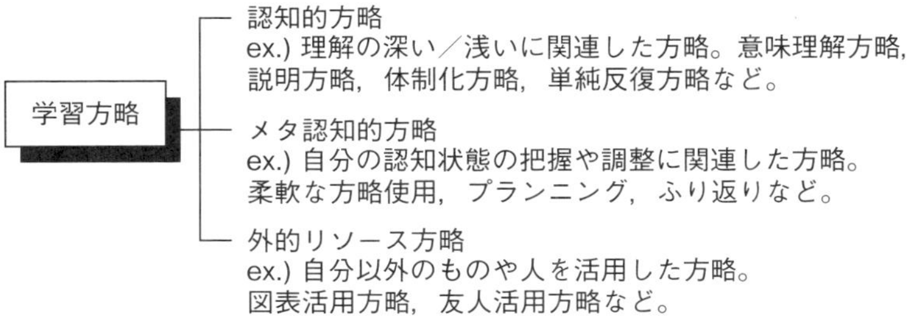

```
                ┌─ 認知的方略
                │   ex.) 理解の深い／浅いに関連した方略。意味理解方略，
                │        説明方略，体制化方略，単純反復方略など。
  学習方略 ─────┼─ メタ認知的方略
                │   ex.) 自分の認知状態の把握や調整に関連した方略。
                │        柔軟な方略使用，プランニング，ふり返りなど。
                └─ 外的リソース方略
                    ex.) 自分以外のものや人を活用した方略。
                         図表活用方略，友人活用方略など。
```

図11-8　学習方略の主な分類

　学習方略を取りあげていた32文献のうち，12文献は学習障害や読み書きなどの特定の障害や認知特性に合わせた学習方略を取りあげていた。一方，残りの20文献は障害や認知特性に関係のない一般的な学習方略を取りあげており，上記の3種類の学習方略におおよそ分類可能であった。認知的方略では，図11-8で例として提示した方略以外に，対連合学習方略，関連づけ方略，解答順序の構造化などがあった。メタ認知的方略では，教訓帰納，自分テスト＆間違い分析法，自己説明・自己診断，ポートフォリオ（目標記入，小テスト記録）などがあった。外的リソース方略では，辞書引きスキル，学習リソース（教科書やノート）の活用，タブレット（絵や写真の情報）の活用などがあった。文献によっては，3種類の学習方略を複数扱ったり，さらに細かい要素や方法に仕分けて活用したりするなどの工夫がみられた。

　日本において，学習方略を指導する主な学習支援に認知カウンセリングがある。認知カウンセリングとは，学習上のつまずきを抱える学習者に対し，学習方略を中心に学習観や学習動機づけ（第6章を参照）にも着目してアプローチを行う個別の学習支援である。最近では，教育センターでの実践や，NPO団体での貧困家庭の児童生徒への学習支援など，幅広く実践研究活動が行われている（例えば，植阪他，2021）。整理した文献に関していえば，学習方略のみを取りあげていた20文献のうち7つが認知カウンセリングに関するものであった。ま

表11-7　認知カウンセリングにおける指導技法

技法	説明
自己診断	どこがわかっていないか，なぜわからないのかを言わせてみる。
診断的質問	どこまでわかっているかを確かめるための質問をしてみる。
比喩的説明	概念の本質を比喩（アナロジー）で説明させる。
図式的説明	概念間の関係を整理して図式化させる。
仮想的教示	ある概念や方法を，「それを知らない人に教示するつもりで」説明させる。
教訓帰納	解いた後に「なぜ，初めは解けなかったのか」を問う。ミスなどを教訓として抽出させる。

植阪（2010）を参考に作成。

重要語句（メタ認知）：自分の認知についての認知。客観的に捉えることで，冷静かつ合理的な判断・制御・行動ができるとされる。メタには「1つ上の，超越した」などの意味がある。

重要語句（認知カウンセリング）：市川（1993）が創始した。教育心理学において実践と理論の両方を重視した，長年にわたる学習支援の系統的な実践・研究の蓄積がある。詳しくは，植阪（2010）などを参照されたい。

た，認知カウンセリングにおける具体的な指導技法として6つが挙げられている（表11-7）。これらを参照すると，認知カウンセリングが，学習方略の重要な要素である認知・メタ認知・外的リソースを活用した支援法であることがわかる。

④ 情緒面の支援

情緒面を取りあげているのは23文献であった。ただし，情緒面だけを取りあげた研究はなく，大半は他の認知特性や学習方略などの支援の中で付随的に情緒面に着目していた。具体的な情緒の側面には，学習意欲・やる気，不安，集中力，自信，苦手意識，自尊感情，満足感，達成感などがあった。

また，ほとんどの研究では，対象の児童生徒にみられた情緒面の問題および支援後の改善の様子を主に観察によって記述していた。何らかの尺度（アンケート）や児童生徒の自由記述から情緒面を取りあげていた研究は4つのみであった。学習支援研究において，知的能力や認知特性や読み書き能力などは体系的に研究された検査や尺度があるものの，学習上の情緒面にどのような要素や特徴があるかは十分に研究されておらず，今後の課題であると考えられる。

情緒面の困難は学習行動や使用する学習方略に影響を与えたり，二次的問題として学校生活の不適応につながったりする。よって，慎重な支援のためにスクールカウンセラーや巡回相談員などの心理専門職が学習支援に加わる必要があり，文献でも2つの事例があった。このうち，三浦（2021）では，スクールカウンセラーが児童生徒の英単語学習の方略と学習時の困難さについて，心理尺度を用いてアセスメントしていた。教師と心理専門職の連携は重要なテーマであり，校内の学習支援においても実践例が蓄積されることが望まれる。

⑤ 実践研究の問題点

実践研究では介入による効果が測定されるものの，得られた結果の妥当性は**研究デザイン**によるところが大きいとされる（伊藤, 2023）。近年，教育心理学においてエビデンスに基づく実践が追求されつつも，対象者の選定や介入の時期・期間など実際的な制限も多い。今回，整理された文献のうち，複数人を対象にしたものでは前後比較デザインや非ランダム化実験が，個人を対象にしたものでは単純ベースラインデザインが多かった。学習支援の文脈では認知特性や学習方略に関した指導法が多く提案・試行されているものの，こうしたアプローチの効果について，研究デザインをふまえたエビデンスの蓄積が求められている。

重要語句（巡回相談員）：教育委員会などから委託・派遣され，普通学校・学級や特別支援学校・学級で児童生徒の教育的ニーズを把握し，教員や保護者の相談を受け助言する役割を持つ相談員。神経発達症，心理アセスメント，学校の組織や体制に関する知識・技能が必要である。

豆知識：介入を伴う実践研究では，グループとシングルケースを対象としたものがある。グループを対象にしたものとしては，前後比較，非ランダム化比較試験，ランダム化比較試験などが，シングルケースを対象にしたものとしては，AB法（ベースライン期と介入の開始が1回のみ），多層ベースライン法（対象者や場面ごとに複数のベースライン期を設け，介入の開始をずらす）などがある。それぞれ，記載順に検証の妥当性が高くなるとされる。

(2) 小学生から高校生に対する学習支援の方法

前項で検討した学習支援の特徴をふまえのここでは，何らかの学習の悩みや困難を抱えた児童生徒が相談に来たという想定で，学習支援の実際的な工夫や留意点について解説する。本書の読者が教職課程で学ぶ学生ならば，例えば自身が担当している家庭教師や塾での児童生徒を想定して読んでいただければ，より実感を持って理解できると思われる。

① 情緒面の支援を優先する

学習の相談に来た児童生徒は，「何がわからなくて困っているかもわからない」状態であることが多いため，最初の話はまとまりのないことがある。「別に」，「覚えていない」など曖昧な返答も多いだろう。よって，まずは児童生徒の立場に立って丁寧に聞き取りたい。そのうちに，不安や自信のなさや無力感など，ネガティブ心情を吐露するようになる。中には，問題を解きながら一見無駄話のように自分の話をするようになることがあるが，これは支援者とのリレーションが深まり心理的防衛が低くなった証拠であるといえる。また，時には学習上のトラウマ（集団の前での恥ずかしい思い，理不尽な叱責，それらのくり返しなど）や，学校不適応などの二次的問題を抱えている場合もある。その場合も受容的な聞き取りを心がけながら，必要に応じてスクールカウンセラーなどへのリファーを検討することが望ましい。

このように，学習支援の最初の段階では，児童生徒の情緒面の支援（受容的な聞き取り）を優先するとよい。これが心理的な下支えとなって，以後の具体的な支援の効果が児童生徒に表れやすくなる。

② 認知特性→学習方略の順に検討する

読むのが苦手，漢字が覚えられない，勉強が嫌いなどの悩みごとに対しては，まず認知特性（情報処理能力）に問題がないか検討したい。具体的には，言語理解，視空間，流動性推理，ワーキングメモリー，処理速度，同時処理，継次処理などの観点（指標）である。同時に，全体的な知的能力（知的障害や境界域など）や検査の検討も必要である。そのうえで，学習者の認知特性に合った方略の検討，指導法の計画，教材の工夫が検討される。

次に，児童生徒に適した一般的な学習方略（認知的方略，メタ認知的方略，外的リソース方略）を検討するとよい（認知カウンセリングによれば，学習観や学習動機づけも考慮する）。認知特性，学習方略の順に検討する理由の1つとして，そもそも知的能力や認知特性に課題がある場合，認知的またはメタ認知的方略に**コスト感**を感じやすい一方で**有効性**を認知しにくく，比較的活用しやすい外的リソース方略も自ら思いつくことが難しいことがある。

重要語句（心理的防衛）：不安・緊張・恥などのネガティブな感情が生起される場面や人を無意識的に避ける，心の働きの1つ。人間にとって適応的な働きがある一方で，長く続くことで感情の抑圧・解離などが起こる場合がある。

重要語句（方略のコスト感）：学習方略の利用に影響する要因の1つ。ある方略を用いる際に感じられる負担感の認知のこと。

重要語句（方略の有効性）：学習方略の利用に影響する要因の1つ。ある方略が実際に役立つかに関する認知のこと。

認知特性と学習方略について，深谷(2023)は「来談した児童生徒の特性に合わせてさまざまな工夫を講じる必要」があるものの，その後が「維持リハーサル(第4章を参照)のような低い次元の処理に留まってしまっては，学習成果は限定的なものとなってしまう」と述べている。つまり，学習支援においては学習者の情報の入力・出力の仕方に対する工夫(認知特性への配慮)とともに，情報の深い処理・思考のうながし(適切な学習方略の使用)が必要であるということである。このように，認知特性への対応を土台に有効な学習方略を指導することで，学習の成果が高まると考えられる。

③ 内容・進度・評価の基準を低く設定する

児童生徒の学習の困難度によっては，支援の成果が表れにくく，支援も継続しにくいことがある。これに関して，以前から，支援の主体を児童生徒におくこと，指導より支援を意識すること，児童生徒に合わせた難易度やペースにすること(「ゆっくり」や「後回し」を大切にする)などの指摘がある(例えば，本田(2024))。また，児童生徒の特性や困難度をよく観察して，パフォーマンスや成果の基準を低く設定することもよいだろう。このような配慮があることで，二次的な情緒面の混乱や自己肯定感の低下を防ぐことができる。

④ 教材研究から入る

前項で認知特性や学習方略の要素について説明したものの，その用語が表す正確な概念や機能を熟知し実際に支援に活用するには，専門的な内容を学習することと経験を重ねることの両方が必要になる。よって，一般的に，教員にとっては，特別支援教育に関する書籍のうち，認知特性の理論よりも具体的な指導方法を紹介した教材研究的な良書を参考にするとよいと思われる。例えば，教科・単元・内容別に，認知特性の種類別に，あるいは学校生活上の困りごと(座っていられない，提出物が出せない，すぐ忘れるなど)別に，具体的な対応を説明している書籍を読むことが推奨される。あるいは，教職課程で学ぶ読者であれば，教材研究の講義の中でさまざまな理論や方法を学びながら，この教材や教え方は「視覚優位の人に有利かもしれない」，「ワーキングメモリーが弱い人は苦手だろう」，「○○の学習方略の応用である」などのように主体的に考えることで，よりよい学習支援の具体的な方法を創出する力がつくと考えられる。

③ 生徒指導提要と学習支援

前節までは，乳幼児から高校生までの学習(発達)支援について，主に個人に焦点を当てて検討してきた。一方で，学校現場での支援について，校内体制や教育理念や行政施策などマクロ的な観点からの検討

発展(生徒指導提要)：生徒指導の定義として「生徒指導とは，児童生徒が，社会の中で自分らしく生きることができる存在へと，自発的・主体的に成長や発達する過程を支える教育活動である」と示されている。またその目的として「生徒指導は，児童生徒一人一人の個性の発見とよさや可能性の伸長と社会的資質・能力の発達を支えると同時に，自己の幸福追求と社会に受け入れられる自己実現を支えること」と示されている。

も必要であろう。本節では，2022（令和4）年に改訂された新しい**生徒指導提要**（文部科学省，2022）の理念から，学校でどのような学習支援が考えられるか検討する。

(1) 生徒指導提要の理念

① 定義と目的

新しい生徒指導提要（以下，提要とする）では生徒指導の定義と目的が明示された。その中で，生徒指導は児童生徒を主体としながら将来に向けて「発達」をサポートするものであることが強調され，「**発達支持的生徒指導**」という用語が用いられた。また，児童生徒一人ひとりが自己指導能力を獲得することを重視し，発達の諸面として，心理面・社会面・進路面・健康面とともに学習面（興味・関心・学習意欲など）が指摘されている。これらの内容は，学習指導要領の「児童生徒の発達の支援」と重なるものである。

② 2軸3類4層の支援

提要では生徒指導を組織的・計画的に実践するために2軸3類4層の重層的支援構造モデルが示された（図11-9）。2軸とは時間軸による分類で，常態的・先行的なプロアクティブ型生徒指導と即応的・継続的なリアクティブ型生徒指導がある。3類とは課題性の高低による分類で，発達支持的生徒指導，課題予防的生徒指導，困難課題対応的生徒指導の順番で課題性が高くなる。4層とは指導の対象による分類で，発達支持的生徒指導と課題未然防止教育の二層がすべての児童生徒，課題早期発見対応が問題の初期状態にある一部の児童生徒，困難課題対応的生徒指導が問題を抱えている特定の児童生徒を対象としたものである。

重要語句（発達支持的生徒指導）：全ての児童生徒を対象に，「児童生徒が自発的・主体的に自らを発達させていくことが尊重され，その発達の過程を学校や教職員がいかに支えていくかという視点」（文科省，2022）の重要性を表した用語。

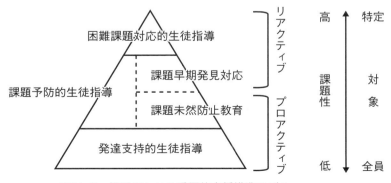

図11-9　提要における重層的支援構造モデル
（文部科学省（2022）を参考に作成）

③　生徒指導と教育(学習)相談

　教育相談は学校内での児童生徒の悩みに対応する相談活動である。一般的に，支援部や生活指導部の教員，あるいは専門職であるスクールカウンセラーやスクールソーシャルワーカーが担当する。また，提要では生徒指導と教育相談の関係について，どちらも児童生徒についての理解を基盤として行うことを共通としながら，生徒指導は集団に，教育相談は個人に主に焦点を当てるという(家近，2023)。これには，教育相談がより個別的な問題を扱うものであるという意味もある。よって，児童生徒の個人的な要因(認知特性，使用している学習方略，情緒など)が大きく関わる学習の問題は学校における教育相談の対象であり，また形態としては集団または個人を対象とする方法が考えられる。

(2) 提要の理念をふまえた学習支援

　校内の学習支援の教育相談体制の充実のために，提要の重層的支援構造モデルが参考になる。具体的には，以下のような学習支援が考えられるだろう。図11-9を参照しながら読まれたい。

　発達支持的な学習支援　全員を対象に，教育心理学の知見として，効果的な学習方略，その背景にある学習観や学習動機づけなどを紹介する。有効性がわかりやすいように簡単な心理学実験を交える方法もある(例えば，植坂，2007)。

　課題未然防止的な学習支援　全員を対象に，上記の支援をした後に，勉強の苦手や困り感についてアンケートを実施する。また，原因は児童生徒自身の努力不足だけでないこと，得意不得意(認知特性)の影響も大きいことを説明する。

　課題早期発見対応的な学習支援　問題の初期状態にある一部の児童生徒を対象とした個別の支援となる。上記のアンケート結果や，教師との何気ないチャンス面接などがきっかけになる。まずは，情緒面に配慮し，認知特性や学習方略のアセスメントとして丁寧に話が聞けるとよい。

　困難課題対応的な学習支援　問題が顕在化している特定の児童生徒を対象とした個別の支援となる。前項で述べたように，情緒面の支援，認知特性と学習方略の支援，内容・進度・評価の基準の設定などに留意したい。必要によっては知能検査や心理専門職へのリファーも検討されるべきだろう。

発展(チャンス面接)：学校の教育相談において，廊下ですれ違った，職員室に用事で来室した，他の用件で面談することがあったなどの機会を捉えて，児童生徒の相談にのる面接のこと。

Column 神経発達症と正常との境界

　本章で多く取り上げた神経発達症について、早期の発見・対応の必要性は論を待たないものの、行動・情緒面の問題を安易に神経発達症に帰属させる風潮も強いと思われる。この点に関して、森野・海老島(2021)では、2018(平成30)年に公表されたICD-11に取りあげられている「正常との境界」について、自閉スペクトラム症(ASD)と注意欠如・多動症(ADHD)を例に解説している(表11-8)。以下では、補足の説明を行う(丸数字は表11-8に対応している)。

　①：家庭など安心できる場所で十分なやり取りが行われることは、やり取りの難しさの原因がShynessであり、ASDではないことを示している。②：うまく言葉や会話ができなくても、視線がしっかりと合い、共感的な表情や他者に関わろうとする態度がみられるならばASDとは言い切れない。③：いわゆる「こだわり」は定型発達の子どもたちにも多くみられる。他の要素(社会的コミュニケーションや対人的相互反応)の検討が必要である。④：動き回ることや落ち着きのなさは、正常の発達の中でもよくみられる。⑤：ADHDと見立てるには、症状がいつ頃からみられるのか(長期間か)、多動の原因は特定の場所(条件・刺激)ではないか、その程度は同年齢の子どもと比べて目に余るものか、ある程度の配慮があるにもかかわらず社会・学校・職業生活上の支障を生じているか、などを検討する必要がある。

　なお、森野・海老島(2021)では「他の疾患との境界」についても解説している。これらを参考に、学校だからこそできる発達支持的な支援が積極的に検討されるよう、神経発達症の慎重な見立てが求められているといえよう。

表11-8　ASD、ADHDの正常との境界

自閉スペクトラム症
①　対人的相互交流の持続的欠陥は「shyness」によるものではない。Shynessであれば、身近な状況では適切な社会的コミュニケーションが図れる。
②　言葉の遅れがみられても、社会的コミュニケーションへの動機づけや対人相互反応スキルが限定的でない限り、ASDが強く示唆されるわけではない。
③　反復的または常同的な行動は、定型発達の一部として多くの子どもたちが経験する。社会的コミュニケーションおよび対人的相互反応における持続的な欠陥がみられない限り、これらだけでASDが強く示唆されるわけではない。
注意欠如・多動症
④　子ども、特に幼年期の者や、青年の多くで、多動や衝動性が正常の発達として認められる。
⑤　ADHDの診断には、症状が長期間持続し、さまざまな状況でみられ、発達のレベルと比して大きく問題でなければならず、かつ社会的、学業的、もしくは職業的に直接のネガティブな結果をもたらしている必要がある。

森野・海老島(2021)を参考に作成。

演習問題

A群の問いに対する回答を，B群から1つ選びなさい。

[A群]

1. 乳幼児健診のうち，有意語や理解などの言語能力が初めて確認されるのは（ ① ）児健診であり，同時に社会性の発達も確認される。
2. 5歳児健診では，就学後の支援をみすえて，全体的な発達の様子とともに基本的身体発育や生活習慣の安定，および（ ② ）の障害に関する確認が必要であるとされる。
3. 幼児期の操作・表象・言葉などの認知面および社会性や感情の発達をうながすうえで，子どもに（ ③ ）の力があるかは重要であり，社会文化的アプローチの学習理論に立てば，この（ ③ ）の力によって環境の資源を活用できることになる。
4. 指さしの段階のうち，子どもが「対象」と「誰か」をはっきりと指さしたり見たりするのは，（ ④ ）の指さしの段階である。
5. 知能検査のうちWISC-Vでは，言語理解指標，視空間指標，（ ⑤ ）指標，（ ⑥ ）指標，処理速度指標の5つの主要指標が算出される。
6. KABC-ⅡやDN-CASで測定される能力のうち，多くの情報を全体的にいっせいに捉え処理する能力を（ ⑦ ）能力と言い，情報を順番に1つずつ捉え処理する能力を（ ⑧ ）能力という。
7. 学習の効果を高めることを目指して意図的に行う心的操作あるいは活動は，（ ⑨ ）である。
8. 認知カウンセリングの指導技法のうち，学習の後に，失敗の内容や原因についてふり返り，留意点を引き出すことを（ ⑩ ）という。
9. 2022（令和4）年に改訂された生徒指導提要において，全ての児童生徒を対象にした最もプロアクティブな指導を（ ⑪ ）という。また，特定の児童生徒を対象にした最も課題性の高い問題を扱う指導を（ ⑫ ）という。

[B群]
可逆，継次処理，流動性推理，認知的方略，発達支持的生徒指導，1歳6か月，教訓帰納，神経症，一般知的能力指標，模倣，神経発達症，学習方略，3歳，課題早期発見，ワーキングメモリー，叙述，結晶性推理，同時処理，内省，困難課題対応的生徒指導

【ディスカッションをしてみよう】

1. 3歳から4歳代の幼児が13個のおはじきに指を当てて1つずつ数える課題がうまくできないときに，どのように声かけしてうながすか，話し合ってみましょう。
2. これまで自分が工夫してきた学習方略を取り上げ，それがどのようによかったのか，一方でそれが適さない人はどのような場合か，話し合ってみましょう。
3. 自分が学習支援をする立場であったとして，急な成績低下がみられた児童生徒に面接するときに，最初にどのような点に気をつけてどのように話を進めるか，話し合ってみましょう。

【演習問題の答え】

①1歳6か月　②神経発達症　③模倣　④叙述　⑤流動性推理　⑥ワーキングメモリー　⑦同時処理　⑧継次処理　⑨学習方略　⑩教訓帰納　⑪発達支持的生徒指導　⑫困難課題対応的生徒指導

【引用文献】

藤田 和弘・石隈 利紀・青山 真二・服部 環・熊谷 恵子・小野 純平（2011）．日本版KABC-Ⅱの理論の背景と尺度の構成　KABCアセスメント研究，13，89-99．
藤田 哲也（2007）．絶対役立つ教育心理学　ミネルヴァ書房
福岡地区小児科医会乳幼児保健委員会（2019）．乳幼児保健マニュアル　医学書院
深谷 達史（2023）．認知カウンセリングに基づく学習支援　日本学校心理士会年報，15，46-56．
萩原 拓・岩永 竜一郎・伊藤 大幸・谷 伊織（2015）．日本版感覚プロファイルSPユーザーズマニュアル　辻井正次（監修）　日本文化科学社
本田 秀夫（2024）．知的障害と発達障害の子どもたち　SB新書
市川 伸一（1993）．学習を支える認知カウンセリング―心理学と教育のあらたな接点―　ブレーン出版
家近 早苗（2023）．チーム学校による生徒指導体制　八並光俊・石隈利紀（編著）　Q＆A新生徒指導提要で読み解くこれからの児童生徒の発達支持（pp.68-69）　ぎょうせい
石隈 利紀（1999）．学校心理学―教師・スクールカウンセラー・保護者のチームによる心理教育的援助サービス―　誠信書房
伊藤 大幸（2023）．特別支援教育に関する研究の動向―研究デザインの内的妥当性の観点から―　教育心理学年報，62，108-122．
木村 順（2006）．育てにくい子にはわけがある―感覚統合が教えてくれたもの―　大月書店
三浦 拓也（2021）．英単語の習得に困難を示す特別な支援ニーズのある中学生に対する体制化方略を用いた学習支援―教師とスクールカウンセラーの協働を通して―　学校心理学研究，20（2），159-170．
文部科学省（2022）．生徒指導提要　文部科学省
森野 百合子・海老島 健（2021）．ICD-11における神経発達症群の診断について―ICD-10との相違点から考える―　精神経誌，123（4），214-220．
Naglieri, J. A. (1999). Essentials of CAS assessment. Canada: John Wiley & Sons, Inc.（ナグリエリ，J. A. 前川 久夫・中山 健・岡崎 慎治（訳）（2010），エッセンシャルズDN-CASによる心理アセスメント日本文化科学社）
中川 信子（2003）．子どものこころとことばの育ち　大月書店
日本小児科医会（2024）．5歳児健康診査マニュアル　日本小児医会
新潟県福祉保健部・新潟県医師会（2014）．乳幼児健康診査の手引き改定第5版　新潟県福祉保健部・新潟県医師会　Retrieved August 15, 2024, from https://komusubiken.pref.niigata.lg.jp/kosodate/files/rearing/h27_kennsinn_syuusei5.pdf
小笠原 恵・加藤 慎吾（2019）．発達の気になる子の「困った」を「できる」に変えるABAトレーニング　ナツメ社
岡田 尊司（2024）．愛着障害と複雑性PTSD―生きづらさと心の傷をのりこえる―　SBクリエイティブ
大河原 美以（2015）．子どもの感情コントロールと心理臨床　日本評論社
佐藤 純（1998）．学習方略の有効性の認知・コストの認知・好みが学習方略の使用に及ぼす影響　教育心理学研究，46（4），367-376．
辰野 千壽（1997）．学習方略の心理学―賢い学習者の育て方―　図書文化
上野 一彦・石隈 利紀・大六 一志・松田 修・名越 斉子・中谷 一郎（2022）．日本版WISC-Ⅴ知能検査理論・解釈マニュアル　日本文化科学社
植阪 友理（2007）．学習法講座による学習者の自発的な図表利用の促進―高校の総合的な学習の時間を利用した実践から―　日本教育心理学会第50回総会発表論文集，579．
植阪 友理（2010）．メタ認知・学習観・学習方略　市川伸一（編）　現代の認知心理学5発達と学習（pp. 172-200）　北大路書房
植阪 友理・植竹 温香・柴 里実（2021）．貧困家庭の子どもへの心理学を生かした学習支援―認知カウンセリングの発想を活用したある施設での実践から―　教育心理学年報，60，175-189．
渡辺弥生（監修）（2021）．よくわかる発達心理学　ナツメ社
矢幡 洋（2023）．自閉症児のことばを育てる発達アプローチ　ぶどう社
Zimmerman, B. J. (1989). A social cognitive view of self-regulated academic learning. *Journal of Educational Psychology*, *81*(3), 329-339.

編著者紹介

外山　美樹（とやま　みき）
2000年　筑波大学大学院博士課程心理学研究科心理学専攻退学　博士（心理学）
現在　筑波大学人間系 教授
《主な著書》
『勉強する気はなぜ起こらないのか』（ちくまプリマ―新書，2021年），『新・教職課程演習 第5巻 教育心理学』（編者，協同出版，2021年），『実力発揮メソッド――パフォーマンスの心理学』（講談社選書メチエ，2020年），『行動を起こし，持続する力――モチベーションの心理学』（有斐閣，2011年）など
＜担当：第1章，第2章＞

長峯　聖人（ながみね　まさと）
2021年　筑波大学大学院博士後期課程人間総合科学研究科心理学専攻修了　博士（心理学）
現在　江戸川大学人間心理学科　講師
《主な著書》
『新・教職課程演習 第5巻 教育心理学』（分担執筆，協同出版，2021年）
＜担当：第4章＞

海沼　亮（かいぬま　りょう）
2024年　筑波大学大学院博士後期課程人間総合科学研究科心理学専攻修了　博士（心理学）
現在　松本大学教育学部　専任講師
《主な著書》
『新・教職課程演習 第5巻 教育心理学』（分担執筆，協同出版，2021年）
＜担当：第8章＞

著者紹介

湯　立（とう　りつ）
長崎大学人文社会科学域（教育学系）　助教　博士（心理学）
＜担当：第3章，第5章＞

浅山　慧（あさやま　あきら）
筑波大学人間総合科学学術院心理学学位プログラム　修士（心理学）
＜担当：第6章＞

市川　玲子（いちかわ　れいこ）
NECソリューションイノベータ株式会社　博士（心理学）
＜担当：第7章＞

三和　秀平（みわ　しゅうへい）
信州大学学術研究院教育学系　准教授　博士（心理学）
＜担当：第9章＞

有冨　公教（ありとみ　きみのり）
立正大学心理臨床センター　助教　博士（心理学）
＜担当：第10章＞

児玉　裕巳（こだま　ひろみ）
神奈川県教育委員会，横浜市金沢福祉保健センター　博士（心理学）
＜担当：第11章＞

主体的に学ぶ教育心理学

2025 年 4 月 30 日　初版第 1 刷発行

- ■編 著 者 ── 外山美樹、長峯聖人、海沼　亮
- ■発 行 者 ── 佐藤　守
- ■発 行 所 ── 株式会社 大学教育出版
　　　　　　　〒 700 − 0953　岡山市南区西市 855 − 4
　　　　　　　電話（086）244 − 1268㈹　FAX（086）246 − 0294
- ■印刷製本 ── モリモト印刷

■Ⓒ 2025, Printed in Japan

検印省略　　落丁・乱丁本はお取り替えいたします。

本書のコピー・スキャン・デジタル化等の無断複製は、著作権法上での例外を除き禁じられています。本書を代行業者等の第三者に依頼してスキャンやデジタル化することは、たとえ個人や家庭内での利用でも著作権法違反です。本書に関するご意見・ご感想を右記サイトまでお寄せください。

ISBN978 − 4 − 86692 − 362 − 8